江苏高校优势学科建设工程
江苏省社会科学基金项目（编号：19GLC012） 联合资助
江苏省"双创博士"项目

南京大学人文地理优秀博士文丛

# 旅游地情境因素对旅游者环境行为的影响研究

王 昶·著

南京大学出版社

# 总　序

自 1921 年竺可桢先生创立地学系以来,南京大学地理学已走过百年发展路程。百年历史见证了南京大学人文地理学科发展的历程与辉煌,彰显了南京大学人文地理学科对中国当代人文地理学发展的突出贡献。

南京大学是近代中国人文地理学科发展的奠基者。从南京高等师范学校 1919 年设立的文史地部,到国立东南大学地学系,再到 1930 年建立地理系,一直引领着中国近代地理学科建设与发展;介绍"新地学",讲授欧美的"人地学原理""人生地理",以及区域地理、世界地理、政治地理、历史地理、边疆地理和建设地理等,创建了中国近代人文地理学学科体系。南京大学的人文地理一贯重视田野调查,1931 年"九·一八"事变前组织的东北地理考察团,随后又开展的云南、两淮盐垦区考察以及内蒙古、青藏高原等地理考察,还有西北五省铁路旅游、京滇公路六省周览等考察,均开近代中国地理考察风气之先;1934 年,竺可桢、胡焕庸、张其昀、黄国璋等先生发起成立中国地理学会,创办了《地理学报》,以弘扬地理科学、普及地理知识,使南京大学成为当时全国地理学术活动的组织核心。人文地理学先驱和奠基人胡焕庸、张其昀、李旭旦、任美锷、吴传钧、宋家泰、张同铸、曾尊固等先生都先后在南京大学人文地理学科学习或教学、研究。早在 1935 年,任美锷先生、李旭旦先生就翻译出版了法国著名人文地理学家白吕纳的《人地学原理》,介绍了法国人地学派;1940 年设立中央大学研究院地理学部培养硕士研究生,开展城市地理与土地利用研究;20 世纪 40 年代,任美锷先生在国内首先引介了韦伯工业区位论,并撰写了《建设地理学》,产生了巨大影响;胡焕庸先生提出了划分我国东南半壁和西北半壁地理环境的"胡焕庸线"(瑷珲—腾冲的人口分布线),被广泛认可和引用,是中国地理学发展的重要成果。张其昀、沙学浚先生所著《人生地理学》、《中国区域志》及《中国历史地理》、《城市与似城聚落》等,推进了台湾地区人文地理学科研究和教育的发展。竺可桢先生倡导的"求是"学风、胡焕庸先生倡导的"学业并重"学风,一直引领着南京大学人文地理学科的建设与发展。

南京大学积极推进当代中国人文地理教育,于1954年在全国最早设立了经济地理专业;1977年招收城市区域规划方向,1979年吴友仁发表《关于中国社会主义城市化问题》,引起了学界对于中国城市化问题的关注,也推动了城市规划专业教育事业发展;1983年兴办了经济地理与城乡区域规划专业(后为城市规划专业),成为综合性高校最早培养理科背景的城市规划人才的单位之一;1982年与国家计划委员会、中国科学院自然资源综合考察委员会合作创办了自然资源专业(后为自然资源管理专业、资源环境与城乡规划管理专业);1991年又设立了旅游规划与管理专业(现为旅游管理专业)。这不仅为培养我国人文地理学人才提供了多元、多领域的支撑,而且也为南京大学城市地理、区域地理、旅游地理、土地利用、国土空间规划等人文地理学科的建设与发展提供了有力的支撑。

南京大学不仅在人文地理专业教育与人才培养方面发挥了引导作用,在人文地理学科建设方面也走在全国前列,当代人文地理学教学与研究中名家辈出。张同铸先生的非洲地理研究、宋家泰先生的城市地理研究、曾尊固先生的农业地理研究、崔功豪先生的区域规划研究、雍万里先生的旅游地理研究、包浩生先生的自然资源与国土整治研究、彭补拙先生的土地利用研究、林炳耀先生的计量地理研究等,都对我国人文地理学科建设与发展产生了深远的影响,在全国人文地理学科发展中占据着重要的地位。同时,南京大学人文地理学科瞄准国际学科发展前沿和国家发展需求,积极探索农户行为地理、社会地理、信息地理、企业地理、文化地理、女性地理、交通地理等新的研究领域,保持着人文地理学学科前沿研究和教学创新的活力。

南京大学当代人文地理学科建设与发展,以经济地理、城市地理、非洲地理、旅游地理、土地利用与自然资源管理、国土空间规划为主流领域,理论和应用并重,人文地理学的学科渗透力和服务社会能力得到持续增强,研究机构建设也得到了积极推进。充分利用南京大学综合性院校多学科的优势,注重人文地理学科与城乡规划学科融合发展,并积极响应国家 2019 年提出的构建国土空间规划体系建设要求,在地理学学科设立了土地利用与自然资源管理、国土空间规划等二级学科,引领了我国国土空间规划领域的博士生人才培养,整合学科资源,建设南京大学人文地理研究中心及国土空间规划研究中心。按照服务国家战略、服务区域发展以及协同创新的目标,与中国土地勘测规划院等单位共建自然资源部碳中和与国土空间优化重点实验室,与江苏省土地勘测规划院共建自然资源部海岸带开发与保护重点实验室。此外,还积极推进人文地理学科实验室以及工程中心建设,包括建设南京大学江苏省智慧城市仿真工程实验室、江苏省土地开发整理技术工程中心等,积极服务地方发展战略。

  南京大学当代人文地理教育培养了大量优秀人才,在国内外人文地理教学、研究及区域管理中发挥了中坚作用。如,中国农业区划理论主要奠基人——中国科学院地理与资源研究所邓静中研究员;组建了中国第一个国家级旅游地理研究科学组织、曾任中国区域科学协会副会长,中国科学院地理与资源科学研究所的郭来喜研究员;中国科学院南京分院原院长、中国科学院东南资源环境综合研究中心主任、著名农业地理学家佘之祥研究员;中国区域科学协会副会长、中国科学院地理与资源科学研究所著名区域地理学家毛汉英研究员;我国人文地理学培养的第一位博士和第一位人文地理学国家自然科学基金杰出青年基金获得者——中国地理学会原副理事长、清华大学建筑学院顾朝林教授;教育部人文社会科学重点研究基地、河南大学黄河文明与可持续发展研究中心主任、黄河学者苗长虹教授;中国城市规划学会副理事长石楠教授级高级城市规划师;中国城市规划设计研究院原院长杨保军教授级高级城市规划师;自然资源部国土空间规划研究中心张晓玲副主任;英国社会科学院院士、伦敦大学政经学院城市地理学家吴缚龙教授等,都曾在南京大学学习过。曾任南京大学思源教授的美国马里兰大学沈清教授,南京大学国家杰出青年基金(海外)获得者、美国犹他大学魏也华教授也都在人文地理学科工作过,对推进该学科国际合作起到了积极作用。

  南京大学当代人文地理学科建设与发展之所以有如此成就,是遵循了任美锷先生提出的"大人文地理学"学科发展思想的结果,现今业已形成了以地理学为基础学科,以经济学、历史学、社会学、公共管理、城乡规划学等学科为交融的新"大人文地理科学"学科体系。南京大学正以此为基础,在弘扬人文地理学科传统优势的同时,通过"融入前沿、综合交叉、服务应用"的大人文地理学科发展理念,积极建设和发展"南京大学人文地理研究中心"(www.hugeo.nju.edu.cn)。

新人文地理学科体系建设,更加体现了时代背景,更加体现了学科融合的特点,更加体现了人文地理学方法的探索性,更加体现了新兴学科发展以及国家战略实施的要求。尤其是在教育部新文科研究与改革实践项目支持下,南京大学人文地理学科联合城乡规划、公共管理等学科,牵头实施了"面向国土空间治理现代化的政产学研协同育人机制创新与实践",为人文地理学跨学科融合发展提供了新的契机。为此,南京大学人文地理学科组织出版并修订了《南京大学人文地理丛书》,这不仅是南京大学人文地理学科发展脉络的延续,更体现了学科前沿、交叉、融合、方法创新等,同时,也是对我国人文地理学科建设与发展新要求、新趋势的体现。

《南京大学人文地理优秀博士文丛》将秉承南京大学人文地理学科建设与发展的"求是"学风,"学业并重",积极探索人文地理学科新兴领域,不断深化发展人文地理学理论,努力发展应用人文地理学研究,从而为我国人文地理学科建设添砖加瓦,为国内外人文地理学科人才培养提供支持。

我们衷心希望《南京大学人文地理优秀博士文丛》能更加体现地理学科的包容性理念,不仅反映南京大学在职教师、研究生的研究成果,还反映南京大学校友的优秀研究成果,形成体现南大精神、反映南大文化、传承南大事业的新人文地理学科体系。衷心希望《南京大学人文地理优秀博士文丛》的出版,不仅展现南京大学人文地理学的最新研究成果,而且能够成为南京大学人文地理学科发展新的里程碑。

# 序

人类世以来,人们对生态环境问题更加焦虑,对美好生活向往更加迫切,自然生态环境保护与人类社会经济可持续发展,已成为世界各国政府、学者、公众关注的焦点。全球生态环境问题的表征是人地关系失调,根源在于"人类"生产和生活的方式、强度与"地"的自然属性之间的矛盾所致。旅游是满足人们对美好生活向往的一种生活方式,也是人与自然之间和谐沟通的桥梁、培育人们生态文明消费文化的纽带,二战以后得到飞速发展。然而"旅游业不仅是一只会下金蛋的鹅,也会弄脏自己的巢",旅游地的环境污染与生态破坏日益显现,制约旅游地的可持续发展。

国内外针对旅游生态环境的相关研究,取得了积极进展。研究对象上,注重自然与人文的生态脆弱与敏感地区,广泛涉及山岳、森林、湿地、海岛、草原以及古城、古镇、古村落、历史遗址遗迹地等;研究内容上,主要涉及旅游环境影响性质的识别、旅游自然环境影响的诊断、旅游人文环境影响的评估、旅游环境容量的测度、旅游环境影响评价及保护等方面;在研究方法上,主要采用实地监测与统计数据,运用多学科研究手段,分析旅游发展对旅游地生态与环境影响的方式、程度与路径。总体上,目前相关研究成果丰硕,但视角有偏颇,学者们重视旅游媒体对旅游客体的影响研究,而相对忽视旅游主体,即旅游者环境行为对旅游地生态环境的影响研究。旅游者环境行为是"人地关系"相互作用的结果,它不仅受到旅游者心理因素的影响,同时也会受到旅游地不同情境因素的影响,近年来已逐渐成为旅游生态环境研究的重要领域。

"行由心决,心由境生",深刻说明了人与环境关系的密不可分,人类的行为会受到周边环境的影响。刺激反应、唤醒理论等认为环境中的各种要素刺激会引起个体的生理自主反应,其遵循"环境—情绪—行为"的响应模式,环境刺激引起个体情绪的变化,情绪变化的形式和状态决定了个体的行为方式与强度。因此,环境刺激,也即环境中的各类情境因素是人类行为的干预性影响因素。旅游活动的大众化、普及化与经常化,在给旅游地带来巨大的经济效益的同时,也带来了诸多的生态环境破坏,这不仅影响着旅游地的健康发展,也影响着旅游者的旅游体验。旅游活动中,常见的不负责任的环境行为有乱扔垃圾、随地吐痰、践踏草坪、攀折花果、乱刻乱画、吸烟等。旅游活动中旅游者的环境行为实质是"人地关系"相互作用的结果,但在过往文献中,旅游者环境行为研究只关注"人"的行为方式与强度,而忽略"地"的属性,即旅游地的不同情境因素对旅游者环境心理、环境行为的影响。情境因素是指影响人们知觉形成的外部关联因素的总和,旅游地情境因素可以划分为"环境规制"、"环保设施"、"行为诱导"、"同伴约束"以及"环境基底"等不同类型,不同类型的旅游地情境因素影响旅游者不同的环境心理形成,从而导致不同的环境行为,引发不同的环境与生态影响。同时,旅游者不同强度环保责任意识的环境行为会对旅游地产生不同的影响,旅游者环境行为意向可以划分为"环境激进行为意向"、"环境保守行为意向"以及"环境干扰行为意向"三个不同维度,与之对应的,旅游者环境行为可以划分为"环境激进行为"、"环境保守行为"以及"环境干扰行为"三个不同维度,对其进行分类系统研究,有助于旅游地游客管理的精准化与精细化。

王昶博士长期从事旅游地理学研究,他针对当前国内外旅游者环境行为研究的薄弱环节,结合博士阶段多年的研究工作积累,综合地理学、环境学、心理学、社会学、管理学等多学科理论与方法,将情境因素引入旅游地旅游者环境行为研究之中,创新性提出旅游地情境因素、旅游者环境行为的分类体系,完善计划行为理论的测量模型,采用多案例地比较的研究范式,较为全面、系统地分析了旅游地情境因素与旅游者环境行为之间的关系,较好地回答了不同旅游者的情境因素感知是否存在差异?旅游地情境因素如何作用于旅游者的不同环境行为?自然与人文等不同类型旅游地的情境因素对旅游者环境行为的影响是否存在差异?等亟待解决的理论与实践问题。

该书是国内第一部系统探讨旅游地情境因素与旅游者环境行为关系的

专著,具有重要的理论意义和实践意义。在理论层面,建构了基于情境因素的旅游者环境行为研究的一般框架,丰富了旅游生态环境研究内容,拓展了旅游地理学研究领域,有助于促进旅游地理学与管理学、社会学、环境学、生态学等的学科交叉与融合。在实践层面,不仅有利于从人地关系的视角,了解旅游者心理,引导旅游者自觉践行环境友好行为,且有利于旅游地相关管理部门制定科学、合理的旅游生态环境保护政策与措施,推动旅游地高质量发展。

章锦河

2021 年 9 月 10 日

# 目　录

**第一章　绪　论** ………………………………………………… 001
 1.1　选题背景 ………………………………………………… 001
  1.1.1　实践背景 …………………………………………… 001
  1.1.2　理论背景 …………………………………………… 003
 1.2　研究意义 ………………………………………………… 004
  1.2.1　理论意义 …………………………………………… 004
  1.2.2　实践意义 …………………………………………… 005
 1.3　研究目标与研究内容 …………………………………… 006
  1.3.1　研究问题 …………………………………………… 006
  1.3.2　研究目标 …………………………………………… 006
  1.3.3　研究内容 …………………………………………… 007
 1.4　研究思路与技术路线 …………………………………… 008
  1.4.1　研究思路 …………………………………………… 008
  1.4.2　技术路线 …………………………………………… 009
 1.5　研究方法 ………………………………………………… 010
  1.5.1　文献分析法 ………………………………………… 010
  1.5.2　问卷调查法 ………………………………………… 010
  1.5.3　数理分析法 ………………………………………… 010

**第二章　理论基础与相关研究进展** ………………………… 011
 2.1　理论基础 ………………………………………………… 011
  2.1.1　人地关系理论 ……………………………………… 011

  2.1.2 唤醒理论 ································· 012
  2.1.3 行为场景理论 ····························· 013
  2.1.4 破窗理论 ································· 014
  2.1.5 计划行为理论 ····························· 015
 2.2 国内外情境因素研究进展 ························· 017
  2.2.1 情境因素的概念辨析 ······················· 017
  2.2.2 情境因素的类型划分 ······················· 019
 2.3 国内外环境行为研究进展 ························· 020
  2.3.1 环境行为的概念与类型 ····················· 021
  2.3.2 环境行为的研究模式 ······················· 023
 2.4 国内外关于情境因素与环境行为的关系研究进展 ····· 036
 2.5 研究述评 ······································· 037

## 第三章 数据来源与研究方法 ························· 038
 3.1 案例地概况 ····································· 038
  3.1.1 黄山风景区 ······························· 038
  3.1.2 中山陵风景区 ····························· 043
  3.1.3 案例地对比 ······························· 047
 3.2 问卷设计 ······································· 047
  3.2.1 文献分析 ································· 047
  3.2.2 专家评估 ································· 048
  3.2.3 预调研 ··································· 051
 3.3 数据收集与处理 ································· 052
  3.3.1 正式调研 ································· 052
  3.3.2 样本人口统计学特征 ······················· 052
  3.3.3 数据分析方法 ····························· 057
 3.4 本研究的误差来源与处理 ························· 059
  3.4.1 本研究的误差来源 ························· 059
  3.4.2 误差处理方式 ····························· 060
 3.5 本章小结 ······································· 061

## 第四章　旅游者环境行为的测度模型构建 062
### 4.1　研究假设 062
#### 4.1.1　环境行为态度 062
#### 4.1.2　主观规范 063
#### 4.1.3　知觉行为控制 063
#### 4.1.4　环境行为意向 064
#### 4.1.5　情境因素 064
### 4.2　模型构建 064
### 4.3　信度和效度分析 065
### 4.4　本章小结 074

## 第五章　旅游者环境行为的维度特征及差异 075
### 5.1　旅游者环境行为的态度特征及差异 075
#### 5.1.1　旅游者环境行为的态度因子分析 075
#### 5.1.2　旅游者环境行为的态度特征 077
#### 5.1.3　旅游者环境行为的态度差异 078
### 5.2　旅游者主观规范的特征及差异 082
#### 5.2.1　旅游者主观规范的因子分析 082
#### 5.2.2　旅游者主观规范的特征 084
#### 5.2.3　旅游者主观规范的差异 085
### 5.3　旅游者知觉行为控制的特征及差异 090
#### 5.3.1　旅游者知觉行为控制的因子分析 090
#### 5.3.2　旅游者知觉行为控制的特征 091
#### 5.3.3　旅游者知觉行为控制的差异 092
### 5.4　旅游者环境行为意向的特征及差异 098
#### 5.4.1　旅游者环境行为意向的因子分析 098
#### 5.4.2　旅游者环境行为意向的特征 100
#### 5.4.3　旅游者环境行为意向的差异 102
### 5.5　旅游者环境行为的特征及差异 110
#### 5.5.1　旅游者环境行为的因子分析 110
#### 5.5.2　旅游者环境行为的特征 112

5.5.3　旅游者环境行为的差异 …………………………………………… 114
5.6　本章小结 ………………………………………………………………… 122

### 第六章　旅游者对旅游地情境因素的感知特征及差异 ………………… 124
6.1　旅游地情境因素的因子分析 …………………………………………… 124
6.2　旅游者对旅游地情境因素感知的特征 ………………………………… 126
6.3　旅游者对旅游地情境因素的感知差异 ………………………………… 129
6.4　本章小结 ………………………………………………………………… 137

### 第七章　旅游地情境因素对旅游者环境行为的影响及差异 …………… 138
7.1　旅游者环境行为测度模型主效应检验 ………………………………… 138
　　7.1.1　旅游者环境激进行为模型主效应检验 ……………………………… 138
　　7.1.2　旅游者环境保守行为模型主效应检验 ……………………………… 141
　　7.1.3　旅游者环境干扰行为模型主效应检验 ……………………………… 143
7.2　旅游地环境规制对旅游者环境行为的调节作用 ……………………… 145
　　7.2.1　环境规制对环境激进行为的调节作用 ……………………………… 145
　　7.2.2　环境规制对环境保守行为的调节作用 ……………………………… 147
　　7.2.3　环境规制对环境干扰行为的调节作用 ……………………………… 149
7.3　旅游地环保设施对旅游者环境行为的调节作用 ……………………… 151
　　7.3.1　环保设施对环境激进行为的调节作用 ……………………………… 151
　　7.3.2　环保设施对环境保守行为的调节作用 ……………………………… 152
　　7.3.3　环保设施对环境干扰行为的调节作用 ……………………………… 154
7.4　旅游地行为诱导对旅游者环境行为的调节作用 ……………………… 155
　　7.4.1　行为诱导对环境激进行为的调节作用 ……………………………… 155
　　7.4.2　行为诱导对环境保守行为的调节作用 ……………………………… 157
　　7.4.3　行为诱导对环境干扰行为的调节作用 ……………………………… 158
7.5　旅游地同伴约束对旅游者环境行为的调节作用 ……………………… 160
　　7.5.1　同伴约束对环境激进行为的调节作用 ……………………………… 160
　　7.5.2　同伴约束对环境保守行为的调节作用 ……………………………… 161
　　7.5.3　同伴约束对环境干扰行为的调节作用 ……………………………… 163

7.6 旅游地环境基底对旅游者环境行为的调节作用 ……………… 165
    7.6.1 环境基底对环境激进行为的调节作用 ………………… 165
    7.6.2 环境基底对环境保守行为的调节作用 ………………… 166
    7.6.3 环境基底对环境干扰行为的调节作用 ………………… 168
  7.7 本章小结 ………………………………………………………… 169

第八章 结论与展望 …………………………………………………… 173
  8.1 研究结论 ………………………………………………………… 173
  8.2 创新点 …………………………………………………………… 181
  8.3 研究展望 ………………………………………………………… 181
  8.4 政策建议 ………………………………………………………… 182

参考文献 ……………………………………………………………… 186

附录 旅游者环境行为调查问卷（正式问卷）……………………… 212

致 谢 ………………………………………………………………… 216

# 第一章 绪 论

旅游活动中旅游者的环境行为是"人地关系"相互作用的结果。在过往文献中,旅游者环境行为研究多关注"人",即旅游者的个体因素[1-4],缺乏针对不同人口统计学特征旅游者的环境行为及其影响因素差异的定量分析,而且忽视了"地"的属性,即旅游地的情境因素对旅游者环境行为的影响。再者,旅游者不同强度环保责任意识的环境行为可能会对旅游地产生不同的影响,过往有关旅游者环境行为的研究大多聚焦于旅游者具备保守的环保责任意识且对旅游地环境产生积极影响的环境行为[5-7]以及旅游者环保责任意识薄弱且对旅游地环境产生消极影响的环境行为[8],而未见关于旅游者具备激进的环保责任意识且对旅游地环境产生积极影响的环境行为的研究。

## 1.1 选题背景

### 1.1.1 实践背景

**1. 旅游者的不文明环境行为是造成旅游地生态环境保护压力的重要原因**

旅游的大众化时代已经来临,旅游已经成为人们的刚性需求。2017年,我国国内旅游人数达 50.01 亿人次,旅游总收入 5.40 万亿元。黄山、九寨沟、三亚等全国著名旅游地,旅游接待人数和旅游收入都不断提高,这给旅游地带来了巨大经济效益的同时,也给其带来了诸多的负面影响,使得旅游地的环境污染和生态破坏等环境问题日益凸显。旅游者缺乏环保意识和对自我的规范与约束，使其产生诸如随地吐痰、乱摘花草、乱扔垃圾、破坏文物古迹、踩踏草坪等不文明环境行为，这是引发旅游地生态环境问题的重要因素，使得旅游地的生态环境保护和管理面临巨大的压力。

旅游者作为旅游活动的主体和旅游地的主要服务对象，深入了解和分析他们的环境行为的影响机制，有助于引导旅游者践行有利于旅游地环境保护的环境行为，自觉减少甚至杜绝不文明环境行为，对于实现旅游地的可持续发展具有重要意义。

**2. 旅游地的不良情境因素成为旅游者不文明环境行为的重要诱因**

旅游地是旅游者环境行为发生的场所，旅游地自身的各类要素与旅游者个体共同构成了一个整体，旅游者的环境行为是旅游地情境因素与旅游者个体自身相互作用的结果。因此，旅游地的情境因素对旅游者的环境行为起着不可忽视的作用。随着旅游者数量的不断增多，其旅游活动对环境的干扰越来越严重，造成旅游地环境质量的恶化；而同时，旅游地的不良情境因素也往往会成为旅游者不文明环境行为的重要诱因。比如说，在一个垃圾遍地、环境质量糟糕的旅游场所，受到环境的暗示，旅游者很可能就会随地扔垃圾，这便形成了一个恶性循环，会严重影响旅游地的生态环境质量和旅游者的游憩体验。因此，旅游者的增多也给旅游地的经营管理工作带来了挑战，了解具体旅游地情境因素影响下的旅游者环境行为的作用机制，是引导和规范旅游者环境行为的重要手段，也可为旅游地管理部门的工作提供科学指引。

**3. 旅游地的环境保护是生态文明建设的重要内容**

在推进生态文明建设、建设美丽中国的大时代背景之下，旅游地作为人们放松身心、陶冶情操的场所，其优美的自然环境和风光，既能使人流连忘返，沉浸在美的意境中，又能让人获得身体和心灵上的满足，也能够在一定程度上提升人们的幸福指数。同时，旅游地良好的生态环境以及旅游者的文明旅游行为也会给全社会提供积极正面的示范作用，从而促成良好的社会风气。再者，旅游地优美的生态环境也非常有利于人们的身心健康。因此,规范旅游者的环境行为,保护旅游地的生态环境,为人们提供亲近自然和人文风光、享受自然和人文风光之美的机会是十分必要的。

### 1.1.2 理论背景

**1. 旅游者的环境行为是旅游地理学研究的热点**

环境行为研究一直是国内外心理学、行为学研究的重要领域,而国内外的环境行为研究大多将居民视为研究对象,研究内容也大多是居民的能源节约、回收利用、庭院垃圾填埋等环境行为。旅游者的环境行为是"人地关系"相互作用的结果,有别于居民的能源节约、回收利用、庭院垃圾填埋等环境行为,它不仅受到旅游者心理因素的影响,同时也会受到旅游地不同具体情境因素的影响,旅游者的环境行为研究近年来已成为旅游地理学的重要热点内容[5,6,9-11]。

**2. 旅游地情境因素影响旅游者环境行为是研究前沿**

中国有句古语"行由心决,心由境生",深刻说明了人与环境关系的密不可分,人类的行为会受到周边环境的影响。唤醒理论等也认为环境中的各种刺激会引起个体的生理自主反应[12],其遵循"环境—情绪—行为"的响应模式,环境刺激引起个体情绪的变化,情绪变化的形式和状态决定了个体的行为方式与强度。因此,环境刺激,也即环境中的各类情境因素是人类行为的干预性影响因素。旅游活动的大众化、普及化与经常化,在给旅游地带来巨大经济效益的同时,也带来了诸多的生态环境破坏,这不仅影响着旅游地的健康发展,也影响着旅游者的旅游体验[13,14]。旅游活动中,常见的不负责任的环境行为有乱扔垃圾、随地吐痰、践踏草坪、攀折花果、乱刻乱画、吸烟等[15]。以往研究较多聚焦于环境行为的内部影响因素如个体心理因素的探究,而忽视旅游地外部情境因素的影响[1,3,16],然而旅游地作为旅游活动的载体,其本身的要素和旅游者共同构成了一个整体旅游情境,旅游者的环境行为是旅游地情境因素与旅游者个体自身相互作用的结果[17,18],旅游地的情境因素对旅游者的环境行为起着不可忽视的作用[19]。再者,旅游者不同强度环保责任意识的环境行为会对旅游地产生不同的影响,对其进行分类系统研究对于旅游地的精准化与精细化管理十分必要。

## 1.2 研究意义

### 1.2.1 理论意义

**1. 拓展旅游者环境行为的研究视角**

前人关于旅游者环境行为的研究多关注"人"，即旅游者的个体心理因素，而忽略"地"，即旅游地的情境因素对旅游者环境行为的影响。本研究以计划行为理论为基础，将旅游地情境因素引入旅游者环境行为研究，对旅游者环境行为的影响因素和形成机制进行了探讨，拓展了旅游者环境行为的研究视角，也有助于丰富环境行为研究领域的理论基础，对现有理论的逻辑内涵与应用情境进行了拓展，对理论发展具有一定的意义。

**2. 丰富旅游者环境行为的研究维度**

现有的旅游者环境行为研究绝大多数都是关注旅游者的具有保守环保责任意识的环境行为，如合理处置旅游过程中的废弃物等，以及环保责任意识薄弱的环境行为，如乱扔垃圾等，而未曾关注旅游者的具有激进环保责任意识的环境行为，如捐款给旅游地用于环境保护、劝解或制止其他旅游者的不文明环境行为、如果旅游地环境受到破坏及时向有关单位报告等，而旅游者具有激进环保责任意识的环境行为对于促进旅游者自觉践行亲环境行为以及促成旅游地优良的环境保护意识和氛围是非常重要的。本研究基于两个不同类型案例的实证分析，提炼了旅游者环境行为的维度，包括环境激进行为、环境保守行为、环境干扰行为，并对三个维度的环境行为进行分类研究，有助于从多角度全面分析旅游者环境行为的发生机制，对于深化旅游者环境行为的研究具有一定的理论意义。

**3. 构建旅游者环境行为的测度模型**

从"人地关系"的视角构建了旅游者环境行为的研究模型。本研究以唤醒理论、行为场景理论、破窗理论等为理论基础，综合旅游地理学、环境行为学、环境心理学等学科知识,基于实证分析,应用计划行为理论构建了旅游者环境行为三个维度的基本模型,并将旅游地情境因素纳入模型之中,使用多群组分析的方法检验了不同类型旅游地的不同情境因素对旅游者三个维度环境行为意向与环境行为之间关系的调节作用,对于今后的旅游者环境行为研究具有一定的指导意义。

### 1.2.2　实践意义

#### 1. 有助于唤醒旅游者的亲环境行为

本研究基于计划行为理论构建了旅游者环境行为的研究模型,通过实证分析得到旅游者的心理因素,包括环境行为态度、主观规范、知觉行为控制均能对其环境行为意向或环境行为产生直接或者间接影响的结论,这可以从旅游者心理层面出发,引导旅游者杜绝环境干扰行为,能动自觉地践行环境保守行为,积极参与环境激进行为。

#### 2. 有助于改善旅游地的生态环境管理

要想打破旅游者不文明行为和旅游地环境质量下降的恶性循环,实现旅游地的可持续发展,就要对旅游者环境行为的发生机制进行研究,理论引导实践,通过科学的方法对旅游者进行环境激进行为和环境保守行为的教育,为相关管理部门提供环境管理的政策支持。本研究通过探讨旅游地情境因素对旅游者三个维度环境行为的影响机制,可以从旅游地的管理层面出发,为旅游地的相关管理部门制定有效的旅游环境政策、实施有效的环境管理提供依据,从而有效地解决旅游地的环境问题。

#### 3. 有助于促进旅游业的高质量发展

经济发展与环境保护之间存在矛盾,旅游业作为重要的经济产业,其迅猛发展给旅游地的生态环境保护工作造成了相当大的压力。如何平衡旅游发展与生态环境保护之间的关系,是非常值得研究的课题。本研究从旅游地情境因素视角探讨了旅游者环境行为的影响机制和作用机理,有助于旅游者环境激进行为和环境保守行为的形成和旅游地的健康环境管理,促进旅游业的高质量发展。

## 1.3 研究目标与研究内容

### 1.3.1 研究问题

**1. 不同旅游者对情境因素的感知是否存在差异?**

由于旅游者个体属性的不同,其对旅游地不同情境因素的感知可能存在差异,本研究试图通过单因素方差分析的方法确定差异是否存在。

**2. 旅游地情境因素如何作用于旅游者不同的环境行为?**

旅游者的环境行为可以划分为不同类型,旅游地的情境因素对旅游者环境行为的影响是直接作用、中介作用抑或是调节作用?本研究试图通过定量分析方法回答这个问题。

**3. 自然与人文两种不同类型旅游地的情境因素及其对旅游者环境行为的影响是否存在差异?**

自然类型旅游地与人文类型旅游地本身的属性不同。自然旅游地具有天然赋予的美感属性,使旅游者产生回归自然、心旷神怡的美感体验,对于以观光、游览、探险猎奇、度假疗养为目的的旅游者具有重要意义;人文旅游地能为旅游者提供艺术美和社会美的审美情趣,更多地表现出知识和文化教育以及娱乐、游憩等方面的意义。两种类型旅游地的情境因素可能存在差异,情境因素对旅游者环境行为的影响机制也可能存在差异。因此,这些差异是否存在是本研究拟解决的一个科学问题。

### 1.3.2 研究目标

围绕上述问题,完成以下研究目标:构建旅游者环境行为的测度模型,确立旅游者环境行为以及旅游地情境因素的分类体系,提出旅游地环境管理的政策措施。

## 1.3.3 研究内容

**1. 旅游者环境行为的内涵与类型**

现有的关于旅游者环境行为的研究绝大多数都是关注旅游者的具有保守环保责任意识的环境行为或环保责任意识薄弱的环境行为,而通过搜集资料以及实地调研发现,旅游者的具有激进环保责任意识的环境行为也是存在的,而且对于旅游者的环境行为规范以及旅游地的健康环境管理至关重要。因此对于旅游者环境激进行为的研究是十分必要的。通过对以往文献资料的梳理以及实证研究,明晰旅游者环境行为的内涵并构建其维度,以对旅游者环境行为进行分类研究。

**2. 旅游地情境因素的内涵与类型**

旅游者的环境行为是"人地关系"相互作用的结果。以往的关于旅游者环境行为的研究多关注"人",即旅游者的个体心理因素,而忽略"地",即旅游地的情境因素对旅游者环境行为的影响。然而旅游地作为旅游活动的载体,其本身的要素和旅游者共同构成了一个整体旅游情境,旅游者的环境行为是旅游地情境因素与旅游者个体自身相互作用的结果,旅游地的情境因素对旅游者的环境行为起着不可忽视的作用。因此本研究通过文献梳理和实地调研,明确旅游地情境因素的内涵,并建构其维度,为旅游地的环境管理提供理论依据。

**3. 不同旅游者的环境行为差异**

人类的行为可能因人群种类和人群结构的不同而存在差异。以往的关于旅游者环境行为的研究很少从不同类型人群出发研究其行为差异,本研究对旅游者进行人口统计学特征的细分,以探究不同性别、不同年龄、不同职业、不同受教育程度、不同收入水平、不同婚姻状况、不同常住地、不同游玩次数旅游者的环境行为的差异,以期从实践层面为旅游地进行有针对性的环境管理提供帮助。

**4. 旅游地不同类型的情境因素对旅游者环境行为的影响机制**

旅游地的情境因素因种类的不同,其对旅游者环境行为的影响也可能不同。本研究在对旅游地情境因素的维度进行划分的基础之上，对旅游地情境因素进行分类研究，以探究不同类型的情境因素对旅游者环境行为的影响机制，明确旅游地情境因素与旅游者自身心理因素和旅游者环境行为之间的作用关系，以丰富和完善旅游者环境行为的研究框架和体系。

**5. 不同类型旅游地的情境因素对旅游者环境行为的影响差异**

情境因素可能会因旅游地类型的不同而有所差别，从而可能对旅游者的环境行为产生不同的影响。本研究选取黄山风景区这类自然旅游地和中山陵风景区这类人文旅游地进行对比研究，以探究不同类型旅游地的情境因素对旅游者环境行为的影响差异，为不同类型旅游地的环境管理和政策实施提供支持与参照。

## 1.4 研究思路与技术路线

### 1.4.1 研究思路

本研究以旅游地情境因素对旅游者环境行为的影响为核心研究问题，以"行由心决，心由境生"为思路导向，从"心"（即旅游者的个体心理因素）和"境"（即旅游地情境因素）两个方面研究"行"（即旅游者环境行为），分析旅游地情境因素对旅游者环境行为的影响机制：旅游地情境因素是直接影响旅游者环境行为，还是通过对旅游者的心理因素与环境行为之间的关系起到中介作用或调节作用进而间接影响环境行为？在文献分析和专家评估调查问卷的基础之上，通过实地调研探索旅游者环境行为的心理因素和旅游地情境因素的维度特征，选取黄山风景区和中山陵风景区这两种不同类型的案例地，实证对比研究旅游者环境行为的个体差异以及旅游地不同类型的情境因素对旅游者环境行为的影响。

## 1.4.2 技术路线

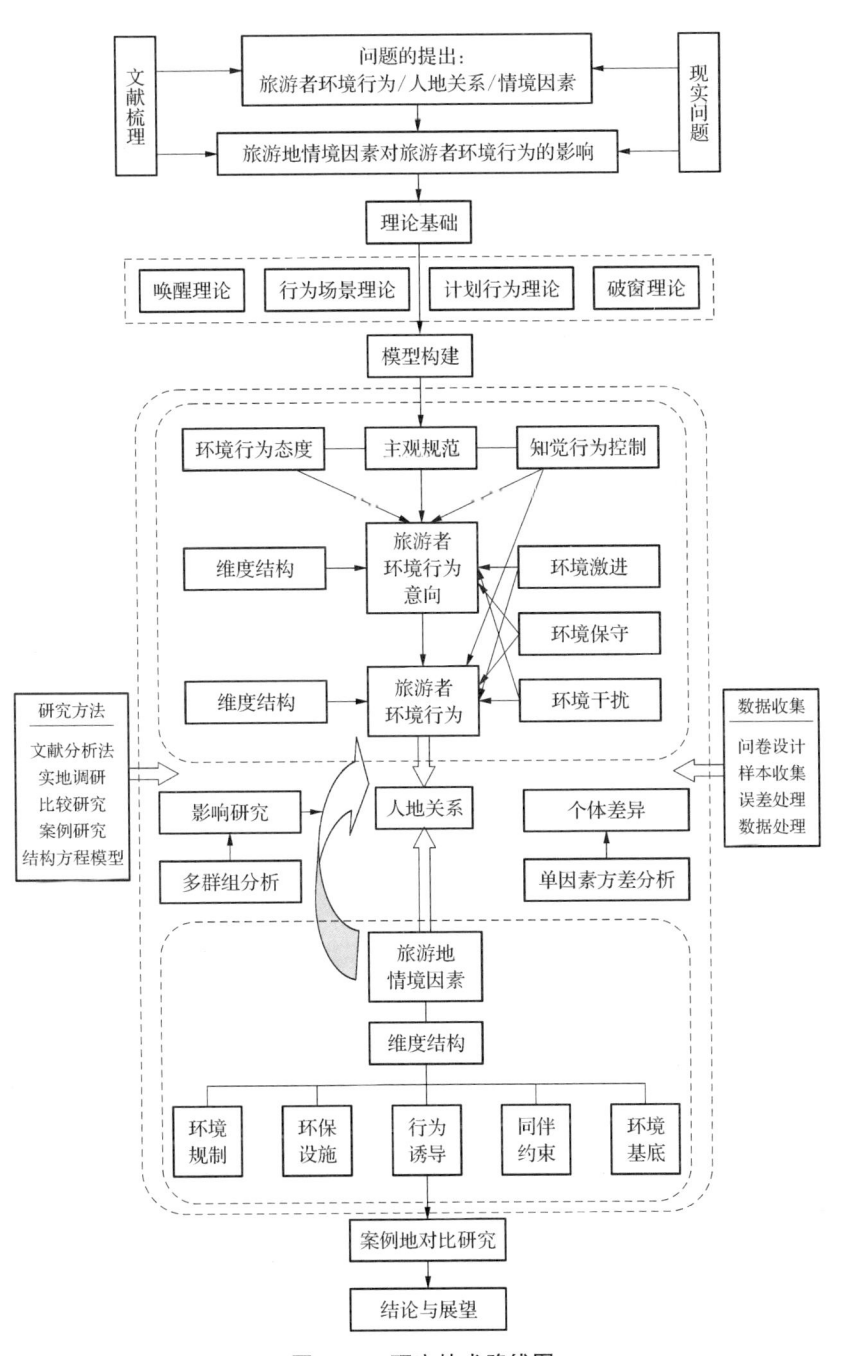

图 1-1 研究技术路线图

## 1.5 研究方法

### 1.5.1 文献分析法

研究者通过搜集文献资料以获取与调查课题相关资料的方法。本研究所涉及的文献主要包括国内外有关"人地关系理论""唤醒理论""行为场景理论""破窗理论""计划行为理论""情境因素""环境行为"等的论文和著作。本研究通过总结和梳理上述文献资料,确立本研究的理论基础并构建研究模型。

### 1.5.2 问卷调查法

本研究主要采用问卷调查法收集数据。问卷调查内容主要包括两部分：第一部分为被调查旅游者的基本背景,包括旅游者的年龄、性别、受教育程度、职业、月收入、常住地、婚姻状况等人口统计学特征；第二部分为问卷主体,即在前人文献与专家评估的基础上,结合具体旅游地情境,构建旅游者的环境行为态度、主观规范、知觉行为控制、环境行为意向、环境行为和旅游地情境因素的测量量表。

### 1.5.3 数理分析法

根据问卷设计,使用结构方程模型(SEM)统计方法对所构建的模型及其变量之间的假设关系进行检验。在参数估计方法的选择上,采用极大似然法进行结构方程建模；使用 SPSS 统计软件对数据进行信度和效度分析以及正态性检验；运用 AMOS 分析软件对数据作进一步处理,利用验证性因子分析对模型的信度与效度进行测量,以评估模型的内在结构适配度,再对模型的拟合效果和假设关系进行检验来评估模型的整体适配度。最后,采用结构方程模型的多群组分析方法,探究旅游地的情境因素对旅游者环境行为意向与环境行为之间关系的调节作用。

# 第二章　理论基础与相关研究进展

有哪些理论支撑着环境行为与情境因素的研究？哪些因素会影响旅游者的环境行为？旅游者的环境行为究竟该如何定义和分类？旅游地的情境因素又该如何定义？其又包含哪些类型或维度？这些问题的回答将奠定本书的研究基础和构架。本章将通过梳理环境行为与情境因素研究的相关基础理论和国内外最新研究进展来回答上述问题。

## 2.1　理论基础

### 2.1.1　人地关系理论

人地关系理论(theory of human-land relationship)是关于人类及其参与的各种各样的社会、文化、经济等活动与相关的地理、自然与人文环境之间关系的理论[20]。它主要指的是出现在人文地理学发展演进过程中的各种关于"人"与"地"之间关系的思想以及学说[21]。它是人文地理学的主要基础理论，也一直处于人文地理学研究的核心地位，因此成为相关研究的中心课题[22]。

人地关系是自从地球上有人类活动开始便已经客观存在的一种关系，人类的活动会影响地球的环境，地球的环境反过来也会对人类的活动产生影响，人地关系伴随着人类社会活动的演进和变化而处于不断的动态的变化之中[23]。相较于人地关系的不断变化，人地关系理论的缘起与形成经过了较长的历史发展进程[24]。人地关系理论是人类历史上关于人地关系研究的一系列思想和观点的统称[20]。在其漫长的发展历程当中，曾经出现过各种相关理论,如中国古代的"天命论""神创论""不可知论"以及"人定胜天,天定胜人"等这样对于人地关系认识的朴素的思想[20]。从近代开始,人地关系理论从思想观点层面发展到系统认识的层面,从而产生了一系列的理论,诸如地理环境决定论、可能论、适应论、人地相关论、环境感知论、文化决定论、人地协调论等[20]。

"地理环境决定论"的核心观点和思想是人类的各种活动,无论是社会、经济还是政治活动都受到自然环境的绝对的支配作用[25]。"地理环境决定论"对于人地关系的阐释,虽然是对"神创论""天命论"的反驳,在某种程度上具有一定的进步意义,但其夸大了地理环境的决定作用[26]。法国著名的人文地理学研究的奠基者 Blache 提出的人地相关论,将人地关系研究的重点从自然地理环境的"地"的层面转向个体"人"的层面,其强调的是"人"的积极主动的能动作用在人地关系研究中的意义[20];Blache 的学生 Brannes 继承和发展了人地相关论,他指出地理问题事实的其中一个源泉是来源于个体的"人"的心理因素,心理因素是人类个体与自然环境的一种媒介,也是个体一切行为活动的指引[20];美国著名的地理学家 Barrows 所提出的人类生态论,指出地理学研究的主要目的并不是探究自然环境的外在表征及现象描述,而在于研究人类个体对于自然环境所产生的反应,其强调在人地关系的研究中,应将焦点集中于人地相互作用的动态变化的过程[20];White 在 1980 年举行的第二十四届国际地理学大会上提出了人地协调的理论,指出人类自身适应和改造环境的行为妥当与否务必以协调的尺度来衡量[20]。20 世纪 60 年代以来,地理学数量化的发展,方法手段的革新,使人文地理学的研究更深入到人地关系的微观领域,进行人文与自然统一的综合性研究,人地关系理论又有新的发展。在文化景观论和生态论基础上发展起来的地理系统论,强调地理环境系统与人类社会系统的动态联系[20]。

### 2.1.2 唤醒理论

英国著名的行为心理学领域的学者 Berlyne 提出了一种个体行为研究方面的理论——唤醒理论(arousal theory),这种理论属于环境心理学的研究范畴,它所解释的是来源于个体外部环境的刺激的水平及个体进行的活动所处空间范围的大小与个体情绪的变化之间的复杂关系[27]。该理论认为个体生理方面的唤起都可以由周围环境中各种各样的刺激所引起,而来自环境中的各种各样的刺激可以促进个体的身体方面的自主反应,这种反应和响应的模式遵循"环境—情绪—行为"的逻辑路径关系,个体情绪的状态及其变化是由来自周围环境的各种刺激所引发的,而个体的实际行为是由个体情绪的发生状态和所处形式所决定的[28]。唤醒水平的变化是与周围的环境因子相联系的,唤醒水平的变化是由个体情绪的变化所引起的,而个体情绪的改变和变化也必然是因为受到周围环境的影响而产生的结果[29]。因此,该理论认为,唤醒水平是影响个体行为的干预因素[12]。

根据唤醒理论可知,旅游地具体情境下的环境刺激,如景区的环境质量、其他旅游者的环境行为等因素,都会影响到旅游者个体的唤醒水平和情绪,从而影响旅游者的环境行为。

### 2.1.3 行为场景理论

行为场景理论(behavior setting theory)是由 Wicker 提出的[30]。根据行为场景理论的观点,行为场景的构成要素包括人的实际行为及其行为所发生的场所。行为场景可解释为人类活动所处环境中的与其个体生活最为贴近的系统,这个系统是小尺度的,个体所处的行为场景会对个体的行为产生关键的影响作用[31]。在行为场景理论中,"场所"所指的是行为个体所处的物质环境,该物质环境是特定的空间与其有关的组成要素所共同构成的,它支撑着一些相对固定的行为发生模式,无论使用者如何变换,行为固定的发生模式将会在一段时间内不断地重复[32]。

Barker 和 Wright 在提出行为场景理论时,将他们的工作归功于 Lewin 和 Heider 提供的传统理论基础构架,同时也对之前几乎所有的心理学理论提出了反对和质疑之声,他们认为"行为的发生不仅仅是因为特定的个体,同时也与行为所处的特定地点有关,这就是所谓的行为场景及个体发生的行为,即个体外在互动行为"[33]。

行为场景理论是解释和理解环境及其对个体行为影响的强有力工具。行为场景理论强调的是环境特征与个体对于所处场所的感知对个体行为的影响。根据其观点可知,在旅游过程中,旅游者与旅游地的情境共同构成行为场景,因此,旅游地的环境特征与旅游者对旅游地的感知将会对其行为产生影响。

### 2.1.4 破窗理论

源于美国政治学家 Wilson 和犯罪学家 Kelling 的"破窗理论"(broken window theory)指出,环境因子会对个体产生强烈的行为暗示和诱导[34]。直观地说,如果一幢房屋其中的一扇窗户破损了,而没有得到及时的修补,久而久之,这栋房屋里其他的窗户也会被人莫名其妙地打破,从而产生所谓的"破窗效应"(broken window effect),如果情况更糟糕的话,整栋房屋都有可能被拆毁[35]。如果一堵墙面上有人制造了一些涂鸦,而这些涂鸦没有被及时清洗掉,那么过段时间整个墙面就会被涂鸦布满[35-37]。"破窗理论"说明不良的情境因素会诱导人加速环境的恶化,按照一分为二的原则,良好的情境因素则会约束人的行为,使得环境变得更好。据此,可由"破窗效应"延伸得出"装修效应"——在一栋杂乱而破旧的房屋里,人们不会过于在意室内设施及环境的改变;而在一栋新装修的房屋中,人们则不会轻易在墙面上乱涂乱画。在一个干净整洁的地方,人们不忍心乱丢垃圾,但一旦有垃圾出现,人们就会毫不犹豫地乱扔乱丢。由"装修效应"可知,受良好情境因素的影响,行为主体会自觉或不自觉地维护环境的现状[38]。

"破窗理论"从心理学、行为学等角度揭示了外部情境因素与个体心理以及个体行为之间的关系,即环境状况对个体的暗示性和诱导性。该理论在旅游研究中具有普遍适用性。对于一个旅游地来说,一扇"破窗"看似微不足道,但是每天都在发生一些微不足道的小事,比如随地乱扔垃圾、随意践踏草坪等,就如一扇完整的窗户被无端打破,继而更多的窗户会被打破,给旅游地的环境造成一次次的伤害。如果这些不良现象和行为不能得到及时控制和遏止,旅游地的环境就会遭受极大的破坏,旅游地的整体形象亦会受到重创。例如,在旅游地环境优美的场所,就没有人乱扔垃圾、随地吐痰;而旅游地如果很脏乱,即使竖起"禁止乱扔垃圾""严禁随地吐痰"的警示牌恐怕也无济于事。因此,旅游地的情境因素,对旅游者的环境行为可能有着重要的影响。

## 2.1.5 计划行为理论

计划行为理论(the theory of planned behavior, TPB)是由理性行为理论(the theory of reasoned action, TRA)发展而来的,理性行为理论通过行为态度和主观规范这两种预测变量来预测执行特定行为的意向[39](图2-1)。然而,理性行为理论并不考虑行为完全不受个体控制的情形。Ajzen 将第三种行为预测变量——知觉行为控制(perceived behavioral control, PBC)引入理性行为理论,由此开发出了计划行为理论[40]。因此,计划行为理论包含三个预测行为意向的概念独立的要素:行为态度、主观规范和知觉行为控制。

图2-1 理性行为理论结构模型图

计划行为理论是一种专注于解释和预测明确定义的人类行为的认知模型。该理论认为人的行为是依据他们的行为意向及行为控制观念进行的,而行为意向受到行为态度、主观规范及知觉行为控制的影响[40]。该理论的结构模型如图2-2所示。

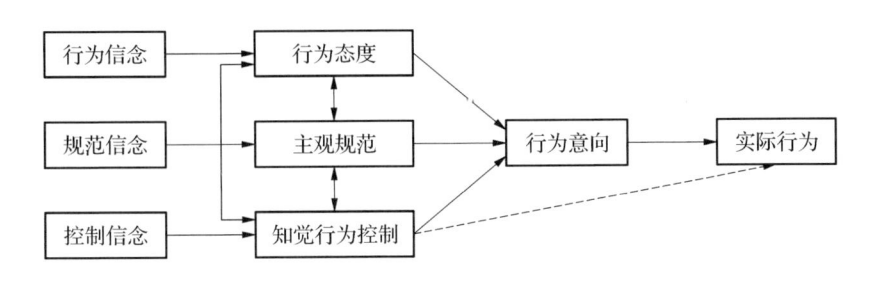

图2-2 计划行为理论结构模型图

## 1. 行为态度

行为态度指的是个体对正在考虑中的行为的有利或不利的评估或评价的程度[41,42]。态度代表个体对于特定对象的"好—坏""有害—有益""令人愉快—令人不愉快"和"讨人喜欢—使人厌恶"等属性维度的心理学总体评价[41,42]。行为态度受到行为信念的影响。行为信念指的是个体对实施某个行为所能引起的可能结果的主观评估[41,42]。

## 2. 主观规范

主观规范指的是个体感知到的执行或不执行特定行为的社会压力[41,42]。主观规范受到规范信念和顺从动机的影响。规范信念指的是个体对于重要的他人或团体执行或不执行某个具体行为的要求的重要性的知觉和看法；顺从动机指的是个体在执行具体行为时顺从重要的他人或团体的意见的程度[41,42]。根据Moutinho的研究，任何相关群体的个人或团体都能对个体的信念、态度和选择施加关键影响，这是因为个体可能会服从于他/她的所属群体[43]。Park阐明主观规范本质上是社会属性[44]。个体在考虑他/她是否应该执行某个行为时会基于对他/她重要的人的意见或观点，并根据感知到的社会压力以特定的方式表现行为[45]。

## 3. 知觉行为控制

知觉行为控制指的是个体对于执行某个特定行为是容易还是困难的知觉[41,42]。人们认为知觉行为控制能够反映过去的经验、预期的困难和障碍[45]。知觉行为控制反映个体对于执行某个行为所需的资源和机遇所持的信念[45]。知觉行为控制受到控制信念和感知到的力量的影响。控制信念指的是个体感受到的可能促使或者阻碍其执行某项行为的因素；感知到的力量指的是个体按照当前的情形，估计是否具备掌控这些促使或者阻碍执行行为的因素的能力[40-42]。

计划行为理论作为行为研究领域的重要理论，主要被用来解释个体如何计划行为以实现特定目标，有关研究也大多专注于如何通过影响计划行为理论诸要素来预测个体行为。该理论在行为研究领域中应用非常广泛，包括：绿色消费行为[46-50]、能源节约行为[51-53]、母乳喂养行为[54-57]、戒烟戒酒行为[58-60]、体育锻炼行为[61-64]、环境行为[65-69]等。总之,大量文献支持计划行为理论对行为意向和实际行为的解释和预测能力。

## 2.2 国内外情境因素研究进展

### 2.2.1 情境因素的概念辨析

中国有句古语"行由心决,心由境生",深刻说明了人与环境关系的密不可分,人类的行为会受到周边环境的影响。唤醒理论[12,28,70]等也认为环境中的各种刺激会引起个体的生理自主反应,其遵循"环境—情绪—行为"的响应模式,环境刺激引起个体情绪的变化,情绪变化的形式和状态决定了个体的行为方式与强度[71,72]。因此,环境刺激,也即环境中的各类情境因素是人类行为的干预性影响因素[73-75]。

对于情境因素的具体内涵与定义,不同的研究者作出了不同的解释,本书梳理如下(表2-1)。

现有的研究对于情境因素的概念没有明确统一的定义,而且情境因素因其所影响的行为类型的不同,其概念也会有差异。结合前人对于情境因素概念辨析的各种观点和本书所研究的旅游地情境因素及其所影响的旅游者环境行为的具体内容,在此提出本研究中的旅游地情境因素指的是:旅游者在旅游地旅游过程中感知到的,具有在场性和瞬时性特征的,能够影响旅游者心理活动或环境行为的所有客观存在的要素。

表2-1 情境因素的概念汇总整理(部分)

| 研究者 | 研究内容 | 具体含义 |
| --- | --- | --- |
| Lutz & Kakkar,1975[76] | 消费行为 | 个体在特定的时间和空间内观察到的极不稳定的,且能够影响个体心理活动或行为的所有要素 |
| Belk,1975[77] | 消费行为 | 特定的时间和地点内,影响个体行为并可以被证明的一切因素 |

(续　表)

| 研究者 | 研究内容 | 具体含义 |
| --- | --- | --- |
| 余福茂,2012[78] | 城市居民废旧家电回收行为 | 个体在实施某一个特定行为的时候所处的客观环境 |
| Shalley等,2004[79] | 企业职员的工作行为 | 对企业职员的工作行为具有潜在影响的工作环境维度,通过内在的动机影响职员的工作创造力 |
| 曲英 & 朱庆华,2010[80] | 城市居民生活垃圾源头分类行为 | 个体在进行特定行为选择时所面临的客观环境,也就是指那些对个体实施行为有影响的外界因素 |
| 刘芳,2009[81] | 城市居民环境行为 | 在特定的环境背景之下,对个体的行为活动产生影响的即时条件,这些条件既包括个体既有的人格倾向、当时的认知、情绪意向特点等主体条件,也包括行为发生当时周围的环境,尤其是进入个体意识范围的环境 |
| Menon & Kahn,2002[82] | 顾客的网上购物行为 | 顾客网上购物体验,能够激发顾客获得愉悦的购物情绪和体验,从而增强顾客对在线商店的正面态度和行为意向的因素 |
| 崔楠等,2013[83] | 顾客的线上惠顾意愿 | 从动机视角,能够影响顾客网上购物的动机,进而导致更高的顾客满意、忠诚于惠顾意愿的因素 |
| 姚亚男等,2017[84] | 员工的跨界行为 | 能够被员工个体予以感知和评价的组织环境中的各种因素,组织环境作为一个整体从多个维度对员工激励水平产生影响 |
| 王平等,2012[85] | 网络社群中的消费者生成内容行为 | 在个体及刺激物之外的,能够对当前的行为产生可论证和系统性影响的所有因素 |
| Latif等,2012[86] | 居民的固体废弃物管理行为 | 个体在特定的时空范围之内感知到的,能够对个体的行为产生影响的稳定的外部因素 |
| Ayal等,2015[87] | 信息处理行为 | 在信息处理过程中,个体所感知到的来自周围环境中的能够影响其处理行为的外界因素 |
| 张伟等,2020[88] | 冲动性购买行为 | 在移动购物场景下,通过影响消费者感知唤醒和感知愉悦两种情绪,对消费者冲动性购买意在移动购物场景下,通过影响消费者感知唤醒和感知愉悦两种情绪,对消费者冲动性购买意愿产生影响的个性化推荐、视觉吸引力和系统易用性等因素 |

### 2.2.2 情境因素的类型划分

研究者普遍认同情境因素会影响环境行为的观点[78,80,86,89],但已有的关于情境因素的研究大多针对居民的环境行为[78,80,81,86,90]和消费者的决策行为[83,91-94],缺乏针对影响旅游者环境行为的旅游地情境因素的研究,而且各个研究者因为其所探究的行为的不同导致情境因素的内容和范围也不尽相同。在环境行为研究领域中,探讨的情境因素包括:环保设施、社会规范、广告宣传、机会成本、政策法规等。本书将部分环境行为研究中的情境因素类型梳理如下(表2-2)。

表2-2 环境行为研究中情境因素的类型(部分)

| 研究者 | 研究内容 | 研究方法 | 情境因素的类型 |
| --- | --- | --- | --- |
| Stern & Oskamp, 1987[95] | 垃圾回收行为 | 研究经验总结、文献总结 | 社会制度、经济实力、行为的难易程度 |
| Stern, 2000[96] | 居民的环境行为 | 研究经验总结、文献总结 | 成本与报酬、科技手段、法律法规、政策支持 |
| Barr, 2003[97] | 居民的负责任环境行为 | 网上问卷调查、现场调查 | 个体获得的特定服务、人口统计学特征、之前与环境行为相关的经历与知识 |
| 曲英, 2007[98] | 城市居民对于生活垃圾的管理行为 | 问卷调查结合访谈 | 分类垃圾箱的设置;循环利用项目的运营;垃圾收集的频率、方式及其服务;循环利用项目的类型 |
| 张青, 2008[90] | 天津市居民的环境行为 | 问卷调查 | 社会规范、方便条件、经济因素、时间限制、人际影响 |
| Onokala 等, 2018[99] | 中美大学生的亲环境行为 | 问卷调查 | 项目类型、设施可用性(是否提供设施及多少、垃圾收运是否及时、储存空间的大小)、设施复杂性(实施是否简单、分类收集的种类和数量、多流程与单流程的区别等)、实施经济性(会否产生费用及多少、会否获得收入及多少、花费的时间)、服务方式及水平(总体服务水平、是否提供上门回收) |

(续表)

| 研究者 | 研究内容 | 研究方法 | 情境因素的类型 |
| --- | --- | --- | --- |
| Takahashi & Selfa,2014[89] | 美国乡村社区居民的亲环境行为 | 问卷调查结合访谈 | 系统设计(是否合理提供回收箱及回收服务等)、设施方便性(包括感知到的方便性、路边或回收站回收、距回收装置的距离、回收周期或营业时间)、设施可用性、设施复杂性、设施经济性、信息充分性和可获得性(一般的信息、垃圾箱标识清晰程度)、服务方式及水平、相关风险(一般性风险、虫害、气味、霉变等) |

根据上述对前人研究的总结,并结合本研究的具体内容,本书认为旅游地影响旅游者环境行为的情境因素包括五类,即:环境规制、环保设施、行为诱导、同伴约束、环境基底。

环境规制指的是旅游地设置、颁布并实施且对旅游者环境行为有一定约束和规范作用的告示牌及规章制度。比如旅游地设置的解说牌、警示牌、劝告牌以及制定的环保管理条例等。

环保设施是指旅游地设置的用于保护环境的各类基础设施。比如旅游地的垃圾箱、花草的围栏等环保设施设置充分合理,旅游者实施环保行为就更为便捷。

行为诱导则强调他人或群体对旅游者实施环境行为产生的影响,比如旅游者在旅游过程中的环境行为会受到景区员工的环保行为或其他旅游者的环保行为或环境破坏行为的影响。

同伴约束指的是旅游者因为随行同伴的存在而对其环境行为所产生的约束作用。同伴包括亲人、朋友、老师、同事、同学等。

环境基底是指旅游者感知到的旅游地现存的环境质量状况。比如旅游地的自然风光是否优美,旅游地主干道或公共场所是否干净等。

## 2.3 国内外环境行为研究进展

国内外关于环境行为的研究主要的研究对象是居民、学生等群体,相应的研究内容也大多是垃圾回收、资源管理等一般性的环境行为[78,89,97-99],近年来越来越多的研究开始针对旅游者在旅游地的环境行为[100-107]。

### 2.3.1 环境行为的概念与类型

环境行为指的是个体实施的能够对环境产生影响的行为[108,109]。

结合本研究的具体内容,本书认为旅游者的环境行为指的是旅游者在旅游过程中实施的能够对旅游地环境产生积极或消极影响的行为。

关于环境行为的类型,国内外的学者有不同的划分方式,通过对相关文献的回顾,本书对相关的分类方式梳理如下(表2-3)。

表2-3 环境行为的类型划分

| 研究者 | 研究对象 | 分类方式 | 具体内容 |
| --- | --- | --- | --- |
| Sia 等,1986[110] | 居民 | 说服行为 | 通过言论说服个体采取正面环境行为 |
| | | 生态管理 | 采取行动对生态系统进行保护的行为 |
| | | 政治行为 | 以投票、竞选或者游说等政治方式来促使行政部门采取行为 |
| | | 法律行为 | 为增强环境律法的效用而采取的行为 |
| | | 消费行为 | 采取经济方面的手段对环境进行保护的行为 |
| Smith-Sebasto,1995[111] | 学生 | 公民行为 | 通过某些政治手段保护环境的行为 |
| | | 法律行为 | 通过法律手段制裁环境破坏的行为 |
| | | 财务行为 | 采取金钱等财务手段保护环境的行为 |
| | | 教育行为 | 为保护环境而获取相关环保信息和知识的行为 |
| | | 说服行为 | 劝说他人保护环境而采取的行为 |
| | | 实践行为 | 日常生活中采取的较为简单的环境保护行为 |
| Stern,2002[112] | 居民 | 激进的环境行为 | 积极参加有关环境保护的示威活动或环保组织的行为 |
| | | 公共领域非激进行为 | 积极的保护环境的公民行为 |
| | | 私人领域环境行为 | 对会产生环境影响的产品的购买以及处理行为 |
| | | 其他具有环境意义的行为 | 如对个体所在集体或组织产生影响的行为 |

(续　表)

| 研究者 | 研究对象 | 分类方式 | 具体内容 |
| --- | --- | --- | --- |
| Goldman等，2006[113] | 学生 | 负责任消费行为 | 如绿色消费 |
|  |  | 资源节约行为 | 如水电节约使用 |
|  |  | 废物循环行为 | 对于废弃物循环使用的行为 |
|  |  | 生态娱乐行为 | 如生态旅游 |
|  |  | 环境行动主义 | 致力于实现保护环境目标的行动主义 |
|  |  | 公民行为 | 通过某些政治手段来达成保护环境目的的行为 |
| 孙岩，2006[114] | 居民 | 消费行为 | 利用经济手段对环境进行保护的行为 |
|  |  | 公民行为 | 通过某些政治手段来进行环境保护的行为 |
|  |  | 说服行为 | 通过言论手段说服公民个体采取正面的环境行为 |
|  |  | 生态管理 | 采取行动对生态系统进行保护的行为 |
| 邵立娟，2014[115] | 旅游者 | 环境责任行为 | 环境责任意识的行为 |
|  |  | 生态管理行为 | 为了保护或者改善环境而采取的实际行为 |
|  |  | 积极参与行为 | 积极主动地参与到环境保护活动中的行为 |

前人对于环境行为的分类没有形成统一的标准，而且缺乏严谨的逻辑性，甚至出现不同分类有概念重合的问题。本研究结合旅游者环境行为的具体表现形式，从对旅游地环境产生积极影响和消极影响两个方面，将旅游者环境行为分为环境友好行为和环境干扰行为。其中，环境友好行为按照实施主体的环保责任意识的强弱细分为环境激进行为和环境保守行为。

具体而言，环境激进行为需要旅游者具有极强的环保责任意识和主人翁精神，主要指旅游者积极主动地参与协助旅游地保护环境的行为，表现出自己恪守环境友好行为的准则且要求他人或组织也恪守相应准则的激进的环保责任意识，如捐款给旅游地的相关管理部门用于环境保护、劝解其他旅游者的环境破坏行为、如果发现旅游地的环境遭到破坏及时报告等行为。

环境保守行为需要旅游者具有较强的环保责任意识，主要指旅游者积极地采取保护或改善旅游地环境的行为,表现出自己恪守环境友好行为的准则而不要求他人或组织也恪守相应准则的相对保守的环保责任意识,如遵守旅游地的游览注意事项、保护旅游地的设施免受破坏以及合理处置旅游过程中的废弃物等行为。

环境干扰行为则表明旅游者环保责任意识薄弱,主要指旅游者采取对旅游地环境产生负面消极影响的行为,表现出自己不恪守环境友好行为的准则同时也不要求他人或组织恪守相应准则的薄弱的环保责任意识,如乱扔垃圾、随地吐痰、采摘花草、打扰小动物、踩踏草坪等行为。

### 2.3.2 环境行为的研究模式

国内外对环境行为的研究主要是应用环境素养理论模式、负责任的环境行为模式、价值—信念—规范理论模式和计划行为理论模式探讨环境行为的影响因素和机制。

#### 1. 环境素养理论模式

(1) 理论模式的提出与内涵

美国学者 Roth 于 1968 年首先提出了"环境素养"(Environmental Literacy)的概念[116]。联合国教科文组织(United Nations Educational, Scientific and Cultural Organization, UNESCO)呼吁在国际范围内通过包括大学教育在内的多种环境教育的方式增强环境素养的普及和教育。尽管关于"环境素养"有各种不同的定义方式,1977 年的 Tsibili 宣言中的陈述可以作为环境教育的基本框架:环境教育的基本目标是使个体和团体理解自然和人工环境的复杂属性,这些复杂属性来源于生物的、物理的、社会的、经济的以及文化方面的相互作用,并且获取知识、价值观、态度以及实践技能,以负责任和有效的途径参与到预测和解决环境问题以及环境质量的管理工作之中[117]。

这项陈述肯定了包括环境知识、行为与态度在内的环境教育在促进环境管理工作方面的必要性。这个宣言促使个体以及团体在环境问题解决方面的积极参与。环境服务学习能够传授生态和环境方面的具体内容和知识。然而，更重要的是，它能够提供使得我们的社会解决日益增长的环境问题所需的问题解决技能方面的提升以及环境管理工作方面的道德规范。

北美环境教育协会（North American Association for Environmental Education，NAAEE）将"环境素养"定义为：个体以及随同的他人做出的涉及环境的精明的决策，并且遵从这些决策付诸行动以提升其他个体、社会以及全球环境的福祉[118]。NAAEE 的框架认为环境素养包括六个主要内容：对于环境的敏感性或积极的感受；对于环境问题的有利的态度；对于环境问题的价值观念；避免或减少对环境产生负面影响的行为的个人责任感；自我效能，个体能够影响或引起环境变化的信念；对于环境问题的态度相关的动机和意愿。简而言之，就是积极的环境态度、环境行为、价值观、生态系统和环境问题方面的知识[119]。

(2) 理论模式在一般环境行为研究中的应用

Owusu 等在前人研究的基础之上，探究了环境素养理论中的有关变数对加纳商科大学生环境行为的影响。他们发现，关于解决环境问题方面的技能与知识、对于环境问题的敏感性、对待环境问题的态度、个人以及团体的控制观念等变数都会对环境行为产生影响，其中关于解决环境问题方面的技能与知识、对于环境问题的敏感性对环境行为的影响程度最大[120]。

Kennedy 等对加拿大全国范围的居民的环境素养水平与环境行为之间的关系进行了抽样调查，结果发现正面的环境价值观并不能转化为正面的环境行为。Kennedy 等认为加拿大居民的正面环境价值观和正面环境信念有所提升，然而，在这些价值观和信念与自我报告的环境行为之间存在差距。Kennedy 等主要使用新生态范式（the New Ecological Paradigm，NEP）而不是主流社会范式（the Dominant Social Paradigm，DSP）探索这些被调查者的自我报告的价值观，这些价值观能够解释环境行为 72.3% 的方差[121]。

Saltan 和 Divarci 分析了在理科课程学习中的小学生的环境素养中的环境知识、环境态度与环境行为之间的关系，研究结果显示环境知识与环境态度和环境行为之间的关系不显著（$r^2$ 分别为 0.232 和 0.211）。环境知识的拥有并不能确保环境态度和有意识的环境行为的增加[122]。其他针对职前教师[123]、小学教师[124]和城市居民[125]的研究也证明了这种环境知识与环境行为之间关系不显著的结果,还有一些关于大学生[126]、乡村居民[127]的研究结果也证实了这一点。

除此之外,还有一些学者利用环境素养理论模式研究个体的环境行为,取得了一定的效果,但他们的结果都表明,环境知识、环境价值观、环境态度等环境信念变量对环境行为的总体解释力度并不大[128-133]。出现这些结果的原因在于,环境素养理论模式并未考虑到知识、技能、敏感度等习得与培育性变量之外的因素,如情境因素、主观规范和知觉行为控制等[134]。

(3) 理论模式在旅游者环境行为研究中的应用

环境素养理论模式在环境行为研究中的应用主要集中在学生和教师群体的环境教育层面,在旅游者环境行为中的应用研究相对较少。本书将环境素养理论模式在旅游者环境行为研究中的应用成果总结如下(表 2-4)。

表 2-4　环境素养理论模式在旅游者环境行为研究中的应用

| 研究者 | 案例地 | 研究对象 | 研究结果 |
| --- | --- | --- | --- |
| Skanavis 等, 2004[135] | 希腊 | 生态旅游企业 | 旅游企业环境行为的主要影响因素:与环境组织(政府的和非政府的)的合作、联盟合作的意愿、环境行动主义的程度、环境需求评估、经济责任的接受度、环境教育的接受意愿、环境教育的影响、环境保护的层级 |
| Benton, 2011[136] | 美国阿肯色州立公园 | 游船旅游者 | 环境问题敏感度对旅游者的环境行为影响很大,而环境知识、环境价值观、环境态度等环境信念变量对环境行为的总体解释力度并不大 |
| Sondakh & Wiwiek, 2013[137] | 印尼泗水 | 旅游者 | 解决环境问题方面的技能与知识、对于环境问题的敏感性能够解释旅游者环境行为 39.1% 的方差 |
| 崔洪瑞等, 2021[138] | 重庆芙蓉洞和雪玉洞 | 洞穴旅游者 | 环境知识和环境态度构成的环境素养因素并没有成为洞穴旅游者环境责任行为意向的显著性影响因素 |
| Ramdas & Mohamed, 2014[139] | 马来西亚 | 海岛旅游者 | 环境问题知识、环境态度正向影响旅游者的环境行为 |

## 2. 负责任的环境行为模式

(1) 理论模式的提出与内涵

Hines 等在借鉴前人理论与研究的基础上，提出了负责任的环境行为模型(Responsible Environmental Behavior Model)(如图 2-3 所示)[15]，与"负责任的环境行为"相类似的概念有"环境责任行为"(environmentally responsible behavior)、"亲环境行为"(pro-environmental behavior)、"保护行为"(conservation behavior)、"环境行动"(environmental action)、"有意义的环境行为"(significant environmental behavior)、"环境意义行为"(environmentally significant behavior)、"生态友好行为"(eco-friendly behavior)、"环境保护"(protection of the environment)、"自然保护(protection of nature)"等。Hines 等的研究发现，负责任的环境行为与个体的行动策略知识、行动技能、环境问题知识、个人责任感、控制观、态度以及行为意向有关[15]。但上述变量因素未能对负责任的环境行为进行有效预测，因为态度与行为意向、行为意向与实际环境行为之间的关系较弱。因此除去上述影响实际负责任的环境行为的影响变量之外，还存在着一些情境因素能对环境行为施加影响。

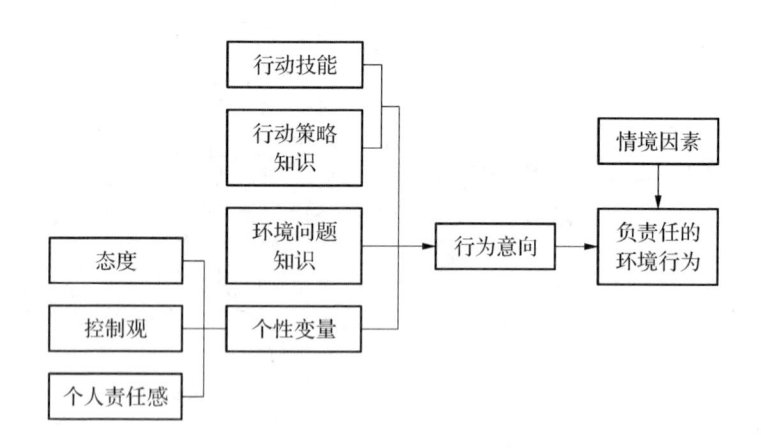

图 2-3 负责任的环境行为模型

由负责任的环境行为理论模型可知，旅游地的情境因素会影响旅游者的环境行为。

(2) 理论模式在一般环境行为研究中的应用

有关负责任的环境行为模式在一般环境行为方面应用的研究众多,现部分总结如下(表2-5)。

表2-5 负责任的环境行为模式在一般环境行为研究中的应用

| 研究者 | 研究对象 | 研究结果 |
| --- | --- | --- |
| Chao & Lam,2011[140] | 城市居民 | 从态度和知识能够预测具体的负责任环境行为 |
| Erdogan 等,2012[141] | 儿童 | 正面的知识和态度的提升能促进负责任的环境行为 |
| Lahiri,2011[142] | 小学老师 | 负责任的环境行为由行为意向(行动技能、行动策略知识、环境问题知识以及诸如态度、控制观和个人规范的个人因素)和情境因素(经济限制、社会压力和机会等)共同决定 |
| 盛光华等,2018[143] | 绿色产品消费者 | 控制观与环境行动主义以及个人环保态度有关 |
| 彭远春 & 毛佳宾,2018[144] | 城市居民 | 环境教育的目标是负责任的环境行为;环境教育的目标包括意识、知识、态度、技能和参与 |
| 杨成钢 & 何兴邦,2016[145] | 公众 | 环境教育能够有效地促进公众的负责任行为或负责任的环境行为 |
| Powell 等,2011[146] | 中学生 | 对于不同人群的负责任的环境行为的解释可能不同;开发了环境负责任指标,用于测量具体的环境教育中心的成果 |
| 赖良玉等,2017[147] | 农户 | 负责任的环境行为的预测因素有七个,包括敏感度、知识、技能、性别、个人控制观、群体控制观、态度 |
| Mobley 等,2010[148] | 公民 | 负责任的环境行为包括五个影响变量,即环境问题知识、自然系统知识、解决问题的技能、态度、自尊的发展 |
| 何昊等,2017[149] | 企业 | 可开发环境负责任指标来测量具体的环境教育中心的任务和成果 |
| 周卫中 & 赵金龙,2017[150] | 企业 | 控制观影响从知识到行动的转化 |

(续 表)

| 研究者 | 研究对象 | 研究结果 |
| --- | --- | --- |
| 柳红波等,2017[151] | 城市居民 | 地方依恋促进负责任的环境行为的发展 |
| Suwa等,2017[152] | 社区居民 | 促进负责任的环境行为的环境教育正向影响环境素养和社区参与 |

这些研究大多将研究对象集中于学生与公民群体,应用负责任的环境行为模式探究个体的环境行为的影响因素以及各影响因素之间的相互作用关系。

(3) 理论模式在旅游者环境行为研究中的应用

有关负责任的环境行为模式在旅游者环境行为方面的应用的研究较多,现部分总结如下(表2-6)。

表2-6 负责任的环境行为模式在旅游者环境行为研究中的应用

| 研究者 | 案例地 | 研究结果 |
| --- | --- | --- |
| Handriana & Ambara,2016[153] | 印度尼西亚生态旅游区 | 个体的行动策略知识、行动技能、环境问题知识、个人责任感、控制观和态度正向影响负责任的环境行为意向 |
| 邓祖涛等,2016[154] | 武汉东湖湿地 | 个体的行动策略知识对环境行为无显著影响,行动技能、个人责任感等对环境行为产生显著正向影响,环境行为意向在各影响因素与实际环境行为之间起到中介作用 |
| 董丽丽,2013[155] | 石老人海沙滩 | 在负责任环境行为模型的基础之上引入了地方依附感变量,研究发现地方依附感的两个维度——地方依靠和地方认同与环境行为之间存在正相关关系 |
| 周晓丽等,2021[156] | 晋东南地区传统村落 | 旅游者与民宿主之间的情感凝聚能够显著促进其环境负责任行为,影响程度从高到低依次是生态环境责任行为,社会环境责任行为和经济环境负责任行为 |

(续 表)

| 研究者 | 案例地 | 研究结果 |
| --- | --- | --- |
| 何成萍,2017[157] | 武汉木兰文化生态旅游区 | 在负责任环境行为模型的基础之上引入了旅游动机、旅游涉入变量,研究发现旅游涉入的两个维度——吸引力与自我表现显著正向影响负责任环境行为,旅游动机的五个维度与负责任的环境行为之间没有显著关系 |
| 张小花,2016[158] | 长沙岳麓山 | 在负责任环境行为模型的基础之上引入了游憩冲击感知、社会责任意识变量,研究发现这两个变量能够显著正向影响个体的负责任环境行为 |
| Li,2018[104] | 广州南沙湿地公园 | 除了负责任的环境行为模型中的影响因素外,休闲参与也会正向影响个体的负责任环境行为 |
| Xu等,2018[159] | 广州南沙湿地公园 | 除了负责任的环境行为模型中的影响因素外,旅游涉入与旅游体验也会正向影响个体的负责任环境行为 |

这些研究都只涉及个体的行动策略知识、行动技能、环境问题知识、个人责任感、控制观、态度、行为意向、社会责任意识、旅游动机等旅游者的个体因素,而未考虑旅游地的情境因素对旅游者环境行为的影响。

**3. 价值—信念—规范理论模式**

(1) 理论模式的提出与内涵

价值—信念—规范理论(value-belief-norm theory)是在规范激活理论(norm-activation theory)的基础之上发展而来的。Schwartz提出了规范激活理论以调查亲社会情境下的利他行为意向和行为[160]。规范激活理论包含三个解释亲社会行为意向和行为的主要概念,即后果意识、责任归属和个人规范[160]。该理论的提出是用来预测利他行为意向和行为的,很多文献已经证明该理论可应用于环境行为研究[161-165]。

Stern等将价值理论和新环境范式引入规范激活模型,由此开发了价值—信念—规范理论[166]。价值—信念—规范理论是规范激活模型的扩展版本,它可以更好地解释环境行为,并且它包含了环境保护论中的几个重要概念(如环境价值观和生态世界观)[68,96]。该理论包含了这些新整合的构念和最初建立在规范激活模型中的变量(如后果意识、责任归属和个人规范)[96,166,167]。

价值—信念—规范理论把价值观整合到模型框架中,探究其对环境行为的影响,拓展了环境行为的研究范畴。价值—信念—规范理论假定个体的环境行为意向和环境行为由个人规范决定,并且这些个人规范由一个连续的过程激活:环境价值观→生态世界观→后果意识→责任归属→个人规范[96,166,167]。在价值—信念—规范理论中,环境价值观和生态世界观的地位被突出强调[167]。

(2) 理论模式在一般环境行为研究中的应用

尽管有些研究中价值尺度并不能很好地预测环境行为[168],但是价值观通常已经被证实为多个国家的环境行为研究中的有效变量和预测因子[169-173]。Chen 的研究结果表明将价值观与个性、社会规范、态度等变量相结合能够更加准确地预测个体的环境行为[174]。Sahin 发现当生态利益和经济利益发生冲突时,对环境行为最好的预测因子并不是强加于经济收益的价值观,而是强加于自然环境的早已存在的价值观[175]。诸多研究应用价值—信念—规范理论探讨个体的环境行为,并被证实具有良好的可行性[68,144,167,176-178]。

Milfont 等发现价值—信念—规范理论模型支持了 50 个国家的环境行为的研究[179]。Aguilar-Luzón 等的研究显示,尽管个人规范能预测环境习惯,却并不能预测实际的环境行为,主要的变量(如后果意识、责任感、个人规范、行为意向和行为)有复杂的效用,以至于大部分变量会直接影响模型中的下一个变量,同时也会影响模型中的其他变量[180]。一些研究者提出了价值—信念—规范模型的扩展版本以提高预测能力[181,182]。一些综合了几个模型、针对居民的环保行为的研究结果显示,包含了更多变量的联合模型比传统的单个模型预测效果更好[68,183]。

(3) 理论模式在旅游者环境行为研究中的应用

自价值—信念—规范理论提出之后,有些学者将其应用在旅游者环境行为的研究中,本书对这些研究成果总结如下(表2-7)。

表2-7 价值—信念—规范理论模式在旅游者环境行为研究中的应用

| 研究者 | 案例地 | 研究结果 |
| --- | --- | --- |
| Kiatkawsin & Han,2017[184] | 韩国的七所大学 | 结合价值—信念—规范理论与期望理论对韩国大学生的亲环境行为意向进行研究,发现综合模型对于亲环境行为意向的解释力比原模型提高了12.8% |
| 王凯等,2016[101] | 长沙岳麓山 | 结合价值—信念—规范理论与计划行为理论探讨了旅游者的亲环境行为意向,结果表明:综合模型较单一理论模型对旅游者的亲环境行为意向的解释力更高,责任归属、行为态度、后果意识以及知觉行为控制与主观规范正相关,个人规范以及主观规范是影响旅游者亲环境行为意向的主要因素 |
| Han,2015[5] | 针对美国旅游者的网络问卷调查 | 综合价值—信念—规范理论与计划行为理论探讨了旅游者对绿色旅舍消费的意愿,结果发现:综合模型较单一理论模型对行为意向的解释力更高,并验证了非绿色旅舍吸引力对行为意向的调节作用 |
| Han等,2016[185] | 针对美国游轮旅游者的网络调查 | 构建价值—信念—规范理论模型对旅游者在游轮消费情境下的亲环境决策制定行为进行探究,并将情感过程融入模型中,结果表明:涉入情感过程的综合模型比原理论模型对于亲环境行为意向的解释力度更高 |
| Landon等,2018[186] | 针对美国旅游者的网络问卷调查 | 构建价值—信念—规范理论模型探究了旅游者的可持续性亲环境行为意向,结果发现个人规范正向影响亲环境行为意向,生态价值观通过价值—信念—规范理论模型的相关构念正向影响亲环境行为影响 |

**4. 计划行为理论模式**

(1) 理论模式的提出与内涵

如2.1.5部分所述,计划行为理论是由理性行为理论发展而来的,该理论是一种专注于解释和预测明确定义的人类行为的认知模型。该理论认为,人的行为是依据他们的行为意向及行为控制观念进行的,而行为意向受到行为态度、主观规范及知觉行为控制的影响。

有研究发现增加情境因素和其他变量能够提高计划行为理论的解释和预测能力[187]。

(2) 理论模式在一般环境行为研究中的应用

计划行为理论在一般环境行为领域的应用研究非常多,其主要的研究对象集中于居民和学生群体,本书对其部分研究成果总结如下(表2-8)。

表2-8 计划行为理论模式在一般环境行为研究中的应用

| 研究者 | 研究对象 | 研究结果 |
| --- | --- | --- |
| Harland 等,2010[188] | 荷兰居民 | 个人规范的引入使得计划行为理论模型对个体亲环境行为意向的解释力度提高 |
| Greaves 等,2013[189] | 英国公司职员 | 计划行为理论的构念解释了员工环境行为意向的46%到61%的方差 |
| 于伟,2010[190] | 山东省大中城市居民 | 环境知识直接影响居民的环境态度与环境敏感度,环境敏感度通过环境态度与知觉行为控制影响环境行为意向 |
| 陶蕊,2011[191] | 武汉市居民 | 环境态度和传统价值观以及主观规范显著正向影响消费者的环保产品购买意向 |
| Leeuw 等,2015[192] | 卢森堡高中生 | 环境态度、主观规范、知觉行为控制、道德规范、性别以及移情关怀共同影响个体的亲环境行为意向 |
| 尹昕等,2017[193] | 上海市居民 | 环境态度、政策宣传以及知觉行为控制正向影响居民生活垃圾分类行为意向 |
| Hecht 等,2015[194] | 新加坡居民 | 环境态度、主观规范、知觉行为控制、媒体依赖、互联网关注、人际沟通显著正向影响居民的亲环境行为意向 |
| Niaura,2013[195] | 美国青年人 | 行为意向与行为之间的关系是环境态度与行为之间关系的两倍,社会压力对于行为意向的影响比知觉行为控制小 |

(3) 理论模式在旅游者环境行为研究中的应用

诸多学者利用计划行为理论对旅游者的环境行为进行了研究,本书部分总结如下(表 2-9)。

表 2-9　计划行为理论模式在旅游者环境行为研究中的应用

| 文献 | 案例地 | 研究结果 |
| --- | --- | --- |
| Wang 等,2018[67] | 黄山风景区 | 环境态度、主观规范以及知觉行为控制显著正向影响旅游者的环境行为意向,环境行为意向与知觉行为控制显著正向影响环境行为,旅游地的环境解说对旅游者的环境行为意向与行为之间的关系有显著正向调节作用 |
| 王宁,2010[196] | 天津五大道 | 得到旅游者环境意识的五个主要影响因素:态度、主观规范、道德规范、知觉行为控制和行为意向;得到两个中间变量:严重预期与负疚感预期;旅游者的环境意识与环境行为的各个变量之间存在显著的相关关系 |
| 周玲强等,2014[66] | 杭州西溪国家湿地公园 | 将"地方依恋"和"感知行为效能"两个因素纳入计划行为理论模型,结果显示:旅游者对其自身得失评估的合理性影响旅游者的环境负责任行为意向,感知行为效能和情感显著影响环境负责任行为意向,特别地,旅游者与旅游地之间的心理认同以及情感纽带对其环境负责任行为意向产生积极影响 |
| 林明水等,2016[197] | 福州、厦门等地 | 旅游者的出游次数以及文明行为态度与旅游者的文明行为意向呈显著的正相关关系,旅游者的教育水平、出游次数以及职业与旅游者的文明行为态度呈显著的正相关关系 |
| 邱宏亮,2016[198] | 杭州多个旅游地 | 主观规范通过行为态度或道德规范对旅游者的文明旅游行为意向产生间接影响;行为态度对行为意向有直接影响;知觉行为控制和道德规范对行为意向都有部分中介作用,并且是通过行为态度实现的;道德规范是驱动行为意向的最重要因素 |
| Brown 等,2010[1] | 澳大利亚费尔德山国家公园 | 单独对知觉行为控制加以考察时,其对环境行为有着显著作用;但将其与行为态度、主观规范综合考察时,知觉行为控制对环境行为的作用无足轻重,三者能共同解释环境行为意向 81% 的方差,而环境行为意向则决定环境行为 51%—52% 的方差变化 |

(续　表)

| 文献 | 案例地 | 研究结果 |
| --- | --- | --- |
| Untaru 等，2014[4] | 罗马尼亚布拉索夫 | 环境态度、主观规范以及知觉行为控制显著正向影响旅游者的亲环境行为意向，亲环境意向显著正向影响亲环境行为，知觉行为控制对亲环境行为的影响不显著 |
| Miller 等，2015[3] | 澳大利亚墨尔本 | 环境态度、主观规范、政策宣传和知觉行为控制，这四个因素会显著影响旅游者的环境行为 |

## 5. 小结

对于上述四种环境行为研究的常用模式，从研究内容、优点和不足等方面作出比较，详见表 2-10。

环境素养理论模式、负责任的环境行为模式、价值—信念—规范理论有各自的优点，但也有各自的不足之处。环境素养理论模式和负责任的环境行为模式都预设"环境行为是可以通过习得而形成的行为，是一种偶然的事件，是几个变数相互作用的结果"，因此它们有严重的决定论以及行为主义论的倾向，它们都主张环境行为是可以被推导和预测出来的，可以加以修正和塑造[199]。换句话说，其对于环境教育影响环境行为的作用过于夸大了，而对培育与习得性的变数以外的影响因素诸如技能、知识、敏感性等关注不够。价值—信念—规范理论模式也有其明显的缺点，该理论预先假设环境责任感能够影响环境行为，将重点放在对于因果关系（价值观—信念—个人规范）的验证上，而对于环境责任感对环境行为的影响机制的探究不足，同时也会给人造成一种错觉，即影响因素和结果之间是单线决定的，而忽略了各个影响因素间的多重路径及其相互作用[200]。而计划行为理论模式则比较完善，可用于解释和预测明确定义的人类行为，也考虑到了行为完全不受个体控制的情形。因此，本研究采用计划行为理论能够较为全面地研究旅游者环境行为的影响因素和形成机制。

表 2-10 四种环境行为研究模式比较

| 模式名称 | 提出者 | 研究内容 | 应用举例 | 优点 | 不足 |
| --- | --- | --- | --- | --- | --- |
| 环境素养理论模式 | Roth, 1992[16] | 有关环境的知识以及人类与环境的关系 | 公民的环保行为、旅游者环境行为 | 将环变量与认知类变量与价值观、环境敏感度等态度变量相结合 | 对培育与习得性的变数以外的影响因素诸如技能、知识、敏感性等关注不够 |
| 负责任的环境行为模式 | Hines 等, 1987[115] | 负责任的环境行为 | 居民的能源节约、回收利用、庭院垃圾填埋处理等环保行为、旅游者环境行为 | 提出情境因素是引发环境行为的重要外因 | 对培育与习得性的变数以外的影响因素诸如技能、知识、敏感性等关注不够 |
| 价值—信念—规范理论模式 | Stern 等, 1999[166] | 环境价值观、生态世界观与个体的环境行为意向、环境行为的影响关系 | 环保教育、绿色消费行为、能源消费行为、低碳旅游生活行为、旅游者环境行为 | 将价值理论和新环境范式人规范范畴模型，可以更好地解释环境行为 | 预先假设环境责任感能够影响环境行为，将重点放在对于因果关系（价值观—信念—个人规范）的验证上，而对于环境责任感的探究不足，同时对影响机制的探究也会给人造成一种错觉，即影响因素和结果之间是单线决定的，而忽略了各个影响因素间的多重路径及其相互作用 |
| 计划行为理论模式 | Ajzen, 1985[40] | 解释和预测明确定义的人类行为 | 戒烟、食用低脂食物、饮酒、低碳消费、目的地决策、旅游者环境行为 | 考虑行为完全不受个体控制的情形 | 较为完善的理论模式 |

## 2.4 国内外关于情境因素与环境行为的关系研究进展

国内外的学者就情境因素与环境行为之间的关系进行了实证研究,取得了一定的成果。Barr通过结合网上问卷调查和现场调查的方式对居民的负责任环境行为进行了研究,发现成本与报酬、科技手段、法律法规、政策支持等情境因素均会显著作用于居民的负责任环境行为[97];Takahashi 和 Selfa 探讨了系统设计、设施方便性、设施可用性、设施复杂性、实施经济性、信息充分性和可获得性、服务方式及水平、相关风险等情境因素对美国乡村社区居民亲环境行为的影响,验证了系统设计、设施方便性、设施可用性等情境因素对亲环境行为的影响作用[89];Onokala等对中美大学生的亲环境行为进行了对比研究,得出了项目类型、设施可用性、设施复杂性、实施经济性、服务方式及水平等不同情境因素会对中美两国大学生的亲环境行为产生不同影响的结论[99]。相关文献都通过实证研究证实了情境因素对环境行为的影响作用,然而这些研究大多聚焦于居民等的一般性环境行为,较少针对旅游者这一群体的环境行为。

个体的行为在很多情况下并不是完全自发和自主的,也会受到文化形态、政策支持以及制度安排等外界因素的作用,这些结构性的外部因素通常会对个体的环境行为产生一定程度的影响。然而到目前为止,绝大多数的环境行为研究忽视了这一点[201]。由此可知,环境规制作为旅游地的一类重要情境因素,会对旅游者的环境行为产生重要影响。

根据人体工程学的理论,外部空间的设计与布局会对个体的环境行为产生影响[202]。由此可知,环保设施作为旅游地的一类重要情境因素,其数量和位置的充分性和合理性能够影响旅游者的环境行为。

社会心理学的相关理论指出,他人的行为会对个体的行为产生重要的参照作用和影响作用[203]。由此可知,行为诱导作为旅游地的一类重要情境因素,其会对旅游者的环境行为产生重要的影响作用。

社会心理学的相关研究表明,在人际交往中,关系密切的同伴的存在会对个体的行为施加潜移默化的影响[204]。由此可知,同伴约束作为旅游地的一类重要情境因素,其会对旅游者的环境行为形成一定的约束作用。

破窗理论的诸多研究均证实,周围的环境状况会对个体的环境行为形成显著的暗示和诱导作用[205-207]。由此可知,环境基底作为旅游地的一类重要情境因素,其对旅游者环境行为的影响作用是不言而喻的。

## 2.5 研究述评

总体上,国内外有关旅游者环境行为的研究取得了积极进展,为后续研究奠定了良好基础。然而,随着相关研究的不断深入,未来研究仍需在以下三个方面得到加强。

一是在研究视角方面,应加强旅游地情境因素影响下的旅游者环境行为的研究。现有的旅游者环境行为研究多是从旅游者个体出发,研究变量局限于个体内部影响因素,旅游地是旅游者环境行为发生的场所,旅游地自身的各类要素与旅游者个体共同构成了一个整体,旅游者的环境行为是旅游地情境因素与旅游者个体相互作用的结果。因此,旅游地情境因素对旅游者环境行为起着不可忽视的作用。本书拟结合旅游者个体内部因素与旅游地外部情境因素等影响因素对旅游者环境行为进行综合深入研究,以拓展旅游者环境行为的研究视角。

二是在研究内容方面,应加强对旅游者环境行为的分类研究。现有的旅游者环境行为研究多关注旅游者对旅游地环境产生积极影响的具有保守环保责任意识的环境友好行为,而对于旅游者对旅游地环境产生消极影响的环境干扰行为关注不够,且忽视了旅游者具有激进环保责任意识的环境友好行为。本书拟对旅游者环境行为进行分类研究,以丰富旅游者环境行为的研究内容。

三是在研究案例地方面,多集中在自然保护区、古镇等景区,较少针对山岳型景区或国家公园以及城市风景名胜区等地进行研究,多是针对单一案例地进行研究,而缺乏针对多案例地的对比研究,这使得相关研究成果的应用指导意义受到局限,也使得相关研究成果的可推广性受到影响。

# 第三章 数据来源与研究方法

本章主要介绍本研究的调查数据来源与数据分析方法。具体内容包括本研究的两个案例地黄山风景区与中山陵风景区概况的介绍、调查问卷的编制与设计、问卷发放与数据收集,详细阐述本研究的误差来源及处理方法以及本研究中所使用到的数据处理与分析方法。本研究采取文献分析、专家评估、预调研等多种方法进行问卷设计,选取情境因素较为丰富且旅游地属性不同的两个旅游地:黄山风景区(以自然资源为主的山岳型旅游地)、中山陵风景区(以人文资源为主的城市公园型旅游地)作为案例地进行问卷调查与实证研究,并为之后章节在此基础上对两个案例地进行对比分析提供依据。

## 3.1 案例地概况

### 3.1.1 黄山风景区

**1. 简介**

黄山风景区,坐落于中国安徽省南部的黄山市境内,其总面积为 1 200 km²,核心区面积为 160.6 km²,地跨 118°01′~118°17′E,30°01′~30°18′N,最东边起始于黄狮,最西边可至小岭脚,最北部起始于二龙桥,最南边可达汤口镇。黄山风景区是中国首批重点风景名胜区,世界文化与自然双重遗产,世界地质公园,有着"五岳归来不看山,黄山归来不看岳"的美誉,拥有着秀丽的自然风光与深厚的文化底蕴。黄山风景区以自然资源为主,其群峰竞秀,怪石林立,其中令旅游者流连忘返的当属奇松、怪石、云海、温泉以及冬雪五艳。

黄山风景区不仅资源优势突出,其旅游建设与管理也取得了显著成绩,2006年1月被评为中国文明旅游区,2010年荣获世界旅游目的地管理奖。随着旅游业的快速发展,黄山的旅游者不断增多,2016年黄山风景区共接待旅游者330万,旅游收入接近30亿元。旅游者的不断增多对黄山的环境管理造成了压力,旅游者的不文明行为正在破坏黄山的生态环境。因此,从旅游者心理层面以及旅游地的管理层面出发,来鼓励和引导旅游者减少环境干扰行为,实施环境友好行为,是保护黄山风景区生态环境的重要和必要措施。

**2. 情境因素概述**

本书作者通过对黄山风景区的实地调查研究发现,黄山风景区内影响旅游者环境行为的情境因素较为丰富,主要包括以下几个方面。

(1) 各类环境规制

为切实加强黄山风景区的资源与环境保护工作,1985年以后,国务院、建设部、安徽省人大、安徽省人民政府、黄山市人民政府及黄山风景区管理委员会颁布的各类法规、规划或规范性文件达70多项。如:建设部批复的《黄山风景名胜区总体规划》中有关黄山风景区环境管理的部分,安徽省人大常委会通过的《黄山风景名胜区管理条例》和《安徽省建筑工程文物保护规定》,安徽省人民政府颁布的《关于黄山风景区护林防火的布告》中有关景区相关区域控制吸烟与禁止吸烟的部分以及《关于加强黄山风景区保护管理的布告》,黄山市人民政府发布的《关于加强黄山风景区环境管理的布告》,黄山风景区管理委员会制定的《黄山风景区建设管理方法》《黄山风景区环境卫生管理暂行办法》《黄山风景区护林防火暂行办法》《黄山风景区文物保护暂行规定》《黄山风景区森林植物检疫实施办法》中有关景区植物保护的部分、《关于禁止在风景区内自行开山炸石、掏沙取土的规定》中有关景区山石与土壤保护的部分、《天都峰管理办法》《黄山风景区管理规则》《黄山风景区动植物保护暂行规定》《黄山风景区森林植物检疫暂行办法》《黄山风景区环境保护管理办法》《黄山风景区污水处理设施运行监督管理办法》中有关景区水源保护的部分、《黄山风景区环境卫生管理办法》和《黄山风景名胜区环境保护规划》,安徽省环境保护局批复的《黄山风景区生态环境保护规划》等。黄山风景区的环境规制还包括各类告示牌,作者于公园调查现场拍摄的部分告示牌照片如图3-1。

图3-1 黄山风景区告示牌

(2) 各种环保设施

垃圾箱、垃圾收集槽、植被与土壤的防护栏等。作者于调查现场拍摄的部分环保设施照片如图3-2。

图 3-2　黄山风景区环保设施

(3) 环境行为诱导

国家公园环保人员如环卫工人等的环境行为诱导以及周围其他旅游者的环境行为诱导。作者于调查现场拍摄的部分个体环境行为的照片如图 3-3。

图 3-3　黄山风景区人员的环境行为

(4) 随行同伴的存在对旅游者环境行为产生影响

通过对黄山风景区的实地观察和调研发现,来景区游玩的旅游者绝大部分都不是单独行动,而是两人及以上的家庭、团队或集体出游,因此与旅游者同行的伙伴的存在可能会对旅游者的行为产生约束作用,即同伴约束。作者于调查现场拍摄的部分结伴或组团旅游的旅游者团体的照片如图 3-4。

图 3-4　黄山风景区结伴旅游

(5) 环境基底

具体指的是景区自然风光的优美程度、景区主干道的干净整洁度、景区公共场所的干净整洁度等。作者于调查现场拍摄的部分环境基底照片如图 3-5。

图 3-5　黄山风景区环境基底

### 3.1.2 中山陵风景区

**1. 简介**

中山陵风景区，位于南京市玄武区紫金山南麓钟山风景区内，西面与明孝陵相邻，东边接近灵谷寺，占地面积八万多平方米。1961年成为首批全国重点文物保护单位。1991年被国家旅游局评为"中国旅游胜地四十佳"。2006年被列为首批国家重点风景名胜区和国家5A级旅游景区。2009年成功入选《第二批中国国家自然与文化双遗产预备名录》。2016年9月入选"首批中国20世纪建筑遗产"名录。中山陵风景区以人文资源为主，是孙中山先生的陵寝，还包括附属的一些纪念馆与建筑群。

中山陵风景区在生态环境保护和管理工作方面取得了突出的成绩。2001年12月，中山陵风景区通过中国环境科学研究院环境管理体系认证中心的认证审核。2003年2月10日，国家环保总局批准中山陵风景区为"ISO14000国家示范区"。2008年底成为"全国文明风景旅游区工作先进单位"。2009年被评为首批"全国生态文化示范基地"。尽管如此，中山陵风景区的环境管理工作依然面临巨大的压力。中山陵风景区是南京市的重要名片，每年都有数百万旅游者来此旅游，单日最高旅游者数量曾突破20万人次，旅游者的不文明环境行为也在所难免，因此，从旅游者自身角度和旅游地的环境管理角度出发，对旅游者的环境行为进行相应的引导和管理，对于保护中山陵风景区的生态环境具有重要的现实意义。

**2. 情境因素概述**

本书作者通过对中山陵风景区的实地调查研究发现，中山陵风景区内影响旅游者环境行为的情境因素较为丰富，包括以下五个方面的内容。

(1) 各类环境规制

为切实加强中山陵风景区的资源与环境保护工作，相关管理部门编制和颁布了各类法规、规划或规范性文件。如：中山陵园管理局编制的《紫金山森林保护规划》和《中山陵园风景区生态建设发展纲要》，江苏省人民政府发布的《关于保护中山陵园、雨花台烈士陵园的布告》，中共南京市委、南京市人民政府转发的经中共江苏省委、省人民政府同意的《关于加强中山陵园、雨花台烈士陵园管理和清理被占土地的报告》,南京市栖霞区人民政府、市规划局、中山陵园管理处联合发布的《关于在中山陵园界址内建筑管理工作的通知》,南京市人民政府批准通过的《中山陵园风景区管理办法》和《中山陵园风景区保护和管理条例》,南京市人民代表大会常务委员会发布的《南京市中山陵园风景区管理条例》,中山陵园管理局编制的《南京钟山风景名胜区总体规划大纲》《中山陵园风景区旅游发展总体规划(2002—2020)》《钟山风景名胜区中山陵园风景区详细规划》《钟山风景名胜区外缘景区规划设计》《中山陵、明孝陵核心区保护规划》《中山陵园风景区生物多样性保护规划》《中山陵园风景区生态风景林建设规划》《中山陵园风景区旅游发展规划》,中山陵园管理局发布的《中山陵园风景区森林管养规定》《中山陵园风景区卫生管理意见》《中山陵园风景区园景园容养护管理规章制度》《中山陵园管理局文物保护规定》,中山陵园管理局制定的《中山陵园风景区ISO14000环境管理体系》和《中山陵园风景区名胜区生态景区建设纲要》。中山陵风景区的环境规制还包括各类告示牌,作者于景区调查现场拍摄的部分告示牌照片见图3-6。

图3-6 中山陵风景区告示牌

(2) 各种环保设施

垃圾箱、植被与土壤的防护栏等。作者于景区调查现场拍摄的部分环保设施照片如图 3-7。

图 3-7　中山陵风景区环保设施

(3) 环境行为诱导

作者于景区调查现场拍摄的部分个体环境行为的照片如图 3-8。

图 3-8　中山陵风景区人员的环境行为

(4) 同伴约束

作者于景区调查现场拍摄的部分结伴或组团旅游的旅游者团体的照片如图3-9。

图 3-9　中山陵风景区结伴旅游

(5) 环境基底

作者于景区调查现场拍摄的部分环境基底照片如图3-10。

图 3-10　中山陵风景区环境基底

### 3.1.3 案例地对比

表3-1从旅游地类型、旅游资源种类、面积等几个方面对本研究的两个案例地黄山风景区和中山陵风景区进行对比。

表3-1 黄山风景区与中山陵风景区概况对比

| 案例地 | 黄山风景区 | 中山陵风景区 |
| --- | --- | --- |
| 旅游地类型 | 自然旅游地 | 人文旅游地 |
| 旅游资源种类 | 以地质地貌、山水风光、气象气候、生物景观为主 | 以遗址遗迹、建筑景观为主 |
| 面积 | 总面积为1 200 km²，核心区面积为160.6 km² | 8万多 m² |

## 3.2 问卷设计

问卷调查法是本研究收集数据的主要方法，问卷的质量决定了研究结果的准确性、可靠性与科学性，因此，对于问卷从初稿到定稿的设计与编制过程作详细的阐述是十分必要的。本研究第一步是对已有的环境行为与情境因素的相关文献资料进行系统全面的回顾和梳理，接下来在此基础之上参考借鉴了前人文献中的一些测量变量和题项。之后将测量量表交于专家组(由8名旅游相关专业研究人员组成，包括2名旅游相关专业教授和6名旅游相关专业博士生)，以对问卷测量题项的可读性、代表性、合理性和科学性进行评估。最后，对120名旅游者展开预调研工作，并对预调研获得的数据进行信效度分析以及探索性因子分析，以求进一步优化测量题项。

### 3.2.1 文献分析

借鉴前人研究成果，结合本书研究内容，笔者设计了旅游者环境行为影响因素的测量量表，包括七个部分：

第一、第二、第三、第四部分分别为旅游者环境行为态度(包括6个测量题项)、主观规范(包括4个测量题项)、知觉行为控制(包括4个测量题项)以及环境行为意向(包括11个测量题项)的测量量表,主要参考的是以往有关计划行为理论与有关环境行为的实证研究的量表[1,3,4,41],并在此基础之上自行开发。采用李克特5点法进行测量(1-非常不同意;2-不同意;3-一般;4-同意;5-非常同意)。

第五部分为旅游者环境行为(包括11个测量题项)的测量量表,主要参考的是以往有关环境行为的实证研究的量表[2,208],并在此基础之上自行开发。采用李克特5点法进行测量(1-从不;2-极少;3-偶尔;4-经常;5-总是)。

第六部分为旅游地情境因素(包括18个测量题项)的测量量表,主要参考的是以往有关情境因素对居民环境行为的影响的实证研究的量表[90,96,98],并在此基础之上自行开发。采用李克特5点法进行测量(1-非常不同意;2-不同意;3-一般;4-同意;5-非常同意)。

第七部分为旅游者人口统计学特征的测量量表,包括性别、出生年月、职业、受教育程度、月收入水平、婚姻状况、常住地、游览次数等,主要参考的是以往有关使用问卷调查法和有关旅游者环境行为的博士论文[209-211]。

### 3.2.2 专家评估

邀请南京大学国土资源与旅游学系(旅游地理与旅游规划方向)的2名教授和6名博士生对问卷初稿进行座谈评估,从可读性、代表性、合理性和科学性等方面提出修改意见。通过对专家评估结果的分析和汇总,本书作者对初始问卷进行了下述修改。

**1. 对于问卷初稿的旅游者知觉行为控制的题项**

① 为了将问卷题项统一设置为正向,将"对我来说保护景区的环境有困难"修改为"让我做些保护景区环境的事(如不乱扔垃圾、合理处置旅游过程中的废弃物等),是容易的";② 出于让被调查旅游者明晰环境保护的内容和可读性考虑,将"我深信只要我想保护景区的环境,我就能做到"修改为

"让我做些保护景区环境的事(如不乱扔垃圾、合理处置旅游过程中的废弃物等),我是能做到的",将"保护景区的环境与否完全取决于我自己"修改为"让我做些保护景区环境的事(如不乱扔垃圾、合理处置旅游过程中的废弃物等),取决于我自己",将"我有时间、金钱和机会用于保护景区的环境"修改为"让我做些保护景区环境的事(如不乱扔垃圾、合理处置旅游过程中的废弃物等),我有时间、金钱和机会做到"。

**2. 对于问卷初稿的旅游者环境行为意向的题项**

① 为了将问卷题项统一设置为正向及明确意向的含义,将"旅游时,我曾计划在景区乱扔垃圾"修改为"在这里,我不会想乱扔垃圾",将"旅游时,我曾计划随地吐痰"删除;将"旅游时,我曾计划抄小路踩踏草坪走近道"修改为"在这里,我不会想抄小路踩踏草坪走近道",将题项"旅游时,我曾计划采摘路边的花草等植物"与题项"旅游时,我曾计划打扰景区的动物"修改并合并为题项"在这里,我不会想打扰景区的动植物";② 出于明确环境行为发生地的考虑,将"旅游时,我愿意配合景区游览注意事项"修改为"在这里,我愿意遵守景区的游览注意事项",将"旅游时,如果发现环境受到破坏,我愿意向有关单位检举"修改为"在这里,如果发现环境受到破坏,我愿意向有关单位报告";③ 因为景区设施的保护是旅游环境行为的重要内容,因此增加题项"我愿意保护景区的设施免受破坏"。

**3. 对于问卷初稿的旅游者环境行为的题项**

① 出于明确环境行为发生地以及将问卷题项统一设置为正向的考虑,将"旅游时,我曾在景区乱扔垃圾"修改为"在这里,我不曾乱扔垃圾",将"旅游时,我曾抄小路踩踏草坪走近道"修改为"在这里,我不曾抄小路踩踏草坪走近道",将"旅游时,我曾采摘路边的花草等植物"修改为"在这里,我不曾打扰景区的动植物",将"旅游时,我会配合景区游览注意事项"修改为"在这里,我遵守了景区的游览注意事项";② 因为景区设施的保护是旅游环境行为的重要内容,增加题项"我曾保护景区的设施免受破坏";③ 因为"我会"测量的是行为意向而不是实际行为,因此将"我会合理处置旅游过程中的废弃物"修改为"我曾合理处置过旅游过程中的废弃物",将"我会捐款给景区

景区管委会进行环境保护"修改为"我曾捐款给景区管委会进行环境保护",将"看到其他旅游者破坏景区的环境,我会进行劝解"修改为"看到其他旅游者破坏景区的环境,我曾进行劝解",将"旅游时,如果发现环境受到破坏,我会向有关单位检举"修改为"在这里,发现环境受到破坏,我一定向有关单位报告"。

**4. 对于问卷初稿的旅游地情境因素的题项**

① 删除与景区情境因素关联不大的题项"景区自由开放的气氛,让我觉得自己的环境行为可以不受约束";② 出于明确环境行为发生地的考虑,将"景区优美的自然风光触动我要自觉地保护景区环境"修改为"在这里,优美的自然风光,让我自觉地规范自己的环境行为",将"景区主干道干净整洁会使我自觉地规范自己的环境行为"修改为"在这里,主干道干净整洁,让我自觉地规范自己的环境行为",将"景区公共场所干净整洁会使我自觉地规范自己的环境行为"修改为"在这里,公共场所干净整洁,让我自觉地规范自己的环境行为",将"景区的环境解说牌设置充分合理,对我的环境行为影响很大""如果景区制定环境保护的管理条例,我会更加规范自己的环境行为""因为有一些环保制度的要求和限制,所以我必须保护景区的环境"修改为"在这里,环境警告牌的设置,让我自觉地规范自己的环境行为""在这里,环境保护政策的设置,让我自觉地规范自己的环境行为""在这里,针对环境行为的奖惩措施的设置,让我自觉地规范自己的环境行为""在这里,环境劝告牌的设置,让我自觉地规范自己的环境行为";③ 将"景区环保人员的环保行为会让我规范自己的环境行为"修改为"景区环保人员的环保行为(如环卫工捡垃圾),让我自觉地规范自己的环境行为";④ 因为旅游者的环境行为包括正面及负面的,且环境保护行为和环境破坏行为包含的种类多样,因此将"在景区内有人乱扔垃圾,我觉得我也可以这么做""景区内有人采摘花草,我觉得我也可以这么做""景区内有人践踏草坪,我觉得我也可以这么做"修改为"景区内有旅游者保护环境,我觉得我也应该这么做""景区内有旅游者破坏环境,我觉得我也可以这么做";⑤ 基于同伴的分类考虑,将"旅游过程中,和亲人、朋友一起出游会使我自觉规范自己

的环境行为""旅游过程中,和老师一起出游会使我自觉规范自己的环境行为"修改为"旅游过程中,和家人一起出游,让我自觉地规范自己的环境行为""旅游过程中,和朋友一起出游,让我自觉地规范自己的环境行为""旅游过程中,和同学、同事一起出游,让我自觉地规范自己的环境行为""旅游过程中,和老师一起出游,让我自觉地规范自己的环境行为";⑥ 基于环保设施种类较多应该分类考虑,将"如果景区的环保设施设置充分合理,我会自觉规范自己的环境行为"修改为"如果景区的垃圾箱设置充分合理,我就不会乱扔垃圾",增加题项"如果景区的道路设置充分合理,我就不会抄小路踩踏草坪走近道"与题项"如果景区的花草有围栏保护,我就不会去采摘"。

### 3.2.3 预调研

由课题组 3 人组成的问卷调查小组于 2017 年 4 月 21、22 日在中山陵风景区进行预调研,总计发放问卷 120 份,回收问卷 119 份,剔除未填答题项过多(对于未填答题项较少的问卷,其未填答题项采取均值替代法替代)或者明显随意胡乱填答的问卷 6 份,最终得到有效问卷 113 份,问卷回收率为 99.2%,问卷有效率为 94.2%。

通过对预调研的数据进行信效度分析以及探索性因子分析,以对问卷的测量量表做进一步的优化。首先采用信度和效度分析,利用克朗巴赫系数测量量表内部的一致信度,运用组合信度(CR)测量指标间的内在关联程度;利用标准化因子载荷系数和平均方差抽取量(AVE)对测量模型的聚合效度进行检验。通过此步骤,删除了题项"对我来说,保护景区的环境是一件好事""对我来说,保护景区的环境是值得的""对我很重要的人,想要找保护景区的坏境"以及"让我做些保护景区环境的事(如不乱扔垃圾、合理处置旅游过程中的废弃物等),我有时间、金钱和机会做到"。

之后对预调研数据(样本量 $n=113$)进行探索性因子分析,以识别旅游者环境行为意向、旅游者环境行为以及旅游地情境因素测量量表所包含的维度。为了确保每个观测变量仅指向一个潜在的因子,将因子载荷低于 0.4

或交叉负荷(即在两个因子上的因子载荷都大于 0.4)的观测变量进行了剔除[212]。经过探索性因子分析的步骤,并未删除任何题项。

## 3.3 数据收集与处理

### 3.3.1 正式调研

问卷调查小组一行 6 人于天气晴好的 2017 年 4 月 29、30 日在中山陵风景区采取便利抽样方法对旅游者进行问卷调查,共计发放问卷 540 份,回收问卷 538 份,去掉未填答题项过多(对于未填答题项较少的问卷,其未填答题项采取均值替代法替代)或者明显随意胡乱填答的问卷 55 份,最终得到有效问卷 483 份,问卷回收率为 99.6%,问卷有效率为 89.4%。

问卷调查小组一行 6 人于 2017 年 5 月 11 日—14 日在黄山风景区采取便利抽样方法对旅游者进行问卷调查,11、12 日黄山均突降暴雨,13、14 日天气转晴,因此小组主要是在 13、14 日发放问卷,11、12 日主要在景区拍摄旅游者环境行为的照片以及景区情境因素的照片。共计发放问卷 600 份,回收问卷 590 份,去掉未填答题项过多(对于未填答题项较少的问卷,其未填答题项采取均值替代法替代)或者明显随意胡乱填答的问卷 56 份,最终得到有效问卷 534 份,问卷回收率为 98.3%,问卷有效率为 89.0%。

采用 SPSS 22.0 统计软件录入数据,数据录入方式为一人录入数据,另一人检查,第三人随机抽查,保证数据录入准确无误。

### 3.3.2 样本人口统计学特征

黄山风景区和中山陵风景区旅游者的人口统计学特征见表 3-2、表 3-4。根据表 3-2 可知,本次调查的 534 名黄山风景区旅游者具有以下特征:① 男性占比大于女性;② 14 岁以下及 65 岁以上人群较少,可能是因为黄山风景区属于山岳型景区,对旅游者的体力消耗较大,儿童及老年人通常不将其作为旅游目的地;③ 旅游者的受教育水平较高,以大学生为主,可能是由于黄山风景区靠近上海和南京等地,而上海和南京等地的大学都很多;④ 旅游者职业以公司职员和学生为主;⑤ 旅游者的收入分配比较平均,表明黄山风景区受到不同阶层人群的喜爱;⑥ 黄山风景区以安徽省外人群为主;⑦ 绝大部分旅游者是第一次来黄山风景区,表明黄山风景区的重游率不高。

由表3-4可知,本次调查的483名中山陵风景区旅游者具有以下特征:① 男性占比大于女性,其性别构成与黄山风景区类似;② 14岁以下及65岁以上人群少,以中青年旅游者为主,其年龄构成与黄山风景区类似;③ 旅游者的受教育水平较高,以大学生为主,其受教育水平构成与黄山风景区类似;④ 旅游者职业以公司职员和学生为主,其职业构成也与黄山风景区类似;⑤ 旅游者的收入分配以中低收入群体为主,主要是因为学生群体占比较多;⑥ 中山陵风景区以江苏省外人群为主;⑦ 绝大部分旅游者是第一次来中山陵风景区,这种情况也与黄山风景区类似。

通过对黄山风景区与中山陵风景区旅游者的样本构成情况分析可知,两个案例地的受访者样本构成类似,适合做对比分析。通过上文的实地观察和问卷调查可知,两地的情境因素大同小异(见表3-3、表3-5)。

表3-2 黄山风景区旅游者样本人口统计学特征

| 特征 | 分类 | 人数 | 百分比(%) |
| --- | --- | --- | --- |
| 性别 | 男 | 284 | 53.2 |
|  | 女 | 250 | 46.8 |
| 年龄 | ≤14 | 1 | 0.2 |
|  | 15—24 | 172 | 32.2 |
|  | 25—44 | 299 | 56.0 |
|  | 45—64 | 56 | 10.5 |
|  | ≥65 | 6 | 1.1 |
| 受教育程度 | 小学及以下 | 2 | 0.4 |
|  | 初中 | 15 | 2.8 |
|  | 高中/中专 | 60 | 11.2 |
|  | 大专 | 116 | 21.7 |
|  | 本科 | 279 | 52.2 |
|  | 硕士及以上 | 62 | 11.6 |

(续　表)

| 特征 | 分类 | 人数 | 百分比(%) |
|---|---|---|---|
| 职业 | 政府机关人员 | 26 | 4.9 |
|  | 公司职员 | 203 | 38.0 |
|  | 商贸人员 | 27 | 5.1 |
|  | 服务员/销售员 | 26 | 4.9 |
|  | 技工/工人 | 13 | 2.4 |
|  | 军人 | 2 | 0.4 |
|  | 学生 | 110 | 20.6 |
|  | 专业技术人员(如医生、教师等) | 66 | 12.4 |
|  | 离退休人员 | 10 | 1.9 |
|  | 其他 | 51 | 9.5 |
| 月收入（元） | 3 000及以下 | 135 | 25.3 |
|  | 3 001—5 000 | 131 | 24.5 |
|  | 5 001—7 000 | 97 | 18.2 |
|  | 7 001—9 000 | 70 | 13.1 |
|  | 9 001及以上 | 101 | 18.9 |
| 婚姻状况 | 已婚 | 253 | 47.4 |
|  | 恋爱中 | 89 | 16.7 |
|  | 单身(包括离异、丧偶) | 192 | 36.0 |
| 常住地 | 安徽省内 | 78 | 14.6 |
|  | 安徽省外 | 456 | 85.4 |

表3-3　黄山风景区旅游者游览次数及情境因素调查表

| 特征 | 分类 | 人数 | 百分比(%) |
|---|---|---|---|
| 第几次来景区 | 第1次 | 459 | 86.0 |
|  | 第2次 | 47 | 8.8 |
|  | 第3次及以上 | 28 | 5.2 |
| 您是否在本问卷调查点附近看到过禁止乱扔垃圾等的告示牌 | 是 | 450 | 84.3 |
|  | 否 | 84 | 15.7 |

(续　表)

| 特征 | 分类 | 人数 | 百分比(%) |
| --- | --- | --- | --- |
| 您是否在本问卷调查点附近看到过垃圾箱等环保设施 | 是 | 509 | 95.3 |
| | 否 | 25 | 4.7 |
| 您是否在本问卷调查点附近看到过其他人破坏环境 | 是 | 182 | 34.1 |
| | 否 | 352 | 65.9 |
| 此次来游玩，您是 | 一个人来 | 16 | 3.0 |
| | 与家人同行 | 136 | 25.5 |
| | 与朋友同行 | 182 | 34.1 |
| | 与同学、同事同行 | 182 | 34.1 |
| | 与老师同行 | 18 | 3.4 |
| 您认为本问卷调查点附近是否干净 | 是 | 501 | 93.8 |
| | 否 | 33 | 6.2 |

表 3-4　中山陵风景区旅游者样本人口统计学特征

| 特征 | 分类 | 人数 | 百分比(%) |
| --- | --- | --- | --- |
| 性别 | 男 | 268 | 55.5 |
| | 女 | 215 | 44.5 |
| 年龄 | ≤14 | 8 | 1.7 |
| | 15—24 | 238 | 49.3 |
| | 25—44 | 188 | 38.9 |
| | 45—64 | 47 | 9.7 |
| | ≥65 | 2 | 0.4 |
| 受教育程度 | 小学及以下 | 6 | 1.2 |
| | 初中 | 33 | 6.8 |
| | 高中/中专 | 67 | 13.9 |
| | 大专 | 87 | 18.0 |
| | 本科 | 244 | 50.5 |
| | 硕士及以上 | 46 | 9.5 |

(续 表)

| 特征 | 分类 | 人数 | 百分比(%) |
|---|---|---|---|
| 职业 | 政府机关人员 | 33 | 6.8 |
| | 公司职员 | 105 | 21.7 |
| | 商贸人员 | 18 | 3.7 |
| | 服务员/销售员 | 13 | 2.7 |
| | 技工/工人 | 15 | 3.1 |
| | 军人 | 6 | 1.2 |
| | 学生 | 211 | 43.7 |
| | 专业技术人员(如医生、教师等) | 55 | 11.4 |
| | 离退休人员 | 3 | 0.6 |
| | 其他 | 24 | 5.0 |
| 月收入(元) | 3 000 及以下 | 223 | 46.2 |
| | 3 001—5 000 | 80 | 16.6 |
| | 5 001—7 000 | 98 | 20.3 |
| | 7 001—9 000 | 32 | 6.6 |
| | 9 001 及以上 | 50 | 10.3 |
| 婚姻状况 | 已婚 | 184 | 38.1 |
| | 恋爱中 | 84 | 17.4 |
| | 单身(包括离异、丧偶) | 215 | 44.5 |
| 常住地 | 江苏省内 | 131 | 27.1 |
| | 江苏省外 | 352 | 72.9 |

表 3-5  中山陵风景区旅游者游览次数及情境因素调查表

| 特征 | 分类 | 人数 | 百分比(%) |
|---|---|---|---|
| 第几次来景区 | 第 1 次 | 329 | 68.1 |
| | 第 2 次 | 63 | 13.0 |
| | 第 3 次及以上 | 91 | 18.8 |

(续　表)

| 特征 | 分类 | 人数 | 百分比(%) |
|---|---|---|---|
| 您是否在本问卷调查点附近看到过禁止乱扔垃圾等的告示牌 | 是 | 334 | 69.2 |
|  | 否 | 149 | 30.8 |
| 您是否在本问卷调查点附近看到过垃圾箱等环保设施 | 是 | 471 | 97.5 |
|  | 否 | 12 | 2.5 |
| 您是否在本问卷调查点附近看到过其他人破坏环境 | 是 | 116 | 24.0 |
|  | 否 | 367 | 76.0 |
| 此次来游玩,您是 | 一个人来 | 39 | 8.1 |
|  | 与家人同行 | 96 | 19.9 |
|  | 与朋友同行 | 188 | 38.9 |
|  | 与同学、同事同行 | 142 | 29.4 |
|  | 与老师同行 | 18 | 3.7 |
| 您认为本问卷调查点附近是否干净 | 是 | 475 | 98.3 |
|  | 否 | 8 | 1.7 |

### 3.3.3　数据分析方法

首先,本研究对数据进行信度和效度检验,以判定测量量表的可信度和有效性,并判断是否需要进一步删除某些信度不高的测量题项。之后,使用探索性因子分析法,对旅游者的环境行为意向、旅游者的环境行为以及旅游地的情境因素的维度进行识别。然后,采用单因素方差分析法,分析不同人口统计学特征、不同案例地的旅游者的环境行为态度、主观规范、知觉行为控制、环境行为意向、环境行为以及对旅游地情境因素的感知的差异。

使用结构方程模型(SEM)统计方法对提出的综合模型及其变量之间的假设关系进行检验。在参数估计方法选择上,采用极大似然法(ML)进行结构方程建模。使用 SPSS 22.0 统计软件对数据进行正态性检验。在进行结构方程拟合之前,要求各观察变量的偏度系数均小于3,峰度系数均小于10[213]。结果表明:模型中观察变量的偏度系数介于0.035—1.607之间,峰度系数介于 0.330—3.845 之间,达到要求。基于此,运用 AMOS 21.0 分析软件对数据作进一步处理,利用验证性因子分析对综合模型的信度和效度进行测量以评估综合模型的内在结构适配度,再对模型的拟合效果和假设关系进行检验来评估模型的整体适配度。

最后,运用 AMOS 21.0 的多群组分析(MGA)功能对旅游地情境因素约束程度的高程度组和低程度组进行群组比较,以检验情境因素的相关调节作用。MGA 的基本思想是考查不同的调节变量对模型整体的作用程度[214,215]。针对本书中调节变量是连续变量的情况,它的基本做法是将调节变量分成高水平组和低水平组,按照情境因素几个题项得分的平均数由高到低排列,前 27% 的得分归入高水平组,后 27% 的得分归入低水平组,即 27% 原则[216,217]。相关文献通过数学分析证实了这样的分组方法能有效地用于最大似然估计以鉴别变量的调节作用[218]。通过比较两组模型的路径系数差异来检验调节作用的显著性。逐步对回归系数进行限定,用限定后的卡方与限定前的卡方做差,相应的自由度也做差。通过 Amos Output 文件中的 Model Comparison 所提供的统计表查找限定模型对应的显著性($p$ 值),如果卡方差(即 $\Delta x^2$)在相应的自由度($\Delta df$)上显著($p<0.05$ 或者 $p<0.01$),即说明该调节变量对模型的作用显著,模型在相应的限定上存在差异。如果 $\Delta x^2$ 不显著($p>0.05$ 或者 $p>0.01$),即说明调节变量对模型的作用不显著,模型稳定[219]。

进行 MGA 检验要依次在未经任何限定的模型(Unconstrained,$M_1$)的基础上限定测量权重(measurement weights,$M_2$)(潜变量在观测变量上的负荷)、结构权重(structural weights,$M_3$)(潜变量之间的回归系数)、结构协方差(structural covariances,$M_4$)(误差项之间的相关系数)、结构残差(structural residuals)(潜变量的误差,$M_5$)和测量残差(measurement residuals)(观测变量的误差,因为测量残差总是存在的,且极少相等,对模型多组分析的意义不大,所以这个模型通常不在多组分析考查范围之内)[220]。如果对模型做了某个限定后,$\Delta x^2$ 达到了显著水平,那么就需要继续考察显著路径出现在哪里。这时,需要点击 Amos Output 文件左上角区域中的 Pairwise Parameter Comparisons。比如显著的 $\Delta x^2$ 出现在限定结构权重后的模型里(即 $M_3-M_2$ 中),那么结构模型的路径中至少有一对的差异是显著的。查找相应的路径系数差,将其与临界值 1.96 或 2.58 进行比较。若某对路径系数差异的绝对值大于 1.96 或者 2.58,就说明其对应的路径在 0.05 或者 0.01 的水平上差异显著[220]。具体地,如果调节变量的低水平组的相关路径系数低于高水平组的相关路径系数,则说明调节变量对该路径起正向调节作用;如果调节变量的低水平组的相关路径系数高于高水平组的相关路径系数,则说明调节变量对该路径起负向调节作用。

## 3.4 本研究的误差来源与处理

### 3.4.1 本研究的误差来源

调查是一个测量过程,包括一系列步骤。为了对以调查为基础的估计质量进行评估,需要考虑调查过程的每一个方面。

(1) 只要是基于样本的访问调查,均会由于抽样误差的存在而受限。这些误差来源于这样一个事实,也就是调查所抽取的样本不可能在所有方面都与样本所在的总体完全吻合。抽样的规模与抽样的方式均会对样本之于总体的代表性产生影响。再者,被抽取的被调查者对题项和问卷回答的比率,也是评估调查数据质量的重要因素。

(2) 不同的问题在被调查者回答的精确性上存在相当大的差异。调查访问所要获得的信息的类型与题项的具体措辞,都会对应答的质量产生直接的影响。

(3) 数据收集的方式、调查者与被调查者互动的方式、调查的情境也同样重要,都会对调查误差的类型与大小造成影响。

(4) 将问卷等调研所获数据转换成数字形式存储于计算机以进行统计分析,其过程也会产生误差。数据转换时,如果编码员或者记录员对于编码规则的使用方式不统一,也会造成误差。数据录入过程中的操作失误也会造成调查误差。

表 3-6 总结了本研究中调查误差的可能来源。

表 3-6　本研究中调查误差的可能来源

A. 抽样过程所产生的误差：
　1. 抽样框未包含总体的所有要素导致某些类型的人群被排除在外；
　2. 正好由于某种可能性的存在使得样本未能反映其所属的总体；
　3. 受访者有时可能会拒绝回答部分或所有问题。
B. 提问过程产生的误差：
　1. 受访者误解所提问题；
　2. 受访者对题项所需信息无法准确回忆或提供；
　3. 受访者不愿意准确回答。
C. 调查者可能导致的误差：
　1. 随意提问；
　2. 对受访者采取诱导式提问的方式；
　3. 对数据记录的错误。
D. 数据处理的过程中产生的误差：
　1. 编码员对于编码规则的应用方式未能统一；
　2. 数据录入错误。

### 3.4.2　误差处理方式

对于抽样过程中可能导致的误差的处理，本研究采取便利抽样方法对旅游者进行问卷调查，通过与前人有关黄山风景区[221]以及中山陵风景区[222]的调查样本进行比较，发现本研究的调查样本与其具有相似的人口统计学特征，表明本研究所抽取的样本具有一定的代表性，能够描述总体。为了提高受访者的应答率，在调查问卷首页抬头写明此次调查的目的，并表明调查结果仅用于科学研究，不会泄露被调查者的隐私。由于本研究的意义在于景区的环境保护，因此绝大部分被调查者都非常配合，并认真填答问卷。

对于提问可能导致的误差的处理，本研究通过专家、同行的问卷评估以及预调研对问卷进行改进。比如对于受访者年龄的题项，如果按照传统问卷的提问方式："您的年龄是？"进行，会因为有的受访者填的是实岁，有的受访者填的是虚岁，以至于将某些受访者的年龄划分错误，而造成误差。因此本问卷的提问方式为："您的出生年月为？"从而按照统一的方式计算受访者的年龄。但是通过预调研发现，很多受访者不愿意透露自己的出生年月以及准确年龄，因此在正式调研的时候，对于受访者年龄的题项依然采用"您的年龄是：14岁及以下；15—24岁；25—44岁；45—64岁；65岁及以上"这样的提问方式。再者，本问卷的题项不难理解和回忆，且影响因素量表都不涉及隐私，因此受访者会准确回答。

对于调查者可能导致的误差的处理，本研究中的调查者均是问卷调查经验丰富的硕士生或博士生，他们本科及研究生阶段均受过课堂教学和相关的科研训练，之前都参与过问卷调查工作。并且他们都参与了本研究调查问卷的同行评估，对本研究的理论基础、问卷题项和调查目的都非常清楚，因此可以最大限度地减小调查员误差。

对于数据处理过程中可能导致的误差的处理，本研究采用 SPSS 22.0 统计软件录入数据，数据录入方式为一人录入数据，另一人检查，第三人随机抽查，保证数据录入准确无误。

## 3.5 本章小结

通过对黄山风景区（以自然资源为主的山岳型旅游地）和中山陵风景区（以人文资源为主的城市公园型旅游地）两个不同类型旅游地的实地调研发现，两地的情境因素的总体状况大同小异：① 环境规制方面，两地的环境法规、旅游规划、行为规范都比较多，但大多没有放置在旅游者易于看见的地方，因此其效力可能会受到影响，两地的警示牌都相对比较完善，一般相隔几十米就会出现；② 环保设施方面，两地的垃圾箱等设施都较多，但中山陵风景区的花草护栏不够完善，其高度和范围不足；③ 行为诱导方面，两地环卫工人的分布密度差别不大，旅游者的环境行为也类似，均存在一定程度的不文明行为；④ 同伴约束方面，两地也非常类似；⑤ 环境基底方面，两地都非常好。

问卷编制中，有关水源、土壤、山石破坏等行为未设置题项，因为相关行为比较罕见；有关吸烟的行为未设置题项，因为吸烟的人群毕竟较少；有关吐痰的行为未设置题项，因为吐痰与否同个体的健康状况有关。再者，问卷题项如果过多会降低受访者的应答率和应答质量，因此有关旅游者环境行为意向以及环境行为的题项选取环境行为中有代表性的。

旅游研究中，关于问卷调查法中可能存在的误差来源与处理，前人的研究中未曾阐述，而对于误差的来源分析和妥当处理对于数据质量和调查准确性的保证至关重要，因此本研究考虑到了这一点，并增加了相应内容。

# 第四章 旅游者环境行为的测度模型构建

本章主要应用计划行为理论构建旅游者环境行为的测度模型。以往有关旅游者环境行为的研究仅关注计划行为理论中的环境行为态度、主观规范、知觉行为控制和环境行为意向[1,3,4]，而不曾对旅游者的环境行为进行测量。本章所构建的模型中将包含旅游者环境行为的变量。

再者，过往的文献只关注旅游者的个体因素[1-4]，而忽视旅游地的情境因素对旅游者环境行为的影响。本章将从"地"对"人"的视角对旅游地的情境因素进行研究。

## 4.1 研究假设

### 4.1.1 环境行为态度

行为态度指的是个体对正在考虑中的行为有利或不利的评估或评价的程度。态度代表个体对于特定对象的"好—坏""有害—有益""令人愉快—令人不愉快"和"讨人喜欢—使人厌恶"的属性维度的心理学总体评价[41,42]。行为态度受到行为信念的影响。行为信念指的是个体对实施某个行为所能引起的可能结果的主观评估[41,42]。根据 TPB 理论分析框架，行为态度是驱动行为意向的有效预测变量，可以解释与预测行为意向[41,42]。相关研究也证实了旅游者的环境态度可预测其环境行为意向[1,3,4]。基于此，提出如下假设。

H1：旅游者的环境行为态度对其环境行为意向存在正向影响。

### 4.1.2 主观规范

主观规范指的是个体感知到的执行或不执行特定行为的社会压力。主观规范受到规范信念和顺从动机的影响[41,42]。规范信念指的是个体对于重要的他人或团体执行或不执行某个具体行为的要求的重要性的知觉和看法[41,42];顺从动机指的是个体在执行具体行为时顺从重要的他人或团体的意见的程度[41,42]。根据相关的研究,任何相关群体的个人或团体都能对个体的信念、态度和选择施加关键影响,这是因为个体可能会服从于他/她的所属群体[43]。个体在考虑他/她是否应该执行某个行为时会基于对他/她重要的人的意见或观点,并根据感知到的社会压力以特定的方式表现行为。根据 TPB 理论分析框架,主观规范是驱动行为意向的有效预测变量,可以解释与预测行为意向[41,42]。相关研究也证实了旅游者的主观规范可预测其环境行为意向[1,3,4]。基于此,提出如下假设。

H2:旅游者的主观规范对其环境行为意向存在正向影响。

### 4.1.3 知觉行为控制

知觉行为控制指的是个体对于执行某个特定行为是容易还是困难的知觉。人们认为知觉行为控制能够反映过去的经验、预期的困难和障碍[41,42]。而其对行为的影响方式有两种,一是对行为意向具有动机上的含意;二是其亦能直接预测行为[41,42]。根据相关的研究,知觉行为控制反映个体对于执行某个行为所需的资源和机遇所持的信念[223]。知觉行为控制受到控制信念和感知到的力量的影响[41,42]。控制信念指的是个体感受到的可能促使或者阻碍其执行某项行为的因素[41,42];感知到的力量指的是个体估计按照当前的情形,是否具备掌控这些促使或者阻碍执行行为的因素的能力[41,42]。Ajzen 通过梳理大量文献,结果显示一个高水平的知觉行为控制导致了更为强烈的行为意向与行为实施[40]。相关研究也证实了旅游者的知觉行为控制可预测其环境行为意向与实际行为[1,3,4]。基于此,提出如下假设。

H3:旅游者的知觉行为控制对其环境行为意向存在正向影响;

H4:旅游者的知觉行为控制对其环境行为存在正向影响。

### 4.1.4 环境行为意向

行为意向是指个人对于采取某项特定行为的主观概率的判定,它反映了个人对于某一项特定行为的采行意愿[41,42]。环境行为意向作为环境行为的直接预测变量,对环境态度、主观规范、知觉行为控制与环境行为的内在关系起到显著的中介作用[47]。有研究证实了旅游者的环境行为意向可直接用于预测环境行为[2,208]。基于此,提出如下假设。

H5:旅游者的环境行为意向对其环境行为存在正向影响。

### 4.1.5 情境因素

Bagozzi指出情境因素可能会影响个体行为意向与行为之间的关系[224]。由此可知,旅游地情境因素是旅游者环境行为意向与其环境行为之间的调节变量或者中介变量。如果一个变量与自变量和因变量之间都没有高度的相关关系,那么这个变量不可能是自变量与因变量之间的中介变量,而可能是调节变量[225,226]。旅游地的情境因素是客观存在的变量,与旅游者的环境行为意向和环境行为之间都没有高度的相关性,因此旅游地的情境因素可能是旅游者的环境行为意向与其环境行为之间的调节变量。由此,提出以下假设。

H6:旅游地的情境因素对旅游者的环境行为意向与其环境行为之间的关系存在正向调节作用,即旅游者对情境因素的感知越强烈,旅游者的环境行为意向与环境行为之间的路径关系越强。

## 4.2 模型构建

已有不少研究将TPB模型应用在环境行为[10,189]、生态行为[227-230]、虚拟旅游行为[231]、低碳旅游意向[232]、绿色酒店消费选择[5,233-235]以及其他[236,237]方面,并证实了TPB模型在环境行为领域具有良好的解释效力与预测效力。笔者认为,一方面由于旅游者的环境行为属于具有代表性与典型性的个人行为决策范畴,另一方面个体行为在诸多情形下并非完全自主,受到情境因素的影响,因此本研究将旅游地的情境因素作为调节变量,以TPB作为基础,构建情境因素对旅游者环境行为调节作用的分析模型(图4-1)。此模型将旅游者环境行为作为最终的考察变量,包含环境行为态度、主观规范、知觉行为控制、环境行为意向等四个前置驱动变量以及旅游地情境因素这一调节变量。

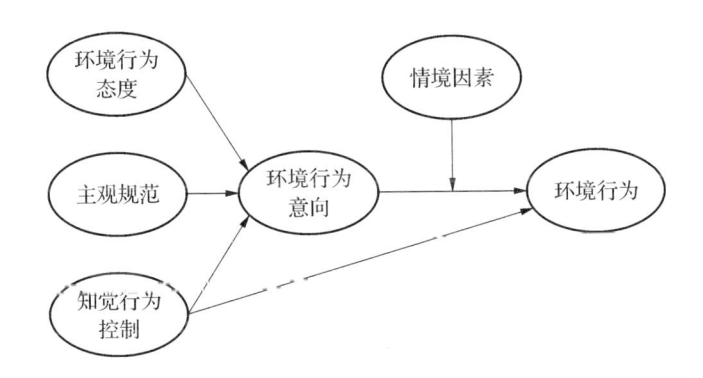

图 4-1 旅游者环境行为测度模型

## 4.3 信度和效度分析

首先,利用克朗巴赫系数测量量表内部的一致信度,运用组合信度测量指标间的内在关联程度。如表4-1、表4-2结果所示:黄山风景区所有测量量表的克朗巴赫系数介于0.751—0.947之间,中山陵风景区所有测量量表的克朗巴赫系数介于0.714—0.947之间,均达到了0.7的最低标准[238],因此,两个案例地的数据都具有良好的内部一致性和可靠性。黄山风景区量表中14个潜变量的组合信度介于0.784—0.948之间,中山陵风景区量表中14个潜变量的组合信度介于0.786—0.949之间,均达到了0.7的最低标准[239]。因此,两个案例地各个潜变量之间具有高度的内部一致性。

其次,利用标准化因子载荷系数和平均方差抽取量(AVE)对测量模型的聚合效度进行检验。结果表明:黄山风景区综合模型中45个观察变量的标准化因子载荷系数介于0.611—0.973之间,中山陵风景区综合模型中45

个观察变量的标准化因子载荷系数介于0.579—0.997之间,因子载荷大于0.5的标准[240],说明两个案例地各观察变量对潜变量均有较强的解释能力;黄山风景区量表中所有潜变量的AVE介于0.553—0.860之间,中山陵风景区量表中所有潜变量的AVE介于0.552—0.860之间,均达到0.5的最低标准[239],这表明两个案例地所有观察变量被其潜变量解释的变异量均大于被其误差所解释的变异量,构念中每个测量题项的解释力都是充分的[241]。

表4-1 黄山风景区量表信度和聚合效度检验

| 变量 | 题项 | 标准化因子载荷 | 组合信度 | AVE | 克朗巴赫系数 |
| --- | --- | --- | --- | --- | --- |
| ATT |  |  | 0.893 | 0.677 | 0.890 |
| ATT1 | 对我来说,保护景区的环境是明智的 | 0.836 |  |  |  |
| ATT2 | 对我来说,保护景区的环境是令人愉快的 | 0.908 |  |  |  |
| ATT3 | 对我来说,保护景区的环境是有益的 | 0.822 |  |  |  |
| ATT4 | 对我来说,保护景区的环境是令人满意的 | 0.714 |  |  |  |
| SN |  |  | 0.935 | 0.827 | 0.932 |
| SN1 | 对我很重要的人,认为我应当保护景区的环境 | 0.939 |  |  |  |
| SN2 | 我很尊重他们意见的人,希望我保护景区的环境 | 0.899 |  |  |  |
| SN3 | 我熟悉的人,会参与到保护环境的行动中 | 0.889 |  |  |  |
| PBC |  |  | 0.824 | 0.611 | 0.820 |
| PBC1 | 让我做些保护景区环境的事,是容易的 | 0.719 |  |  |  |
| PBC2 | 让我做些保护景区环境的事,我是能做到的 | 0.880 |  |  |  |
| PBC3 | 让我做些保护景区环境的事,取决于我自己 | 0.736 |  |  |  |

(续　表)

| 变量 | 题项 | 标准化因子负荷 | 组合信度 | AVE | 克朗巴赫系数 |
|---|---|---|---|---|---|
| ERBI | | | 0.865 | 0.682 | 0.859 |
| ERBI1 | 我愿意捐款给景区管委会进行环境保护 | 0.790 | | | |
| ERBI2 | 看到其他旅游者破坏景区的环境，我愿意进行劝解 | 0.895 | | | |
| ERBI3 | 在这里，如果发现环境受到破坏，我愿意向有关单位报告 | 0.787 | | | |
| ECBI | | | 0.784 | 0.553 | 0.751 |
| ECBI1 | 在这里，我愿意遵守景区的游览注意事项 | 0.718 | | | |
| ECBI2 | 我愿意保护景区的设施免受破坏 | 0.878 | | | |
| ECBI3 | 我愿意合理处置旅游过程中的废弃物 | 0.611 | | | |
| EDBI | | | 0.885 | 0.723 | 0.871 |
| EDBI1 | 在这里，我不会想乱扔垃圾 | 0.899 | | | |
| EDBI2 | 在这里，我不会想打扰动植物 | 0.932 | | | |
| EDBI3 | 在这里，我不会想抄小路踩踏草坪走近道 | 0.702 | | | |
| ECB | | | 0.948 | 0.860 | 0.947 |
| ECB1 | 在这里，我遵守了景区的游览注意事项 | 0.967 | | | |
| ECB2 | 我曾保护景区的设施免受破坏 | 0.871 | | | |
| ECB3 | 我曾合理处置过旅游过程中的废弃物 | 0.941 | | | |
| EDB | | | 0.893 | 0.737 | 0.891 |
| EDB1 | 在这里，我不曾乱扔垃圾 | 0.874 | | | |
| EDB2 | 在这里，我不曾打扰动植物 | 0.899 | | | |
| EDB3 | 在这里，我不曾抄小路踩踏草坪走近道 | 0.799 | | | |

(续　表)

| 变量 | 题项 | 标准化因子负荷 | 组合信度 | AVE | 克朗巴赫系数 |
| --- | --- | --- | --- | --- | --- |
| ERB |  |  | 0.895 | 0.741 | 0.899 |
| ERB1 | 我曾捐款给景区管委会进行环境保护 | 0.808 |  |  |  |
| ERB2 | 看到其他旅游者破坏景区的环境,我曾进行劝解 | 0.935 |  |  |  |
| ERB3 | 在这里,发现环境受到破坏,我曾向有关单位报告 | 0.834 |  |  |  |
| ER |  |  | 0.912 | 0.725 | 0.911 |
| ER1 | 在这里,环境警告牌的设置,让我自觉地规范自己的环境行为 | 0.973 |  |  |  |
| ER2 | 在这里,环境保护政策的设置,让我自觉地规范自己的环境行为 | 0.829 |  |  |  |
| ER3 | 在这里,针对环境行为的奖惩措施的设置,让我自觉地规范自己的环境行为 | 0.917 |  |  |  |
| ER4 | 在这里,环境劝告牌的设置,让我自觉地规范自己的环境行为 | 0.653 |  |  |  |
| EPF |  |  | 0.917 | 0.788 | 0.912 |
| EPF1 | 如果景区的垃圾箱设置充分合理,我就不会乱扔垃圾 | 0.876 |  |  |  |
| EPF2 | 如果景区的道路设置充分合理,我就不会抄小路踩踏草坪走近道 | 0.959 |  |  |  |
| EPF3 | 如果景区的花草有围栏保护,我就不会去采摘 | 0.822 |  |  |  |
| BI |  |  | 0.904 | 0.758 | 0.900 |
| BI1 | 景区环保人员的环保行为(如环卫工捡垃圾),让我自觉地规范自己的环境行为 | 0.879 |  |  |  |
| BI2 | 景区内有旅游者保护环境,我觉得我也应该这么做 | 0.919 |  |  |  |
| BI3 | 景区内有旅游者破坏环境,我觉得我也可以这么做 | 0.810 |  |  |  |

(续　表)

| 变量 | 题项 | 标准化因子负荷 | 组合信度 | AVE | 克朗巴赫系数 |
|---|---|---|---|---|---|
| CR |  |  | 0.946 | 0.814 | 0.944 |
| CR1 | 旅游过程中,和家人一起出游,让我自觉地规范自己的环境行为 | 0.898 |  |  |  |
| CR2 | 旅游过程中,和朋友一起出游,让我自觉地规范自己的环境行为 | 0.942 |  |  |  |
| CR3 | 旅游过程中,和同学、同事一起出游,让我自觉地规范自己的环境行为 | 0.958 |  |  |  |
| CR4 | 旅游过程中,和老师一起出游,让我自觉地规范自己的环境行为 | 0.802 |  |  |  |
| EB |  |  | 0.912 | 0.776 | 0.910 |
| EB1 | 在这里,优美的自然风光,让我自觉地规范自己的环境行为 | 0.850 |  |  |  |
| EB2 | 在这里,主干道干净整洁,让我自觉地规范自己的环境行为 | 0.932 |  |  |  |
| EB3 | 在这里,公共场所干净整洁,让我自觉地规范自己的环境行为 | 0.858 |  |  |  |

注:ATT 表示环境行为态度,SN 表示主观规范,PBC 表示知觉行为控制,ERBI 表示环境激进行为意向,ECBI 表示环境保守行为意向,EDBI 表示环境干扰行为意向,ERB 表示环境激进行为,ECB 表示环境保守行为,EDB 表示环境干扰行为,ER 表示环境规制,EPF 表示环保设施,BI 表示行为诱导,CR 表示同伴约束,EB 表示环境基底。

表4-2　中山陵风景区量表信度和聚合效度检验

| 变量 | 题项 | 标准化因子载荷 | 组合信度 | AVE | 克朗巴赫系数 |
|---|---|---|---|---|---|
| ATT |  |  | 0.903 | 0.701 | 0.899 |
| ATT1 | 对我来说,保护景区的环境是明智的 | 0.871 |  |  |  |
| ATT2 | 对我来说,保护景区的环境是令人愉快的 | 0.883 |  |  |  |
| ATT3 | 对我来说,保护景区的环境是有益的 | 0.857 |  |  |  |
| ATT4 | 对我来说,保护景区的环境是令人满意的 | 0.730 |  |  |  |

（续　表）

| 变量 | 题项 | 标准化因子载荷 | 组合信度 | AVE | 克朗巴赫系数 |
| --- | --- | --- | --- | --- | --- |
| SN | | | 0.786 | 0.552 | 0.778 |
| SN1 | 对我很重要的人，认为我应当保护景区的环境 | 0.734 | | | |
| SN2 | 我很尊重他们意见的人，希望我保护景区的环境 | 0.823 | | | |
| SN3 | 我熟悉的人，会参与到保护环境的行动中 | 0.663 | | | |
| PBC | | | 0.880 | 0.713 | 0.868 |
| PBC1 | 让我做些保护景区环境的事，是容易的 | 0.730 | | | |
| PBC2 | 让我做些保护景区环境的事，我是能做到的 | 0.997 | | | |
| PBC3 | 让我做些保护景区环境的事，取决于我自己 | 0.782 | | | |
| ECBI | | | 0.855 | 0.669 | 0.819 |
| ECBI1 | 在这里，我愿意遵守景区的游览注意事项 | 0.773 | | | |
| ECBI2 | 我愿意保护景区的设施免受破坏 | 0.989 | | | |
| ECBI3 | 我愿意合理处置旅游过程中的废弃物 | 0.656 | | | |
| EDBI | | | 0.826 | 0.617 | 0.816 |
| EDBI1 | 在这里，我不会想乱扔垃圾 | 0.616 | | | |
| EDBI2 | 在这里，我不会想打扰动植物 | 0.867 | | | |
| EDBI3 | 在这里，我不会想抄小路踩踏草坪走近道 | 0.849 | | | |
| ERBI | | | 0.878 | 0.709 | 0.872 |
| ERBI1 | 我愿意捐款给景区管委会进行环境保护 | 0.768 | | | |
| ERBI2 | 看到其他旅游者破坏景区的环境，我愿意进行劝解 | 0.958 | | | |
| ERBI3 | 在这里，如果发现环境受到破坏，我愿意向有关单位报告 | 0.786 | | | |

（续　表）

| 变量 | 题项 | 标准化因子载荷 | 组合信度 | AVE | 克朗巴赫系数 |
|---|---|---|---|---|---|
| ECB | | | 0.945 | 0.660 | 0.714 |
| ECB1 | 在这里,我遵守了景区的游览注意事项 | 0.778 | | | |
| ECB2 | 我曾保护景区的设施免受破坏 | 0.677 | | | |
| ECB3 | 我曾合理处置过旅游过程中的废弃物 | 0.745 | | | |
| EDB | | | 0.889 | 0.73 | 0.881 |
| EDB1 | 在这里,我不曾乱扔垃圾 | 0.714 | | | |
| EDB2 | 在这里,我不曾打扰动植物 | 0.985 | | | |
| EDB3 | 在这里,我不曾抄小路踩踏草坪走近道 | 0.843 | | | |
| ERB | | | 0.88 | 0.711 | 0.87 |
| ERB1 | 我曾捐款给景区管委会进行环境保护 | 0.771 | | | |
| ERB2 | 看到其他旅游者破坏景区的环境,我曾进行劝解 | 0.969 | | | |
| ERB3 | 在这里,发现环境受到破坏,我曾向有关单位报告 | 0.775 | | | |
| ER | | | 0.897 | 0.690 | 0.877 |
| ER1 | 在这里,环境警告牌的设置,让我自觉地规范自己的环境行为 | 0.858 | | | |
| ER2 | 在这里,环境保护政策的设置,让我自觉地规范自己的环境行为 | 0.944 | | | |
| ER3 | 在这里,针对环境行为的奖惩措施的设置,让我自觉地规范自己的环境行为 | 0.894 | | | |
| ER4 | 在这里,环境劝告牌的设置,让我自觉地规范自己的环境行为 | 0.579 | | | |
| EPF | | | 0.949 | 0.860 | 0.947 |
| EPF1 | 如果景区的垃圾箱设置充分合理,我就不会乱扔垃圾 | 0.893 | | | |
| EPF2 | 如果景区的道路设置充分合理,我就不会抄小路踩踏草坪走近道 | 0.968 | | | |

（续 表）

| 变量 | 题项 | 标准化因子载荷 | 组合信度 | AVE | 克朗巴赫系数 |
|---|---|---|---|---|---|
| EPF3 | 如果景区的花草有围栏保护,我就不会去采摘 | 0.920 | | | |
| BI | | | 0.861 | 0.677 | 0.838 |
| BI1 | 景区环保人员的环保行为(如环卫工捡垃圾),让我自觉地规范自己的环境行为 | 0.841 | | | |
| BI2 | 景区内有旅游者保护环境,我觉得我也应该这么做 | 0.943 | | | |
| BI3 | 景区内有旅游者破坏环境,我觉得我也可以这么做 | 0.660 | | | |
| CR | | | 0.944 | 0.810 | 0.938 |
| CR1 | 旅游过程中,和家人一起出游,让我自觉地规范自己的环境行为 | 0.792 | | | |
| CR2 | 旅游过程中,和朋友一起出游,让我自觉地规范自己的环境行为 | 0.943 | | | |
| CR3 | 旅游过程中,和同学、同事一起出游,让我自觉地规范自己的环境行为 | 0.948 | | | |
| CR4 | 旅游过程中,和老师一起出游,让我自觉地规范自己的环境行为 | 0.908 | | | |
| EB | | | 0.930 | 0.816 | 0.929 |
| EB1 | 在这里,优美的自然风光,让我自觉地规范自己的环境行为 | 0.915 | | | |
| EB2 | 在这里,主干道干净整洁,让我自觉地规范自己的环境行为 | 0.911 | | | |
| EB3 | 在这里,公共场所干净整洁,让我自觉地规范自己的环境行为 | 0.883 | | | |

注:ATT 表示环境行为态度,SN 表示主观规范,PBC 表示知觉行为控制,ERBI 表示环境激进行为意向,ECBI 表示环境保守行为意向,EDBI 表示环境干扰行为意向,ERB 表示环境激进行为,ECB 表示环境保守行为,EDB 表示环境干扰行为,ER 表示环境规制,EPF 表示环保设施,BI 表示行为诱导,CR 表示同伴约束,EB 表示环境基底。

对于区别效度,通过比较构念平均方差抽取量(AVE)与构念间相关系数来检验变量的区别效度。如果 AVE 的平方根大于构念间的相关系数,则变量具有良好的区别效度[241]。如表 4-3、表 4-4 所示,黄山风景区量表和中山陵风景区量表中所有构念的 AVE 平方根均大于与其他构念间的相关系数,说明变量间的区别效度良好。

理想的调节变量要求与自变量和因变量之间不存在高相关性[242]。由表 4-3、表 4-4 可知,本研究中两个案例地旅游地的情境因素与自变量和因变量之间均不存在高相关性,因此旅游地情境因素是理想的调节变量。

表 4-3 黄山风景区变量区别效度检验

| 潜变量 | ATT | SN | PBC | EBI | EBE | SF |
| --- | --- | --- | --- | --- | --- | --- |
| ATT | 0.823 | | | | | |
| SN | 0.466 | 0.909 | | | | |
| PBC | 0.564 | 0.361 | 0.782 | | | |
| EBI | 0.568 | 0.371 | 0.511 | 0.808 | | |
| EBE | 0.306 | 0.244 | 0.381 | 0.624 | 0.848 | |
| SF | 0.073 | 0.075 | 0.078 | 0.038 | 0.074 | 0.872 |

注:矩阵对角线为 AVE 平方根,对角线下方为相关系数矩阵。

表 4-4 中山陵风景区变量区别效度检验

| 潜变量 | ATT | SN | PBC | EBI | EBE | SF |
| --- | --- | --- | --- | --- | --- | --- |
| ATT | 0.837 | | | | | |
| SN | 0.605 | 0.743 | | | | |
| PBC | 0.506 | 0.512 | 0.844 | | | |
| EBI | 0.631 | 0.588 | 0.490 | 0.815 | | |
| EBE | 0.431 | 0.505 | 0.394 | 0.759 | 0.812 | |
| SF | 0.079 | 0.091 | 0.066 | 0.045 | 0.083 | 0.876 |

注:矩阵对角线为 AVE 平方根,对角线下方为相关系数矩阵。

## 4.4 本章小结

本章依据计划行为理论构建了旅游者环境行为的测度模型,模型将旅游者环境行为作为最终的考察变量,包含环境行为态度、主观规范、知觉行为控制、环境行为意向等四个前置驱动变量以及旅游地情境因素这一调节变量。经过信度分析和效度分析,结果显示测量量表具有良好的信度与效度,为后文的模型检验和情境因素的多群组分析奠定了基础。

# 第五章 旅游者环境行为的维度特征及差异

旅游者环境行为的态度、主观规范、知觉行为控制有何特征？旅游者的环境行为意向与环境行为有何特征？不同旅游者的环境行为态度、主观规范、知觉行为控制等心理因素是否有差异？本章基于第四章构建的旅游者环境行为测度模型，从"人"对"地"的视角，分析旅游者环境行为不同维度的特征及差异。

## 5.1 旅游者环境行为的态度特征及差异

### 5.1.1 旅游者环境行为的态度因子分析

为了分析旅游者环境行为态度的总体特征，对环境行为态度的4个测量项进行探索性因子分析。在进行因子分析之前，首先对量表进行KMO检验和Bartlett球形检验。表5-1、表5-2结果显示：黄山风景区环境行为态度量表的KMO统计量为0.830，大于0.7，且Bartlett球形检验的显著性水平小于0.01；中山陵风景区环境行为态度量表的KMO统计量为0.836，大于0.7，且Bartlett球形检验的显著性水平小于0.01，故表明量表适合进行因子分析[243]。采用主成分分析法来探索旅游者环境行为态度的维度。经最大方差法旋转后，两个案例地环境行为态度量表均得到一个公因子，黄山风景区量表因子负荷在0.810—0.911之间，累计方差贡献率为75.480%；中山陵风景区量表因子负荷在0.820—0.901之间，累计方差贡献率为77.329%。

这个公因子即是旅游者环境行为态度,共包含 4 个测量指标,主要测量的是旅游者对于环境行为所持有的态度。

表 5-1  黄山风景区旅游者环境行为态度的探索性因子分析

| 因子和测量项 | 题项 | 因子负荷 | 特征值 | 解释的方差比例（%） |
|---|---|---|---|---|
| 环境行为态度 |  |  | 3.019 | 75.480 |
| ATT1 | 对我来说,保护景区的环境是明智的 | 0.875 |  |  |
| ATT2 | 对我来说,保护景区的环境是令人愉快的 | 0.911 |  |  |
| ATT3 | 对我来说,保护景区的环境是有益的 | 0.875 |  |  |
| ATT4 | 对我来说,保护景区的环境是令人满意的 | 0.810 |  |  |

KMO=0.830;Bartlett 球形检验卡方近似值:1 261.132;$p=0.000$

表 5-2  中山陵风景区旅游者环境行为态度的探索性因子分析

| 因子和测量项 | 题项 | 因子负荷 | 特征值 | 解释的方差比例（%） |
|---|---|---|---|---|
| 环境行为态度 |  |  | 3.093 | 77.329 |
| ATT1 | 对我来说,保护景区的环境是明智的 | 0.897 |  |  |
| ATT2 | 对我来说,保护景区的环境是令人愉快的 | 0.901 |  |  |
| ATT3 | 对我来说,保护景区的环境是有益的 | 0.898 |  |  |
| ATT4 | 对我来说,保护景区的环境是令人满意的 | 0.820 |  |  |

KMO=0.836;Bartlett 球形检验卡方近似值:1 241.760;$p=0.000$

## 5.1.2 旅游者环境行为的态度特征

基于探索性因子分析的结果，计算旅游者环境行为态度的 4 个测量项的均值以及标准差，以对旅游者环境行为态度的总体特征进行分析。一般地，使用李克特 5 点法测量时，平均得分处于 1—2.4 之间表明不同意，2.5—3.4 表明一般，3.5—5 表明同意[244]。

由表 5-3 可知，黄山风景区旅游者环境行为态度的均值及 4 个测量项的均值都超过了 3.5，表明黄山风景区旅游者对保护景区的环境持有非常积极和正面的态度；且其标准差都不大，说明黄山风景区旅游者的环境态度差异不大。

表 5-3 黄山风景区旅游者环境行为态度的总体特征

| 因子和测量项 | 题项 | 均值 | 标准差 |
| --- | --- | --- | --- |
| 环境行为态度 |  | 4.80 | 0.39 |
| ATT1 | 对我来说，保护景区的环境是明智的 | 4.80 | 0.45 |
| ATT2 | 对我来说，保护景区的环境是令人愉快的 | 4.79 | 0.48 |
| ATT3 | 对我来说，保护景区的环境是有益的 | 4.83 | 0.41 |
| ATT4 | 对我来说，保护景区的环境是令人满意的 | 4.77 | 0.47 |

由 5-4 表可知，中山陵风景区旅游者环境行为态度总体特征与黄山风景区类似，其均值及 4 个测量项的均值都超过了 3.5，表明中山陵风景区旅游者对保护景区的环境都持有非常积极和正面的态度；且其标准差都不大，说明中山陵风景区旅游者的环境态度差异不大。

表 5-4 中山陵风景区旅游者环境行为态度的总体特征

| 因子和测量项 | 题项 | 均值 | 标准差 |
| --- | --- | --- | --- |
| 环境行为态度 |  | 4.79 | 0.43 |

(续 表)

| 因子和测量项 | 题项 | 均值 | 标准差 |
| --- | --- | --- | --- |
| ATT1 | 对我来说,保护景区的环境是明智的 | 4.80 | 0.46 |
| ATT2 | 对我来说,保护景区的环境是令人愉快的 | 4.78 | 0.50 |
| ATT3 | 对我来说,保护景区的环境是有益的 | 4.81 | 0.46 |
| ATT4 | 对我来说,保护景区的环境是令人满意的 | 4.76 | 0.52 |

### 5.1.3 旅游者环境行为的态度差异

对于环境行为,不同的旅游者可能持有不同的态度。为了进一步了解旅游者对于环境行为态度的差异性,本书采取单因素方差分析,探索不同性别、不同年龄、不同职业、不同受教育程度、不同月收入、不同婚姻状况、不同常住地、不同游玩次数的旅游者的环境行为的态度差异。研究发现,不同性别、年龄、职业、月收入、婚姻状况、常住地、游玩次数的旅游者环境行为态度无差异,而不同受教育程度的旅游者环境行为态度具有差异性。

**1. 性别**

由表 5-5 可知,无论是黄山风景区还是中山陵风景区,女性旅游者的环境行为态度均较男性旅游者更正面。但总体而言,性别对环境行为态度并不产生显著的影响。

表 5-5 黄山风景区、中山陵风景区不同性别旅游者环境行为态度的差异

| 项目 | 男 | 女 | 均值 | $F$ 值 | $p$ 值 |
| --- | --- | --- | --- | --- | --- |
| 黄山风景区 | 0.785 | 4.810 | 4.797 | 0.525 | 0.469 |
| 中山陵风景区 | 0.765 | 0.821 | 0.790 | 2.074 | 0.151 |

**2. 年龄**

由表 5-6 可知,无论是黄山风景区还是中山陵风景区,就其旅游者总

体而言,年龄对环境行为态度并不产生显著的影响。

表 5-6　黄山风景区、中山陵风景区不同年龄旅游者环境行为态度的差异

| 项目 | 黄山风景区 | 中山陵风景区 |
| --- | --- | --- |
| 14 岁及以下 | 4.750 | 4.500 |
| 15—24 岁 | 4.791 | 4.775 |
| 25—44 岁 | 4.806 | 4.834 |
| 45—64 岁 | 4.768 | 4.729 |
| 65 岁及以上 | 4.792 | 5.000 |
| 均值 | 4.797 | 4.790 |
| $F$ 值 | 0.130 | 1.880 |
| $p$ 值 | 0.972 | 0.113 |

### 3. 职业

由表 5-7 可知,无论是黄山风景区还是中山陵风景区,就其旅游者总体而言,职业对环境行为态度并不产生显著的影响。

表 5-7　黄山风景区、中山陵风景区不同职业旅游者环境行为态度的差异

| 项目 | 黄山风景区 | 中山陵风景区 |
| --- | --- | --- |
| 政府机关人员 | 4.798 | 4.849 |
| 公司职员 | 4.827 | 4.821 |
| 商贸人员 | 4.750 | 4.819 |
| 服务员/销售员 | 4.731 | 4.789 |
| 技工/工人 | 4.692 | 4.717 |
| 军人 | 5.000 | 4.875 |
| 学生 | 4.746 | 4.742 |
| 专业技术人员(如医生、教师等) | 4.830 | 4.859 |
| 离退休人员 | 4.875 | 5.000 |
| 其他 | 4.809 | 4.813 |

(续　表)

| 项目 | 黄山风景区 | 中山陵风景区 |
| --- | --- | --- |
| 均值 | 4.797 | 4.790 |
| $F$ 值 | 0.714 | 0.768 |
| $p$ 值 | 0.696 | 0.646 |

### 4. 受教育程度

由表 5-8 可知,无论是黄山风景区还是中山陵风景区,就其旅游者总体而言,受教育程度均对环境行为态度产生显著的影响。受教育程度在本科和硕士及以上的旅游者环境行为态度最积极和正面,而小学及以下和初中学历的旅游者其环境行为态度相对最低。总体而言,受教育程度越高,环境行为态度越积极正面。这可能是因为受教育程度越高的人,其在受教育过程中得到了更多有关环境保护的信息和知识,从而更加关注环境行为。

表 5-8　黄山风景区、中山陵风景区不同受教育程度旅游者环境行为态度的差异

| 项目 | 黄山风景区 | 中山陵风景区 |
| --- | --- | --- |
| 小学及以下 | 4.675 | 4.542 |
| 初中 | 4.533 | 4.667 |
| 高中/中专 | 4.668 | 4.761 |
| 大专 | 4.781 | 4.687 |
| 本科 | 4.830 | 4.845 |
| 硕士及以上 | 4.871 | 4.853 |
| 均值 | 4.797 | 4.790 |
| $F$ 值 | 2.653 | 3.148 |
| $p$ 值 | 0.030* | 0.008** |

注:* 表示在 $p<0.05$ 情况下显著,** 表示在 $p<0.01$ 情况下显著。

### 5. 月收入

由表 5-9 可知,无论是黄山风景区还是中山陵风景区,就其旅游者总

体而言,月收入水平对环境行为态度并不产生显著的影响。

表 5-9 黄山风景区、中山陵风景区不同月收入旅游者环境行为态度的差异

| 项目 | 黄山风景区 | 中山陵风景区 |
| --- | --- | --- |
| 3 000 元及以下 | 4.772 | 4.743 |
| 3 001—5 000 元 | 4.790 | 4.809 |
| 5 001—7 000 元 | 4.807 | 4.829 |
| 7 001—9 000 元 | 4.779 | 4.859 |
| 9 001 元及以上 | 4.842 | 4.845 |
| 均值 | 4.797 | 4.790 |
| $F$ 值 | 0.517 | 1.347 |
| $p$ 值 | 0.723 | 0.251 |

### 6. 婚姻状况

由表 5-10 可知,无论是黄山风景区还是中山陵风景区,就其旅游者总体而言,婚姻状况对环境行为态度并不产生显著的影响。

表 5-10 黄山风景区、中山陵风景区不同婚姻状况旅游者环境行为态度的差异

| 项目 | 黄山风景区 | 中山陵风景区 |
| --- | --- | --- |
| 已婚 | 4.817 | 4.804 |
| 恋爱中 | 4.803 | 4.723 |
| 单身(包括离异、丧偶) | 4.767 | 4.804 |
| 均值 | 4.797 | 4.790 |
| $F$ 值 | 0.902 | 1.250 |
| $p$ 值 | 0.406 | 0.287 |

### 7. 常住地

由表 5-11 可知,无论是黄山风景区还是中山陵风景区,就其旅游者总体而言,常住地对环境行为态度并不产生显著的影响。

表 5-11　黄山风景区、中山陵风景区不同常住地旅游者环境行为态度的差异

| 项目 | 黄山风景区 | 中山陵风景区 |
| --- | --- | --- |
| 省内 | 4.846 | 4.786 |
| 省外 | 4.788 | 4.791 |
| 均值 | 4.797 | 4.790 |
| $F$ 值 | 1.432 | 0.013 |
| $p$ 值 | 0.232 | 0.910 |

8. 游玩次数

由表 5-12 可知，无论是黄山风景区还是中山陵风景区，就其旅游者总体而言，游玩次数对环境行为态度并不产生显著的影响。

表 5-12　黄山风景区、中山陵风景区不同游玩次数旅游者环境行为态度的差异

| 项目 | 黄山风景区 | 中山陵风景区 |
| --- | --- | --- |
| 1次 | 4.796 | 4.783 |
| 2次 | 4.798 | 4.742 |
| 3次及以上 | 4.804 | 4.846 |
| 均值 | 4.797 | 4.790 |
| $F$ 值 | 0.005 | 1.234 |
| $p$ 值 | 0.995 | 0.292 |

## 5.2　旅游者主观规范的特征及差异

### 5.2.1　旅游者主观规范的因子分析

为了分析旅游者主观规范的总体特征，对主观规范的 3 个测量项进行探索性因子分析。在进行因子分析之前，首先对量表进行 KMO 检验和 Bartlett 球形检验。表 5-13、表 5-14 结果显示：黄山风景区主观规范量表

的KMO统计量为0.763,大于0.7,且Bartlett球形检验的显著性水平小于0.01;中山陵风景区主观规范量表的KMO统计量为0.712,大于0.7,且Bartlett球形检验的显著性水平小于0.01,故表明量表适合进行因子分析[243]。采用主成分分析法来探索旅游者主观规范的维度。经最大方差法旋转后,两个案例地主观规范量表均得到一个公因子,黄山风景区量表因子负荷在0.933—0.950之间,累计方差贡献率为88.406%;中山陵风景区量表因子负荷在0.804—0.864之间,累计方差贡献率为69.710%。

这个公因子即是旅游者主观规范,共包含3个测量指标。主要测量的是旅游者对于环境行为所感知到的来自重要的他人或社会的压力。

表5-13 黄山风景区旅游者主观规范的探索性因子分析

| 因子和测量项 | 题项 | 因子负荷 | 特征值 | 解释的方差比例(%) |
|---|---|---|---|---|
| 主观规范 |  |  | 2.652 | 88.406 |
| SN1 | 对我很重要的人,认为我应当保护景区的环境 | 0.950 |  |  |
| SN2 | 我很尊重他们意见的人,希望我保护景区的环境 | 0.937 |  |  |
| SN3 | 我熟悉的人,会参与到保护环境的行动中 | 0.933 |  |  |

KMO=0.763;Bartlett球形检验卡方近似值:1 353.430;$p=0.000$

表5-14 中山陵风景区旅游者主观规范的探索性因子分析

| 因子和测量项 | 题项 | 因子负荷 | 特征值 | 解释的方差比例(%) |
|---|---|---|---|---|
| 主观规范 |  |  | 2.091 | 69.710 |
| SN1 | 对我很重要的人,认为我应当保护景区的环境 | 0.836 |  |  |

(续　表)

| 因子和测量项 | 题项 | 因子负荷 | 特征值 | 解释的方差比例(%) |
| --- | --- | --- | --- | --- |
| SN2 | 我很尊重他们意见的人,希望我保护景区的环境 | 0.864 | | |
| SN3 | 我熟悉的人,会参与到保护环境的行动中 | 0.804 | | |

KMO=0.712;Bartlett 球形检验卡方近似值:514.125;$p=0.000$

### 5.2.2　旅游者主观规范的特征

基于探索性因子分析的结果,计算旅游者主观规范的 3 个测量项的均值以及标准差,以对旅游者主观规范的总体特征进行分析。

由表 5‑15 可知,黄山风景区旅游者主观规范的均值及 3 个测量项的均值都超过了 3.5,表明黄山风景区旅游者对保护景区环境的行为所感知到的压力是非常正面的;且其标准差都不大,说明黄山风景区旅游者的主观规范差异不大。

表 5‑15　黄山风景区旅游者主观规范态度的总体特征

| 因子和测量项 | 题项 | 均值 | 标准差 |
| --- | --- | --- | --- |
| 主观规范 | | 4.76 | 0.49 |
| SN1 | 对我很重要的人,认为我应当保护景区的环境 | 4.79 | 0.49 |
| SN2 | 我很尊重他们意见的人,希望我保护景区的环境 | 4.76 | 0.52 |
| SN3 | 我熟悉的人,会参与到保护环境的行动中 | 4.74 | 0.56 |

由表 5‑16 可知,中山陵风景区旅游者主观规范的均值及 3 个测量项的均值都超过了 3.5,表明中山陵风景区旅游者对保护景区环境的行为所感

知到的压力都是非常正面的,但均值比黄山风景区小;且其标准差都不大,说明中山陵风景区旅游者的主观规范差异不大。

表 5-16 中山陵风景区旅游者主观规范的总体特征

| 因子和测量项 | 题项 | 均值 | 标准差 |
| --- | --- | --- | --- |
| 主观规范 | | 4.58 | 0.60 |
| SN1 | 对我很重要的人,认为我应当保护景区的环境 | 4.54 | 0.80 |
| SN2 | 我很尊重他们意见的人,希望我保护景区的环境 | 4.61 | 0.67 |
| SN3 | 我熟悉的人,会参与到保护环境的行动中 | 4.58 | 0.69 |

### 5.2.3 旅游者主观规范的差异

对于环境行为,不同的旅游者可能有不同的主观规范。为了进一步了解旅游者对于环境行为主观规范的差异性,本书采取单因素方差分析,探索不同性别、不同年龄、不同职业、不同受教育程度、不同月收入、不同婚姻状况、不同常住地、不同游玩次数的旅游者的主观规范差异。研究发现,不同性别、职业、婚姻状况、常住地、游玩次数的旅游者主观规范无差异,而不同年龄、受教育程度、月收入的旅游者主观规范具有差异性。

**1. 性别**

由表 5-17 可知,无论是黄山风景区还是中山陵风景区,女性旅游者的主观规范均较男性旅游者更正面。但总体而言,性别对主观规范并不产生显著的影响。

表 5-17 黄山风景区、中山陵风景区不同性别旅游者主观规范的差异

| 项目 | 男 | 女 | 均值 | $F$ 值 | $p$ 值 |
| --- | --- | --- | --- | --- | --- |
| 黄山风景区 | 4.731 | 4.796 | 4.762 | 2.328 | 0.128 |
| 中山陵风景区 | 4.557 | 4.600 | 4.576 | 0.610 | 0.435 |

## 2. 年龄

由表 5-18 可知,对于黄山风景区旅游者而言,年龄对主观规范不产生显著的影响。对于中山陵风景区旅游者而言,年龄对主观规范产生显著的影响。年龄在 65 岁及以上的旅游者主观规范最正面,而 14 岁及以下的旅游者其主观规范相对最低。总体而言,年龄越大,主观规范越正面。可能是因为随着年龄的增长,人们越容易感受到来自外界的压力,青少年相对而言更加无拘无束。

表 5-18 黄山风景区、中山陵风景区不同年龄旅游者主观规范的差异

| 项目 | 黄山风景区 | 中山陵风景区 |
| --- | --- | --- |
| 14 岁及以下 | 5.000 | 4.333 |
| 15—24 岁 | 4.797 | 4.549 |
| 25—44 岁 | 4.748 | 4.660 |
| 45—64 岁 | 4.738 | 4.441 |
| 65 岁及以上 | 4.611 | 4.833 |
| 均值 | 4.762 | 4.576 |
| $F$ 值 | 0.506 | 2.357 |
| $p$ 值 | 0.731 | 0.049* |

注:* 表示在 $p<0.05$ 情况下显著。

## 3. 职业

由表 5-19 可知,无论是黄山风景区还是中山陵风景区,就其旅游者总体而言,职业对主观规范并不产生显著的影响。

表 5-19 黄山风景区、中山陵风景区不同职业旅游者主观规范的差异

| 项目 | 黄山风景区 | 中山陵风景区 |
| --- | --- | --- |
| 政府机关人员 | 4.731 | 4.647 |
| 公司职员 | 4.773 | 4.664 |

(续　表)

| 项目 | 黄山风景区 | 中山陵风景区 |
|---|---|---|
| 商贸人员 | 4.728 | 4.630 |
| 服务员/销售员 | 4.680 | 4.513 |
| 技工/工人 | 4.641 | 4.533 |
| 军人 | 4.833 | 4.833 |
| 学生 | 4.755 | 4.509 |
| 专业技术人员(如医生、教师等) | 4.818 | 4.594 |
| 离退休人员 | 4.833 | 4.778 |
| 其他 | 4.745 | 4.583 |
| 均值 | 4.762 | 4.576 |
| $F$ 值 | 0.338 | 0.803 |
| $p$ 值 | 0.962 | 0.614 |

**4. 受教育程度**

由表5-20可知,对于黄山风景区旅游者而言,受教育程度对主观规范不产生显著的影响。对于中山陵风景区旅游者而言,受教育程度对主观规范产生显著的影响。受教育程度在本科和硕士及以上的旅游者主观规范最正面,而小学及以下和初中学历的旅游者其主观规范相对最低。总体而言,受教育程度越高,主观规范越正面。可能是因为受教育程度越高,人们越容易受到条条框框的约束。

表5-20　黄山风景区、中山陵风景区不同受教育程度旅游者主观规范的差异

| 项目 | 黄山风景区 | 中山陵风景区 |
|---|---|---|
| 小学及以下 | 5.000 | 4.167 |
| 初中 | 4.733 | 4.414 |
| 高中/中专 | 4.728 | 4.532 |
| 大专 | 4.770 | 4.490 |
| 本科 | 4.741 | 4.635 |

(续 表)

| 项目 | 黄山风景区 | 中山陵风景区 |
|---|---|---|
| 硕士及以上 | 4.871 | 4.659 |
| 均值 | 4.762 | 4.576 |
| F 值 | 0.886 | 2.378 |
| p 值 | 0.490 | 0.048* |

注：*表示在 $p<0.05$ 情况下显著。

### 5. 月收入

由表 5-21 可知，对于黄山风景区旅游者而言，月收入水平对主观规范不产生显著的影响。对于中山陵风景区旅游者而言，月收入水平对主观规范产生显著的影响。月收入水平在 7 001 元及以上的旅游者主观规范最正面，而月收入水平在 5 000 元及以下的旅游者其主观规范相对最低。总体而言，月收入水平越高，主观规范越正面。

表 5-21　黄山风景区、中山陵风景区不同月收入旅游者主观规范的差异

| 项目 | 黄山风景区 | 中山陵风景区 |
|---|---|---|
| 3 000 元及以下 | 4.763 | 4.525 |
| 3 001—5 000 元 | 4.786 | 4.492 |
| 5 001—7 000 元 | 4.670 | 4.646 |
| 7 001—9 000 元 | 4.781 | 4.750 |
| 9 001 元及以上 | 4.802 | 4.693 |
| 均值 | 4.762 | 4.576 |
| F 值 | 1.128 | 2.231 |
| p 值 | 0.343 | 0.046* |

注：*表示在 $p<0.05$ 情况下显著。

### 6. 婚姻状况

由表 5-22 可知，无论是黄山风景区还是中山陵风景区，就其旅游者总

体而言,婚姻状况对主观规范并不产生显著的影响。

表 5-22　黄山风景区、中山陵风景区不同婚姻状况旅游者主观规范的差异

| 项目 | 黄山风景区 | 中山陵风景区 |
| --- | --- | --- |
| 已婚 | 4.754 | 4.621 |
| 恋爱中 | 4.805 | 4.488 |
| 单身(包括离异、丧偶) | 4.752 | 4.572 |
| 均值 | 4.762 | 4.576 |
| $F$ 值 | 0.424 | 1.444 |
| $p$ 值 | 0.655 | 0.237 |

### 7. 常住地

由表 5-23 可知,无论是黄山风景区还是中山陵风景区,就其旅游者总体而言,常住地对主观规范并不产生显著的影响。

表 5-23　黄山风景区、中山陵风景区不同常住地旅游者主观规范的差异

| 项目 | 黄山风景区 | 中山陵风景区 |
| --- | --- | --- |
| 省内 | 4.782 | 4.603 |
| 省外 | 4.758 | 4.566 |
| 均值 | 4.762 | 4.576 |
| $F$ 值 | 0.160 | 0.360 |
| $p$ 值 | 0.690 | 0.549 |

### 8. 游玩次数

由表 5-24 可知,无论是黄山风景区还是中山陵风景区,就其旅游者总体而言,游玩次数对主观规范并不产生显著的影响。

表 5-24 黄山风景区、中山陵风景区不同游玩次数旅游者主观规范的差异

| 项目 | 黄山风景区 | 中山陵风景区 |
| --- | --- | --- |
| 1 次 | 4.750 | 4.580 |
| 2 次 | 4.780 | 4.466 |
| 3 次及以上 | 4.929 | 4.641 |
| 均值 | 4.762 | 4.576 |
| F 值 | 1.804 | 1.621 |
| p 值 | 0.166 | 0.199 |

## 5.3 旅游者知觉行为控制的特征及差异

### 5.3.1 旅游者知觉行为控制的因子分析

为了分析旅游者知觉行为控制的总体特征,对知觉行为控制的 3 个测量项进行探索性因子分析。在进行因子分析之前,首先对量表进行 KMO 检验和 Bartlett 球形检验。表 5-25、表 5-26 结果显示:黄山风景区知觉行为控制量表的 KMO 统计量为 0.701,大于 0.7,且 Bartlett 球形检验的显著性水平小于 0.01;中山陵风景区知觉行为控制量表的 KMO 统计量为 0.767,大于 0.7,且 Bartlett 球形检验的显著性水平小于 0.01,故表明量表适合进行因子分析[243]。采用主成分分析法来探索旅游者知觉行为控制的维度。经最大方差法旋转后,两个案例地知觉行为控制量表均得到一个公因子,黄山风景区量表因子负荷在 0.844—0.891 之间,累计方差贡献率为 73.603%;中山陵风景区量表因子负荷在 0.872—0.907 之间,累计方差贡献率为 79.694%。

这个公因子即是旅游者知觉行为控制,共包含 3 个测量指标,主要测量的是旅游者对于执行环境行为所感知到的难易程度。

表 5-25　黄山风景区旅游者知觉行为控制的探索性因子分析

| 因子和测量项 | 题项 | 因子负荷 | 特征值 | 解释的方差比例（%） |
|---|---|---|---|---|
| 知觉行为控制 |  |  | 2.208 | 73.603 |
| PBC1 | 让我做些保护景区环境的事，是容易的 | 0.837 |  |  |
| PBC2 | 让我做些保护景区环境的事，我是能做到的 | 0.891 |  |  |
| PBC3 | 让我做些保护景区环境的事，取决于我自己 | 0.844 |  |  |

KMO=0.701；Bartlett 球形检验卡方近似值：582.988；$p=0.000$

表 5-26　中山陵风景区旅游者知觉行为控制的探索性因子分析

| 因子和测量项 | 题项 | 因子负荷 | 特征值 | 解释的方差比例（%） |
|---|---|---|---|---|
| 知觉行为控制 |  |  | 2.941 | 79.694 |
| PBC1 | 让我做些保护景区环境的事，是容易的 | 0.872 |  |  |
| PBC2 | 让我做些保护景区环境的事，我是能做到的 | 0.907 |  |  |
| PBC3 | 让我做些保护景区环境的事，取决于我自己 | 0.899 |  |  |

KMO=0.767；Bartlett 球形检验卡方近似值：730.912；$p=0.000$

### 5.3.2　旅游者知觉行为控制的特征

基于探索性因子分析的结果，计算旅游者知觉行为控制的 3 个测量项的均值以及标准差，以对旅游者知觉行为控制的总体特征进行分析。

由表 5-27 可知，黄山风景区旅游者知觉行为控制的均值及 3 个测量项的均值都超过了 3.5，表明黄山风景区旅游者认为他们实施保护景区环境的行为是比较容易的;且其标准差都不大,说明黄山风景区旅游者的知觉行为控制差异不大。

表 5-27 黄山风景区旅游者知觉行为控制的总体特征

| 因子和测量项 | 题项 | 均值 | 标准差 |
| --- | --- | --- | --- |
| 知觉行为控制 |  | 4.60 | 0.58 |
| PBC1 | 让我做些保护景区环境的事,是容易的 | 4.61 | 0.69 |
| PBC2 | 让我做些保护景区环境的事,我是能做到的 | 4.57 | 0.70 |
| PBC3 | 让我做些保护景区环境的事,取决于我自己 | 4.63 | 0.64 |

由表 5-28 可知,中山陵风景区旅游者知觉行为控制的总体特征与黄山风景区类似,其均值及 3 个测量项的均值都超过了 3.5,表明中山陵风景区旅游者认为他们实施保护景区环境的行为是比较容易的。题项"让我做些保护景区环境的事,取决于我自己"的标准差较大,说明中山陵风景区旅游者对于采取保护景区环境的行为是否取决于自己的感知差异较大。

表 5-28 中山陵风景区旅游者知觉行为控制的总体特征

| 因子和测量项 | 题项 | 均值 | 标准差 |
| --- | --- | --- | --- |
| 知觉行为控制 |  | 4.62 | 0.58 |
| PBC1 | 让我做些保护景区环境的事,是容易的 | 4.74 | 0.60 |
| PBC2 | 让我做些保护景区环境的事,我是能做到的 | 4.77 | 0.52 |
| PBC3 | 让我做些保护景区环境的事,取决于我自己 | 4.35 | 1.08 |

### 5.3.3 旅游者知觉行为控制的差异

对于环境行为,不同的旅游者可能有不同的知觉行为控制。为了进一步了解旅游者对于知觉行为控制的差异性,本书采取单因素方差分析,探索不同性别、不同年龄、不同职业、不同受教育程度、不同月收入、不同婚姻状况、不同常住地、不同游玩次数的旅游者的知觉行为控制差异。研究发现，不同性别、年龄、游玩次数的旅游者知觉行为控制无差异，而不同职业、受教育程度、月收入、婚姻状况、常住地的旅游者知觉行为控制具有差异性。

**1. 性别**

由表5-29可知，无论是黄山风景区还是中山陵风景区，女性旅游者的知觉行为控制均较男性旅游者更强烈。但总体而言，性别对知觉行为控制并不产生显著的影响。

表5-29 黄山风景区、中山陵风景区不同性别旅游者知觉行为控制的差异

| 项目 | 男 | 女 | 均值 | $F$ 值 | $p$ 值 |
| --- | --- | --- | --- | --- | --- |
| 黄山风景区 | 4.576 | 4.636 | 4.604 | 1.409 | 0.236 |
| 中山陵风景区 | 4.576 | 4.673 | 4.619 | 3.358 | 0.068 |

**2. 年龄**

由表5-30可知，无论是黄山风景区还是中山陵风景区，就其旅游者总体而言，年龄对知觉行为控制并不产生显著的影响。

表5-30 黄山风景区、中山陵风景区不同年龄旅游者主观规范的差异

| 项目 | 黄山风景区 | 中山陵风景区 |
| --- | --- | --- |
| 14岁及以下 | 5.000 | 4.375 |
| 15—24岁 | 4.531 | 4.578 |
| 25—44岁 | 4.640 | 4.697 |
| 45—64岁 | 4.625 | 4.539 |
| 65岁及以上 | 4.667 | 5.000 |
| 均值 | 4.604 | 4.619 |
| $F$ 值 | 1.120 | 1.948 |
| $p$ 值 | 0.346 | 0.101 |

### 3. 职业

由表 5-31 可知,对于黄山风景区旅游者而言,职业对知觉行为控制不产生显著的影响。对于中山风景区旅游者而言,职业对知觉行为控制产生显著的影响。职业为公司职员、离退休人员、专业技术人员的旅游者知觉行为控制最强烈,而职业为商贸人员、技工和军人的旅游者其知觉行为控制相对最弱。

表 5-31 黄山风景区、中山陵风景区不同职业旅游者知觉行为控制的差异

| 项目 | 黄山风景区 | 中山陵风景区 |
| --- | --- | --- |
| 政府机关人员 | 4.692 | 4.576 |
| 公司职员 | 4.629 | 4.778 |
| 商贸人员 | 4.667 | 4.389 |
| 服务员/销售员 | 4.577 | 4.513 |
| 技工/工人 | 4.744 | 4.400 |
| 军人 | 4.000 | 4.444 |
| 学生 | 4.470 | 4.540 |
| 专业技术人员(如医生、教师等) | 4.631 | 4.758 |
| 离退休人员 | 4.767 | 4.778 |
| 其他 | 4.654 | 4.750 |
| 均值 | 4.604 | 4.619 |
| $F$ 值 | 1.280 | 2.575 |
| $p$ 值 | 0.245 | 0.007** |

注:** 表示在 $p<0.01$ 情况下显著。

### 4. 受教育程度

由表 5-32 可知,对于黄山风景区旅游者而言,受教育程度对知觉行为控制不产生显著的影响。对于中山陵风景区旅游者而言,受教育程度对知觉行为控制产生显著的影响。受教育程度在本科和硕士及以上的旅游者的知觉行为控制最强烈,而小学及以下和初中学历的旅游者其知觉行为控制

相对最弱。总体而言,受教育程度越高,知觉行为控制越强烈。可能是因为受教育水平越高,人们越会认识到环境保护工作的难度。

表 5-32 黄山风景区、中山陵风景区不同受教育程度旅游者知觉行为控制的差异

| 项目 | 黄山风景区 | 中山陵风景区 |
| --- | --- | --- |
| 小学及以下 | 5.000 | 4.444 |
| 初中 | 4.556 | 4.232 |
| 高中/中专 | 4.650 | 4.537 |
| 大专 | 4.535 | 4.548 |
| 本科 | 4.615 | 4.705 |
| 硕士及以上 | 4.640 | 4.714 |
| 均值 | 4.604 | 4.619 |
| F 值 | 0.682 | 5.122 |
| p 值 | 0.637 | 0.000*** |

注:*** 表示在 $p<0.001$ 情况下显著。

### 5. 月收入

由表 5-33 可知,对于黄山风景区旅游者而言,月收入水平对知觉行为控制不产生显著的影响。对于中山陵风景区旅游者而言,月收入水平对知觉行为控制产生显著的影响。月收入水平在 7 001 元及以上的旅游者知觉行为控制最强烈,而月收入水平在 3 000 元及以下的旅游者知觉行为控制相对最弱。总体而言,月收入水平越高,知觉行为控制越强烈。可能是因为月收入水平越高,人们相对而言受教育水平和社会地位越高,越会认识到环境保护工作的难度。

表 5-33 黄山风景区、中山陵风景区不同月收入旅游者知觉行为控制的差异

| 项目 | 黄山风景区 | 中山陵风景区 |
| --- | --- | --- |
| 3 000 元及以下 | 4.533 | 4.547 |

(续　表)

| 项目 | 黄山风景区 | 中山陵风景区 |
| --- | --- | --- |
| 3 001—5 000 元 | 4.654 | 4.646 |
| 5 001—7 000 元 | 4.550 | 4.619 |
| 7 001—9 000 元 | 4.648 | 4.708 |
| 9 001 元及以上 | 4.657 | 4.840 |
| 均值 | 4.604 | 4.619 |
| $F$ 值 | 1.265 | 2.956 |
| $p$ 值 | 0.283 | 0.020* |

注：* 表示在 $p<0.05$ 情况下显著。

### 6. 婚姻状况

由表 5-34 可知，对于中山陵风景区旅游者而言，婚姻状况对知觉行为控制不产生显著的影响。对于黄山风景区旅游者而言，婚姻状况对知觉行为控制产生显著的影响。已婚的旅游者知觉行为控制最强烈，单身的旅游者知觉行为控制相对最弱。可能是因为已婚者因为配偶或亲人的存在，其实施环境保护行为时相对单身者而言考虑的因素更多。

表 5-34　黄山风景区、中山陵风景区不同婚姻状况旅游者知觉行为控制的差异

| 项目 | 黄山风景区 | 中山陵风景区 |
| --- | --- | --- |
| 已婚 | 4.680 | 4.649 |
| 恋爱中 | 4.584 | 4.587 |
| 单身(包括离异、丧偶) | 4.514 | 4.606 |
| 均值 | 4.604 | 4.619 |
| $F$ 值 | 4.588 | 0.416 |
| $p$ 值 | 0.011* | 0.660 |

注：* 表示在 $p<0.05$ 情况下显著。

## 7. 常住地

由表 5-35 可知,对于黄山风景区旅游者而言,常住地对知觉行为控制不产生显著的影响。对于中山陵风景区旅游者而言,常住地对知觉行为控制产生显著的影响。省内旅游者的知觉行为控制强于省外旅游者。可能是因为省内旅游者相对而言去到中山陵风景区的次数和机会更多,因此对于环境保护工作的难度有更清醒的认识。

表 5-35 黄山风景区、中山陵风景区不同常住地旅游者知觉行为控制的差异

| 项目 | 黄山风景区 | 中山陵风景区 |
| --- | --- | --- |
| 省内 | 4.603 | 4.746 |
| 省外 | 4.605 | 4.572 |
| 均值 | 4.604 | 4.619 |
| $F$ 值 | 0.001 | 8.700 |
| $p$ 值 | 0.978 | 0.003** |

注:** 表示在 $p<0.01$ 情况下显著。

## 8. 游玩次数

由表 5-36 可知,无论是黄山风景区还是中山陵风景区,就其旅游者总体而言,游玩次数对知觉行为控制并不产生显著的影响。

表 5-36 黄山风景区、中山陵风景区不同游玩次数旅游者知觉行为控制的差异

| 项目 | 黄山风景区 | 中山陵风景区 |
| --- | --- | --- |
| 1次 | 4.610 | 4.600 |
| 2次 | 4.560 | 4.566 |
| 3次及以上 | 4.583 | 4.725 |
| 均值 | 4.604 | 4.619 |
| $F$ 值 | 0.175 | 1.981 |
| $p$ 值 | 0.839 | 0.139 |

## 5.4 旅游者环境行为意向的特征及差异

### 5.4.1 旅游者环境行为意向的因子分析

为了分析旅游者环境行为意向的总体特征,对环境行为意向的9个测量项进行探索性因子分析。在进行因子分析之前,首先对量表进行KMO检验和Bartlett球形检验。表5-37、表5-38结果显示:黄山风景区环境行为意向量表的KMO统计量为0.813,大于0.7,且Bartlett球形检验的显著性水平小于0.01;中山陵风景区环境行为意向量表的KMO统计量为0.775,大于0.7,且Bartlett球形检验的显著性水平小于0.01,故表明量表适合进行因子分析[243]。采用主成分分析法来探索旅游者环境行为意向的维度。经最大方差法旋转后,两个案例地环境行为意向量表均得到三个公因子,黄山风景区量表因子负荷在0.736—0.887之间,累计方差贡献率为76.911%;中山陵风景区量表因子负荷在0.705—0.932之间,累计方差贡献率为77.072%。

三个公因子分别命名为"环境激进行为意向",包括3个测量题项(愿意捐款、愿意劝解、愿意报告);"环境保守行为意向",包括3个测量题项(愿意遵守注意事项、愿意保护设施、愿意处置废弃物);"环境干扰行为意向",包括3个测量题项(不会想乱扔垃圾、不会想抄小路、不会想打扰动植物)。

表5-37 黄山风景区旅游者环境行为意向的探索性因子分析

| 因子和测量项 | 题项 | 因子负荷 | 特征值 | 解释的方差比例(%) |
|---|---|---|---|---|
| 环境保守行为意向 | | | 1.003 | 11.144 |
| ECBI1 | 愿意遵守注意事项 | 0.736 | | |
| ECBI2 | 愿意保护设施 | 0.791 | | |
| ECBI3 | 愿意处置废弃物 | 0.798 | | |

(续　表)

| 因子和测量项 | 题项 | 因子负荷 | 特征值 | 解释的方差比例(%) |
|---|---|---|---|---|
| 环境干扰行为意向 | | | 4.059 | 45.098 |
| EDBI1 | 不会想乱扔垃圾 | 0.855 | | |
| EDBI2 | 不会想抄小路 | 0.887 | | |
| EDBI3 | 不会想打扰动植物 | 0.837 | | |
| 环境激进行为意向 | | | 1.860 | 20.669 |
| ERBI1 | 愿意捐款 | 0.862 | | |
| ERBI2 | 愿意劝解 | 0.884 | | |
| ERBI3 | 愿意报告 | 0.852 | | |
| 总体 | | | | 76.911 |

KMO=0.813;Bartlett 球形检验卡方近似值:2 530.191;$p$=0.000

表 5-38　中山陵风景区旅游者环境行为意向的探索性因子分析

| 因子和测量项 | 题项 | 因子负荷 | 特征值 | 解释的方差比例(%) |
|---|---|---|---|---|
| 环境保守行为意向 | | | 1.057 | 11.747 |
| ECBI1 | 愿意遵守注意事项 | 0.705 | | |
| ECBI2 | 愿意保护设施 | 0.810 | | |
| ECBI3 | 愿意处置废弃物 | 0.833 | | |
| 环境干扰行为意向 | | | 3.485 | 38.722 |
| EDBI1 | 不会想乱扔垃圾 | 0.855 | | |
| EDBI2 | 不会想抄小路 | 0.892 | | |
| EDBI3 | 不会想打扰动植物 | 0.845 | | |
| 环境激进行为意向 | | | 2.394 | 26.604 |
| ERBI1 | 愿意捐款 | 0.870 | | |
| ERBI2 | 愿意劝解 | 0.932 | | |

(续　表)

| 因子和测量项 | 题项 | 因子负荷 | 特征值 | 解释的方差比例（%） |
|---|---|---|---|---|
| ERBI3 | 愿意报告 | 0.878 | | |
| 总体 | | | | 77.072 |

KMO=0.775；Bartlett球形检验卡方近似值：2 264.164；$p=0.000$

### 5.4.2　旅游者环境行为意向的特征

基于探索性因子分析的结果，计算旅游者环境行为意向的3个公因子和9个测量项的均值以及标准差，以对旅游者环境行为意向的总体特征进行分析。

由表5-39可知，黄山风景区旅游者环境行为意向各维度的均值及9个测量项的均值都超过了3.5，表明黄山风景区旅游者对保护景区的环境持有非常积极和正面的意向。其中只有环境激进行为意向均值相对最小且标准差较大，说明黄山风景区旅游者的环境激进行为意向相对低一些且差异较大，这可能是因为环境激进行为需要考虑的因素较多，对旅游者个人的环保责任意识与自觉性要求较高。

表5-39　黄山风景区旅游者环境行为意向的总体特征

| 因子和测量项 | 题项 | 均值 | 标准差 |
|---|---|---|---|
| 环境保守行为意向 | | 4.73 | 0.45 |
| ECBI1 | 愿意遵守注意事项 | 4.79 | 0.44 |
| ECBI2 | 愿意保护设施 | 4.74 | 0.50 |
| ECBI3 | 愿意处置废弃物 | 4.65 | 0.67 |
| 环境干扰行为意向 | | 4.79 | 0.37 |
| EDBI1 | 不会想乱扔垃圾 | 4.84 | 0.37 |
| EDBI2 | 不会想抄小路 | 4.83 | 0.41 |

(续 表)

| 因子和测量项 | 题项 | 均值 | 标准差 |
| --- | --- | --- | --- |
| EDBI3 | 不会想打扰动植物 | 4.71 | 0.47 |
| 环境激进行为意向 | | 4.17 | 0.85 |
| ERBI1 | 愿意捐款 | 4.11 | 1.07 |
| ERBI2 | 愿意劝解 | 4.15 | 0.92 |
| ERBI3 | 愿意报告 | 4.24 | 0.91 |

由表5-40可知,中山陵风景区旅游者环境行为意向的总体特征与黄山风景区类似,其各维度的均值及9个测量项的均值都超过了3.5,表明中山陵风景区旅游者对保护景区的环境持有非常积极和正面的意向。其中只有环境激进行为意向均值相对最小且标准差较大,说明中山陵风景区旅游者的环境激进行为意向相对低一些且差异较大,这与黄山风景区的情况类似。

表5-40 中山陵风景区旅游者环境行为意向的总体特征

| 因子和测量项 | 题项 | 均值 | 标准差 |
| --- | --- | --- | --- |
| 环境保守行为意向 | | 4.71 | 0.51 |
| ECBI1 | 愿意遵守注意事项 | 4.78 | 0.49 |
| ECBI2 | 愿意保护设施 | 4.74 | 0.54 |
| ECBI3 | 愿意处置废弃物 | 4.60 | 0.73 |
| 环境干扰行为意向 | | 4.73 | 0.49 |
| EDBI1 | 不会想乱扔垃圾 | 4.82 | 0.49 |
| EDBI2 | 不会想抄小路 | 4.65 | 0.64 |
| EDBI3 | 不会想打扰动植物 | 4.71 | 0.57 |
| 环境激进行为意向 | | 4.11 | 0.89 |
| ERBI1 | 愿意捐款 | 4.09 | 1.04 |
| ERBI2 | 愿意劝解 | 4.08 | 0.97 |
| ERBI3 | 愿意报告 | 4.19 | 0.97 |

### 5.4.3 旅游者环境行为意向的差异

对于环境行为,不同的旅游者可能持有不同的意向。为了进一步了解旅游者对于环境行为的意向的差异性,本书采取单因素方差分析,探索不同性别、不同年龄、不同职业、不同受教育程度、不同月收入、不同婚姻状况、不同常住地、不同游玩次数的旅游者的环境行为意向差异。研究发现不同性别、常住地的旅游者环境行为意向无差异,而不同年龄、职业、受教育程度、月收入、婚姻状况、游玩次数的旅游者环境行为意向具有差异性。

**1. 性别**

由表5-41、表5-42可知,无论是黄山风景区还是中山陵风景区,男性和女性旅游者的环境行为意向三维度均差别不大。总体而言,性别对环境行为意向并不产生显著的影响。

表5-41　黄山风景区不同性别旅游者环境行为意向的差异

| 项目 | 环境激进行为意向 | 环境保守行为意向 | 环境干扰行为意向 |
| --- | --- | --- | --- |
| 男 | 4.156 | 4.728 | 4.776 |
| 女 | 4.176 | 4.728 | 4.815 |
| 均值 | 4.165 | 4.728 | 4.794 |
| $F$ 值 | 0.072 | 0.000 | 1.447 |
| $p$ 值 | 0.788 | 0.994 | 0.230 |

表5-42　中山陵风景区不同性别旅游者环境行为意向的差异

| 项目 | 环境激进行为意向 | 环境保守行为意向 | 环境干扰行为意向 |
| --- | --- | --- | --- |
| 男 | 4.141 | 4.689 | 4.698 |
| 女 | 4.082 | 4.732 | 4.760 |
| 均值 | 4.115 | 4.708 | 4.725 |
| $F$ 值 | 0.517 | 0.841 | 1.938 |
| $p$ 值 | 0.473 | 0.359 | 0.165 |

## 2. 年龄

由表 5-43 可知,对于黄山风景区旅游者而言,年龄对环境行为意向三个维度均不产生显著的影响。由表 5-44 可知,对于中山陵风景区旅游者而言,年龄对"环境激进行为意向"维度产生显著的影响。总体而言,随着年龄的增大,旅游者的环境激进行为意向显著增强。可能是因为随着年龄的增大,人们的阅历增多,环保责任意识也更强,更能意识到协助景区保护环境的重要性。

表 5-43 黄山风景区不同年龄旅游者环境行为意向的差异

| 项目 | 环境激进行为意向 | 环境保守行为意向 | 环境干扰行为意向 |
| --- | --- | --- | --- |
| 14 岁及以下 | 4.000 | 4.333 | 4.667 |
| 15—24 岁 | 4.035 | 4.704 | 4.834 |
| 25—44 岁 | 4.240 | 4.735 | 4.779 |
| 45—64 岁 | 4.191 | 4.768 | 4.750 |
| 65 岁及以上 | 4.000 | 4.778 | 4.833 |
| 均值 | 4.165 | 4.728 | 4.794 |
| $F$ 值 | 1.657 | 0.473 | 0.870 |
| $p$ 值 | 0.159 | 0.756 | 0.482 |

表 5-44 中山陵风景区不同年龄旅游者环境行为意向的差异

| 项目 | 环境激进行为意向 | 环境保守行为意向 | 环境干扰行为意向 |
| --- | --- | --- | --- |
| 14 岁及以下 | 3.667 | 4.750 | 4.833 |
| 15—24 岁 | 4.000 | 4.676 | 4.689 |
| 25—44 岁 | 4.243 | 4.766 | 4.771 |
| 45—64 岁 | 4.227 | 4.638 | 4.702 |
| 65 岁及以上 | 4.833 | 4.500 | 4.833 |
| 均值 | 4.115 | 4.708 | 4.725 |
| $F$ 值 | 3.058 | 1.158 | 0.899 |
| $p$ 值 | 0.017* | 0.329 | 0.464 |

注:* 表示在 $p<0.05$ 情况下显著。

### 3. 职业

由表 5-45、表 5-46 可知,无论是黄山风景区还是中山陵风景区,就其旅游者总体而言,职业均对"环境激进行为意向"维度产生显著的影响。黄山风景区旅游者中,离退休人员和服务员/销售员的环境激进行为意向最强烈,这可能跟离退休人员和服务员/销售员对于协助旅游地环境保护工作的参与服务意识较强有关;中山陵风景区旅游者中,政府机关人员的环境激进行为意向最强烈,学生最弱,这可能是因为政府机关人员的参与服务意识较强,而学生收入较低,因此其捐款意愿较低。

表 5-45 黄山风景区不同职业旅游者环境行为意向的差异

| 项目 | 环境激进行为意向 | 环境保守行为意向 | 环境干扰行为意向 |
| --- | --- | --- | --- |
| 政府机关人员 | 4.077 | 4.756 | 4.782 |
| 公司职员 | 4.199 | 4.754 | 4.805 |
| 商贸人员 | 4.482 | 4.543 | 4.716 |
| 服务员/销售员 | 4.372 | 4.692 | 4.641 |
| 技工/工人 | 4.410 | 4.667 | 4.731 |
| 军人 | 3.500 | 5.000 | 4.833 |
| 学生 | 3.924 | 4.667 | 4.820 |
| 专业技术人员 | 4.126 | 4.788 | 4.843 |
| 离退休人员 | 4.433 | 4.733 | 4.833 |
| 其他 | 4.288 | 4.784 | 4.765 |
| 均值 | 4.165 | 4.728 | 4.794 |
| $F$ 值 | 2.157 | 1.193 | 0.917 |
| $p$ 值 | 0.024* | 0.297 | 0.509 |

注:*表示在 $p<0.05$ 情况下显著。

表 5-46 中山陵风景区不同职业旅游者环境行为意向的差异

| 项目 | 环境激进行为意向 | 环境保守行为意向 | 环境干扰行为意向 |
| --- | --- | --- | --- |
| 政府机关人员 | 4.512 | 4.788 | 4.737 |
| 公司职员 | 4.238 | 4.730 | 4.825 |

(续　表)

| 项目 | 环境激进行为意向 | 环境保守行为意向 | 环境干扰行为意向 |
| --- | --- | --- | --- |
| 商贸人员 | 4.389 | 4.704 | 4.722 |
| 服务员/销售员 | 4.026 | 4.539 | 4.667 |
| 技工/工人 | 4.133 | 4.467 | 4.489 |
| 军人 | 4.056 | 5.000 | 4.778 |
| 学生 | 3.919 | 4.673 | 4.665 |
| 专业技术人员 | 4.194 | 4.782 | 4.788 |
| 离退休人员 | 4.333 | 5.000 | 4.889 |
| 其他 | 4.375 | 4.778 | 4.806 |
| 均值 | 4.115 | 4.708 | 4.725 |
| $F$ 值 | 2.704 | 1.274 | 1.504 |
| $p$ 值 | 0.004** | 0.248 | 0.143 |

注：** 表示在 $p<0.01$ 情况下显著。

### 4. 受教育程度

由表 5-47 可知，对黄山风景区而言，受教育程度会对旅游者的"环境干扰行为意向"以及"环境激进行为意向"两个维度产生显著影响，硕士及以上学历旅游者环境干扰行为意向最弱，初中学历者最强，这可能是因为硕士及以上学历旅游者受教育程度较高，其对破坏环境的后果意识更强烈；小学及以下学历者环境激进行为意向最强，硕士及以上学历者最弱，这可能是因为环境激进行为中的劝解和举报，高学历者往往不想"惹麻烦"，而小学生"童言无忌"。由表 5-48 可知，对中山陵风景区而言，受教育程度会对旅游者的"环境保守行为意向"维度产生显著影响，本科及以上学历旅游者环境行为意向最强，初中及以下学历者最弱，这与受教育程度成正相关。

表 5-47　黄山风景区不同受教育程度旅游者环境行为意向的差异

| 项目 | 环境激进行为意向 | 环境保守行为意向 | 环境干扰行为意向 |
| --- | --- | --- | --- |
| 小学及以下 | 4.500 | 4.667 | 4.833 |

(续　表)

| 项目 | 环境激进行为意向 | 环境保守行为意向 | 环境干扰行为意向 |
| --- | --- | --- | --- |
| 初中 | 4.422 | 4.467 | 4.500 |
| 高中/中专 | 4.494 | 4.756 | 4.800 |
| 大专 | 4.227 | 4.698 | 4.779 |
| 本科 | 4.087 | 4.725 | 4.800 |
| 硕士及以上 | 4.011 | 4.833 | 4.860 |
| 均值 | 4.165 | 4.728 | 4.794 |
| $F$ 值 | 3.175 | 1.905 | 2.351 |
| $p$ 值 | 0.008** | 0.092 | 0.040* |

注：* 表示在 $p<0.05$ 情况下显著，** 表示在 $p<0.01$ 情况下显著。

表 5-48　中山陵风景区不同受教育程度旅游者环境行为意向的差异

| 项目 | 环境激进行为意向 | 环境保守行为意向 | 环境干扰行为意向 |
| --- | --- | --- | --- |
| 小学及以下 | 3.722 | 4.611 | 4.722 |
| 初中 | 4.071 | 4.556 | 4.546 |
| 高中/中专 | 4.105 | 4.622 | 4.716 |
| 大专 | 4.119 | 4.598 | 4.690 |
| 本科 | 4.184 | 4.790 | 4.777 |
| 硕士及以上 | 3.833 | 4.732 | 4.659 |
| 均值 | 4.115 | 4.708 | 4.725 |
| $F$ 值 | 1.490 | 3.185 | 1.741 |
| $p$ 值 | 0.192 | 0.008** | 0.124 |

注：** 表示在 $p<0.01$ 情况下显著。

### 5. 月收入

由表 5-49、表 5-50 可知，对黄山风景区以及中山陵风景区的旅游者而言，月收入水平均会对"环境激进行为意向"维度产生显著影响。总体而言，随着月收入水平的提高，两案例地的旅游者的环境激进行为意向提高。

可能是因为随着月收入水平的增多,人们的社会地位和受教育水平相对更高,因此更能认识到环境激进行为的重要性,更愿意参与到协助景区保护环境的行动中。

表 5-49　黄山风景区不同月收入水平旅游者环境行为意向的差异

| 项目 | 环境激进行为意向 | 环境保守行为意向 | 环境干扰行为意向 |
| --- | --- | --- | --- |
| 3 000 元及以下 | 3.978 | 4.664 | 4.800 |
| 3 001—5 000 元 | 4.193 | 4.730 | 4.809 |
| 5 001—7 000 元 | 4.192 | 4.739 | 4.808 |
| 7 001—9 000 元 | 4.243 | 4.714 | 4.724 |
| 9 001 元及以上 | 4.300 | 4.809 | 4.802 |
| 均值 | 4.165 | 4.728 | 4.794 |
| F 值 | 2.493 | 1.560 | 0.727 |
| p 值 | 0.042* | 0.184 | 0.574 |

注:* 表示在 $p<0.05$ 情况下显著。

表 5-50　中山陵风景区不同月收入水平旅游者环境行为意向的差异

| 项目 | 环境激进行为意向 | 环境保守行为意向 | 环境干扰行为意向 |
| --- | --- | --- | --- |
| 3 000 元及以下 | 3.943 | 4.655 | 4.667 |
| 3 001—5 000 元 | 4.200 | 4.729 | 4.808 |
| 5 001—7 000 元 | 4.296 | 4.772 | 4.745 |
| 7 001—9 000 元 | 4.167 | 4.813 | 4.781 |
| 9 001 元及以上 | 4.353 | 4.720 | 4.780 |
| 均值 | 4.115 | 4.708 | 4.725 |
| F 值 | 4.346 | 1.385 | 1.707 |
| p 值 | 0.002** | 0.238 | 0.147 |

注:** 表示在 $p<0.01$ 情况下显著。

### 6. 婚姻状况

由表 5-51 可知,对黄山风景区而言,婚姻状况对旅游者环境行为意向的三维度均不产生显著影响;由表5-52可知,对中山陵风景区而言,婚姻状况对旅游者的"环境激进行为意向"维度产生显著影响,已婚旅游者环境激进行为意向最强烈,单身旅游者环境激进行为意向最弱。可能是因为已婚旅游者由于伴侣的存在而环保责任意识相对更强。

表5-51 黄山风景区不同婚姻状况旅游者环境行为意向的差异

| 项目 | 环境激进行为意向 | 环境保守行为意向 | 环境干扰行为意向 |
| --- | --- | --- | --- |
| 已婚 | 4.232 | 4.751 | 4.785 |
| 恋爱中 | 4.180 | 4.723 | 4.839 |
| 单身 | 4.071 | 4.700 | 4.786 |
| 均值 | 4.165 | 4.728 | 4.794 |
| $F$ 值 | 1.956 | 0.732 | 0.777 |
| $p$ 值 | 0.142 | 0.481 | 0.460 |

表5-52 中山陵风景区不同婚姻状况旅游者环境行为意向的差异

| 项目 | 环境激进行为意向 | 环境保守行为意向 | 环境干扰行为意向 |
| --- | --- | --- | --- |
| 已婚 | 4.245 | 4.714 | 4.736 |
| 恋爱中 | 4.052 | 4.667 | 4.698 |
| 单身 | 4.028 | 4.719 | 4.727 |
| 均值 | 4.115 | 4.708 | 4.725 |
| $F$ 值 | 3.248 | 0.342 | 0.170 |
| $p$ 值 | 0.040* | 0.711 | 0.844 |

注:* 表示在 $p<0.05$ 情况下显著。

### 7. 常住地

由表5-53、表5-54可知,无论是黄山风景区还是中山陵风景区,就其旅游者总体而言,常住地对环境行为意向三维度均不产生显著的影响。

表 5-53　黄山风景区不同常住地旅游者环境行为意向的差异

| 项目 | 环境激进行为意向 | 环境保守行为意向 | 环境干扰行为意向 |
| --- | --- | --- | --- |
| 省内 | 4.120 | 4.675 | 4.831 |
| 省外 | 4.173 | 4.737 | 4.788 |
| 均值 | 4.165 | 4.728 | 4.794 |
| $F$ 值 | 0.262 | 1.278 | 0.910 |
| $p$ 值 | 0.609 | 0.259 | 0.340 |

表 5-54　中山陵风景区不同常住地旅游者环境行为意向的差异

| 项目 | 环境激进行为意向 | 环境保守行为意向 | 环境干扰行为意向 |
| --- | --- | --- | --- |
| 省内 | 4.081 | 4.710 | 4.718 |
| 省外 | 4.127 | 4.707 | 4.728 |
| 均值 | 4.115 | 4.708 | 4.725 |
| $F$ 值 | 0.251 | 0.002 | 0.046 |
| $p$ 值 | 0.617 | 0.961 | 0.831 |

## 8. 游玩次数

由表 5-56 可知,对中山陵风景区而言,游玩次数对旅游者环境行为意向的三维度均不产生显著影响;由表 5-55 可知,对黄山风景区而言,游玩次数对旅游者的"环境激进行为意向"维度产生显著影响,游玩次数在 3 次及以上的旅游者的环境激进行为意向最强烈,游玩次数为 2 次的旅游者环境激进行为意向最弱,这可能是因为游玩达到一定次数后,旅游者的环保责任意识会越来越强,会渐渐对环境激进行为开始重视。

表 5-55　黄山风景区不同游玩次数旅游者环境行为意向的差异

| 项目 | 环境激进行为意向 | 环境保守行为意向 | 环境干扰行为意向 |
| --- | --- | --- | --- |
| 1 次 | 4.173 | 4.718 | 4.790 |
| 2 次 | 3.851 | 4.794 | 4.787 |

(续　表)

| 项目 | 环境激进行为意向 | 环境保守行为意向 | 环境干扰行为意向 |
|---|---|---|---|
| 3次及以上 | 4.571 | 4.774 | 4.869 |
| 均值 | 4.165 | 4.728 | 4.794 |
| $F$ 值 | 6.503 | 0.780 | 0.600 |
| $p$ 值 | 0.002** | 0.459 | 0.549 |

注：** 表示在 $p<0.01$ 情况下显著。

表 5-56　中山陵风景区不同游玩次数旅游者环境行为意向的差异

| 项目 | 环境激进行为意向 | 环境保守行为意向 | 环境干扰行为意向 |
|---|---|---|---|
| 1次 | 4.137 | 4.700 | 4.713 |
| 2次 | 4.048 | 4.667 | 4.714 |
| 3次及以上 | 4.081 | 4.766 | 4.777 |
| 均值 | 4.115 | 4.708 | 4.725 |
| $F$ 值 | 0.349 | 0.830 | 0.621 |
| $p$ 值 | 0.706 | 0.437 | 0.538 |

## 5.5　旅游者环境行为的特征及差异

### 5.5.1　旅游者环境行为的因子分析

为了分析旅游者环境行为的总体特征，对环境行为的 9 个测量项进行探索性因子分析。在进行因子分析之前，首先对量表进行 KMO 检验和 Bartlett 球形检验。表 5-57、表 5-58 结果显示：黄山风景区环境行为意向量表的 KMO 统计量为 0.799，大于 0.7，且 Bartlett 球形检验的显著性水平小于 0.01；中山陵风景区环境行为意向量表的 KMO 统计量为 0.752，大于 0.7，且 Bartlett 球形检验的显著性水平小于 0.01，故表明量表适合进行因子分析[243]。采用主成分分析法来探索旅游者环境行为的维度。经最大方差法旋转后,两个案例地环境行为量表均得到三个公因子,黄山风景区量表因子负荷在 0.848—0.921 之间,累计方差贡献率为 85.252%;中山陵风景区量表因子负荷在 0.853—0.944 之间,累计方差贡献率为 83.122%。

三个公因子分别命名为:"环境激进行为",包括 3 个测量题项(曾捐款、曾劝解、一定报告);"环境保守行为",包括 3 个测量题项(遵守了注意事项、曾保护设施、曾处置废弃物);"环境干扰行为",包括 3 个测量题项(不曾乱扔垃圾、不曾抄小路、不曾打扰动植物)。

表 5-57 黄山风景区旅游者环境行为的探索性因子分析

| 因子和测量项 | 题项 | 因子负荷 | 特征值 | 解释的方差比例(%) |
| --- | --- | --- | --- | --- |
| 环境保守行为 | | | 4.079 | 45.322 |
| ECB1 | 遵守了注意事项 | 0.921 | | |
| ECB2 | 曾保护设施 | 0.914 | | |
| ECB3 | 曾处置废弃物 | 0.920 | | |
| 环境干扰行为 | | | 2.184 | 24.271 |
| EDB1 | 不曾乱扔垃圾 | 0.904 | | |
| EDB2 | 不曾抄小路 | 0.915 | | |
| EDB3 | 不曾打扰动植物 | 0.879 | | |
| 环境激进行为 | | | 1.409 | 15.659 |
| ERB1 | 曾捐款 | 0.848 | | |
| ERB2 | 曾劝解 | 0.905 | | |
| ERB3 | 一定报告 | 0.894 | | |
| 总体 | | | | 85.252 |

KMO=0.799;Bartlett 球形检验卡方近似值:3 719.321;$p$=0.000

表 5-58 中山陵风景区旅游者环境行为的探索性因子分析

| 因子和测量项 | 题项 | 因子负荷 | 特征值 | 解释的方差比例(%) |
| --- | --- | --- | --- | --- |
| 环境保守行为 | | | 3.350 | 37.223 |

(续　表)

| 因子和测量项 | 题项 | 因子负荷 | 特征值 | 解释的方差比例（%） |
| --- | --- | --- | --- | --- |
| ECB1 | 遵守了注意事项 | 0.944 | | |
| ECB2 | 曾保护设施 | 0.932 | | |
| ECB3 | 曾处置废弃物 | 0.943 | | |
| 环境干扰行为 | | | | |
| EDB1 | 不曾乱扔垃圾 | 0.878 | 1.731 | 19.233 |
| EDB2 | 不曾抄小路 | 0.891 | | |
| EDB3 | 不曾打扰动植物 | 0.853 | | |
| 环境激进行为 | | | | |
| ERB1 | 曾捐款 | 0.872 | 2.400 | 26.666 |
| ERB2 | 曾劝解 | 0.935 | | |
| ERB3 | 一定报告 | 0.874 | | |
| 总体 | | | | 83.122 |

KMO＝0.752；Bartlett 球形检验卡方近似值：3 023.342；$p＝0.000$

### 5.5.2　旅游者环境行为的特征

基于探索性因子分析的结果，计算旅游者环境行为的 3 个公因子和 9 个测量项的均值以及标准差，以对旅游者环境行为的总体特征进行分析。

由表 5‑59 可知，黄山风景区旅游者环境行为各维度的均值及 9 个测量项的均值都超过了 3.5，表明黄山风景区旅游者采取保护景区的环境行为的频率较高。其中只有环境激进行为意向均值相对最小且标准差较大，说明黄山风景区旅游者的环境激进行为频率相对低一些且差异较大，这与其环境激进行为意向的结果一致。

表 5‑59　黄山风景区旅游者环境行为的总体特征

| 因子和测量项 | 题项 | 均值 | 标准差 |
| --- | --- | --- | --- |
| 环境保守行为 | | 4.40 | 0.77 |

(续　表)

| 因子和测量项 | 题项 | 均值 | 标准差 |
| --- | --- | --- | --- |
| ECB1 | 遵守了注意事项 | 4.39 | 0.84 |
| ECB2 | 曾保护设施 | 4.37 | 0.81 |
| ECB3 | 曾处置废弃物 | 4.44 | 0.79 |
| 环境干扰行为 |  | 4.73 | 0.50 |
| EDB1 | 不曾乱扔垃圾 | 4.73 | 0.54 |
| EDB2 | 不曾抄小路 | 4.74 | 0.53 |
| EDB3 | 不曾打扰动植物 | 4.71 | 0.58 |
| 环境激进行为 |  | 3.75 | 1.15 |
| ERB1 | 曾捐款 | 3.59 | 1.39 |
| ERB2 | 曾劝解 | 3.77 | 1.26 |
| ERB3 | 一定报告 | 3.88 | 1.15 |

由表 5-60 可知，中山陵风景区旅游者环境行为的总体特征与黄山风景区类似，其各维度的均值及 9 个测量项的均值都超过了 3.5，表明中山陵风景区旅游者采取保护景区的环境行为的频率较高。其中只有环境激进行为意向均值相对最小且标准差较大，说明中山陵风景区旅游者的环境激进行为频率相对低一些且差异较大，这与其环境激进行为意向的结果一致。

表 5-60　中山陵风景区旅游者环境行为的总体特征

| 因子和测量项 | 题项 | 均值 | 标准差 |
| --- | --- | --- | --- |
| 环境保守行为 |  | 4.43 | 0.62 |
| ECB1 | 遵守了注意事项 | 4.72 | 0.55 |
| ECB2 | 曾保护设施 | 4.28 | 0.91 |
| ECB3 | 曾处置废弃物 | 4.29 | 0.91 |
| 环境干扰行为 |  | 4.73 | 0.49 |
| EDB1 | 不曾乱扔垃圾 | 4.75 | 0.52 |
| EDB2 | 不曾抄小路 | 4.69 | 0.58 |

(续　表)

| 因子和测量项 | 题项 | 均值 | 标准差 |
| --- | --- | --- | --- |
| EDB3 | 不曾打扰动植物 | 4.73 | 0.54 |
| 环境激进行为 |  | 3.78 | 1.04 |
| ERB1 | 曾捐款 | 3.57 | 1.28 |
| ERB2 | 曾劝解 | 3.80 | 1.13 |
| ERB3 | 一定报告 | 3.96 | 1.09 |

### 5.5.3　旅游者环境行为的差异

对于环境行为,不同旅游者采取的频率可能不同。为了进一步了解旅游者环境行为的差异性,本书采取单因素方差分析,探索不同性别、不同年龄、不同职业、不同受教育程度、不同月收入、不同婚姻状况、不同常住地、不同游玩次数的旅游者的环境行为差异。研究发现不同性别、年龄、婚姻状况、常住地的旅游者环境行为无差异,而不同职业、受教育程度、月收入、游玩次数的旅游者环境行为具有差异性。

**1. 性别**

由表 5-61、表 5-62 可知,无论是黄山风景区还是中山陵风景区,男性和女性旅游者的环境行为的三维度均差别不大。总体而言,性别对环境行为意向并不产生显著的影响。

表 5-61　黄山风景区不同性别旅游者环境行为的差异

| 项目 | 环境激进行为 | 环境保守行为 | 环境干扰行为 |
| --- | --- | --- | --- |
| 男 | 3.802 | 4.374 | 4.720 |
| 女 | 3.687 | 4.431 | 4.737 |
| 均值 | 3.748 | 4.401 | 4.728 |
| $F$ 值 | 1.341 | 0.703 | 0.169 |
| $p$ 值 | 0.247 | 0.402 | 0.682 |

表 5-62　中山陵风景区不同性别旅游者环境行为的差异

| 项目 | 环境激进行为 | 环境保守行为 | 环境干扰行为 |
| --- | --- | --- | --- |
| 男 | 3.838 | 4.449 | 4.689 |
| 女 | 3.698 | 4.402 | 4.772 |
| 均值 | 3.776 | 4.428 | 4.726 |
| $F$ 值 | 2.175 | 0.697 | 3.433 |
| $p$ 值 | 0.141 | 0.404 | 0.065 |

## 2. 年龄

由表 5-63、表 5-64 可知，无论是黄山风景区还是中山陵风景区，年龄对环境行为意向的三维度均不产生显著的影响。

表 5-63　黄山风景区不同年龄旅游者环境行为的差异

| 项目 | 环境激进行为 | 环境保守行为 | 环境干扰行为 |
| --- | --- | --- | --- |
| 14 岁及以下 | 4.000 | 5.000 | 4.000 |
| 15—24 岁 | 3.632 | 4.361 | 4.735 |
| 25—44 岁 | 3.803 | 4.407 | 4.745 |
| 45—64 岁 | 3.857 | 4.494 | 4.649 |
| 65 岁及以上 | 3.278 | 4.278 | 4.556 |
| 均值 | 3.748 | 4.401 | 4.728 |
| $F$ 值 | 1.006 | 0.511 | 1.147 |
| $p$ 值 | 0.404 | 0.728 | 0.334 |

表 5-64　中山陵风景区不同年龄旅游者环境行为的差异

| 项目 | 环境激进行为 | 环境保守行为 | 环境干扰行为 |
| --- | --- | --- | --- |
| 14 岁及以下 | 3.667 | 4.333 | 4.667 |
| 15—24 岁 | 3.651 | 4.401 | 4.726 |
| 25—44 岁 | 3.938 | 4.488 | 4.759 |

（续　表）

| 项目 | 环境激进行为 | 环境保守行为 | 环境干扰行为 |
| --- | --- | --- | --- |
| 45—64 岁 | 3.773 | 4.348 | 4.610 |
| 65 岁及以上 | 3.833 | 4.333 | 4.667 |
| 均值 | 3.776 | 4.428 | 4.726 |
| F 值 | 2.025 | 0.804 | 0.904 |
| p 值 | 0.090 | 0.523 | 0.461 |

### 3. 职业

由表 5-65 可知，对于黄山风景区旅游者而言，职业对"环境激进行为"维度产生显著影响，职业为商贸人员的旅游者环境激进行为频率最高，这可能是因为商贸人员的参与和服务意识较高。由表 5-66 可知，对于中山陵风景区旅游者而言，职业对"环境激进行为"以及"环境保守行为"两个维度产生显著影响，军人旅游者的环境保守行为频率最高，离退休人员相对最低，这可能是因为军人的责任意识较强；技工/工人旅游者的环境激进行为频率最高，学生相对最低，这可能是因为技工/工人的参与和服务意识较高。

表 5-65　黄山风景区不同职业旅游者环境行为的差异

| 项目 | 环境激进行为 | 环境保守行为 | 环境干扰行为 |
| --- | --- | --- | --- |
| 政府机关人员 | 3.756 | 4.564 | 4.744 |
| 公司职员 | 3.752 | 4.356 | 4.762 |
| 商贸人员 | 4.321 | 4.568 | 4.593 |
| 服务员/销售员 | 4.077 | 4.441 | 4.731 |
| 技工/工人 | 3.949 | 4.436 | 4.718 |
| 军人 | 2.833 | 4.667 | 4.833 |
| 学生 | 3.509 | 4.252 | 4.673 |
| 专业技术人员 | 3.636 | 4.525 | 4.753 |
| 离退休人员 | 4.067 | 4.533 | 4.800 |
| 其他 | 3.837 | 4.516 | 4.726 |

(续　表)

| 项目 | 环境激进行为 | 环境保守行为 | 环境干扰行为 |
| --- | --- | --- | --- |
| 均值 | 3.748 | 4.401 | 4.728 |
| F 值 | 1.927 | 1.181 | 0.521 |
| p 值 | 0.046* | 0.305 | 0.860 |

注：* 表示在 $p<0.05$ 情况下显著。

表 5-66　中山陵风景区不同职业旅游者环境行为的差异

| 项目 | 环境激进行为 | 环境保守行为 | 环境干扰行为 |
| --- | --- | --- | --- |
| 政府机关人员 | 4.091 | 4.596 | 4.727 |
| 公司职员 | 3.844 | 4.448 | 4.787 |
| 商贸人员 | 4.093 | 4.593 | 4.648 |
| 服务员/销售员 | 3.949 | 4.051 | 4.667 |
| 技工/工人 | 4.222 | 4.422 | 4.778 |
| 军人 | 3.889 | 4.889 | 4.722 |
| 学生 | 3.580 | 4.367 | 4.708 |
| 专业技术人员 | 3.891 | 4.503 | 4.727 |
| 离退休人员 | 3.889 | 4.000 | 4.667 |
| 其他 | 3.847 | 4.500 | 4.681 |
| 均值 | 3.776 | 4.428 | 4.726 |
| F 值 | 1.972 | 1.895 | 0.328 |
| p 值 | 0.041* | 0.049* | 0.966 |

注：* 表示在 $p<0.05$ 情况下显著。

### 4. 受教育程度

由表 5-67 可知，对黄山风景区而言，受教育程度会对旅游者的"环境激进行为"以及"环境干扰行为"两个维度产生显著影响，总体而言，随着受教育程度的提高，旅游者的环境干扰行为频率会降低，而环境激进行为的频率也会降低。这可能是因为随着受教育程度的提高，旅游者对于环境干扰后果的意识更强，而其不想"惹麻烦"的意识也相对更强。由表 5-68 可知，对中山陵风景区而言，受教育程度会对旅游者的"环境保守行为"以及"环境干扰行为"两个维度产生显著影响，本科学历旅游者环境保守行为频率最高，硕士及以上者最低，本科学历者环境干扰行为频率最低，初中及以下者最高。

表 5-67　黄山风景区不同受教育程度旅游者环境行为的差异

| 项目 | 环境激进行为 | 环境保守行为 | 环境干扰行为 |
| --- | --- | --- | --- |
| 小学及以下 | 4.500 | 4.833 | 4.500 |
| 初中 | 4.467 | 4.600 | 4.556 |
| 高中/中专 | 4.089 | 4.450 | 4.750 |
| 大专 | 3.922 | 4.345 | 4.624 |
| 本科 | 3.619 | 4.418 | 4.753 |
| 硕士及以上 | 3.473 | 4.317 | 4.839 |
| 均值 | 3.748 | 4.401 | 4.728 |
| $F$ 值 | 4.525 | 0.665 | 2.236 |
| $p$ 值 | 0.000*** | 0.650 | 0.049* |

注：* 表示在 $p<0.05$ 情况下显著，*** 表示在 $p<0.001$ 情况下显著。

表 5-68　中山陵风景区不同受教育程度旅游者环境行为的差异

| 项目 | 环境激进行为 | 环境保守行为 | 环境干扰行为 |
| --- | --- | --- | --- |
| 小学及以下 | 3.833 | 4.500 | 4.556 |
| 初中 | 3.758 | 4.273 | 4.556 |
| 高中/中专 | 3.826 | 4.348 | 4.726 |
| 大专 | 3.885 | 4.406 | 4.632 |
| 本科 | 3.794 | 4.512 | 4.792 |
| 硕士及以上 | 3.406 | 4.239 | 4.696 |
| 均值 | 3.776 | 4.428 | 4.726 |
| $F$ 值 | 1.406 | 2.462 | 2.544 |
| $p$ 值 | 0.221 | 0.032* | 0.027* |

注：* 表示在 $p<0.05$ 情况下显著。

## 5. 月收入

由表 5-69 可知,对黄山风景区而言,月收入水平对旅游者的环境行为三维度均不产生显著影响;由表 5-70 可知,对中山风景区而言,月收入水平对"环境激进行为"维度产生显著影响,随着月收入水平的提高,旅游者环境激进行为的频率提高,可能是因为随着月收入水平的提高,人们会有更多资金投入捐款。

表 5-69 黄山风景区不同月收入水平旅游者环境行为的差异

| 项目 | 环境激进行为 | 环境保守行为 | 环境干扰行为 |
| --- | --- | --- | --- |
| 3 000 元及以下 | 3.617 | 4.296 | 4.691 |
| 3 001—5 000 元 | 3.781 | 4.455 | 4.670 |
| 5 001—7 000 元 | 3.722 | 4.368 | 4.739 |
| 7 001—9 000 元 | 3.867 | 4.538 | 4.705 |
| 9 001 元及以上 | 3.823 | 4.406 | 4.819 |
| 均值 | 3.748 | 4.401 | 4.728 |
| $F$ 值 | 0.772 | 1.380 | 1.159 |
| $p$ 值 | 0.544 | 0.239 | 0.328 |

表 5-70 中山陵风景区不同月收入水平旅游者环境行为的差异

| 项目 | 环境激进行为 | 环境保守行为 | 环境干扰行为 |
| --- | --- | --- | --- |
| 3 000 元及以下 | 3.637 | 4.377 | 4.697 |
| 3 001—5 000 元 | 3.721 | 4.358 | 4.738 |
| 5 001—7 000 元 | 3.942 | 4.500 | 4.742 |
| 7 001—9 000 元 | 4.000 | 4.604 | 4.781 |
| 9 001 元及以上 | 4.013 | 4.513 | 4.773 |
| 均值 | 3.776 | 4.428 | 4.726 |
| $F$ 值 | 2.726 | 1.858 | 0.452 |
| $p$ 值 | 0.029* | 0.117 | 0.771 |

注:** 表示在 $p<0.01$ 情况下显著。

### 6. 婚姻状况

由表 5-71、表 5-72 可知,无论是黄山风景区还是中山陵风景区,婚姻状况对环境行为三维度均不产生显著的影响。

表 5-71　黄山风景区不同婚姻状况旅游者环境行为的差异

| 项目 | 环境激进行为 | 环境保守行为 | 环境干扰行为 |
| --- | --- | --- | --- |
| 已婚 | 3.833 | 4.456 | 4.730 |
| 恋爱中 | 3.700 | 4.435 | 4.715 |
| 单身 | 3.658 | 4.313 | 4.731 |
| 均值 | 3.748 | 4.401 | 4.728 |
| $F$ 值 | 1.364 | 1.984 | 0.033 |
| $p$ 值 | 0.257 | 0.139 | 0.967 |

表 5-72　中山陵风景区不同婚姻状况旅游者环境行为的差异

| 项目 | 环境激进行为 | 环境保守行为 | 环境干扰行为 |
| --- | --- | --- | --- |
| 已婚 | 3.915 | 4.466 | 4.721 |
| 恋爱中 | 3.671 | 4.429 | 4.730 |
| 单身 | 3.698 | 4.395 | 4.729 |
| 均值 | 3.776 | 4.428 | 4.726 |
| $F$ 值 | 2.684 | 0.634 | 0.016 |
| $p$ 值 | 0.069 | 0.531 | 0.984 |

### 7. 常住地

由表 5-73、表 5-74 可知,无论是黄山风景区还是中山陵风景区,常住地对环境行为三维度均不产生显著的影响。

表 5-73　黄山风景区不同常住地旅游者环境行为的差异

| 项目 | 环境激进行为 | 环境保守行为 | 环境干扰行为 |
| --- | --- | --- | --- |
| 省内 | 3.637 | 4.355 | 4.735 |

(续　表)

| 项目 | 环境激进行为 | 环境保守行为 | 环境干扰行为 |
| --- | --- | --- | --- |
| 省外 | 3.767 | 4.409 | 4.727 |
| 均值 | 3.748 | 4.401 | 4.728 |
| F 值 | 0.859 | 0.323 | 0.019 |
| p 值 | 0.354 | 0.570 | 0.891 |

表 5-74　中山陵风景区不同常住地旅游者环境行为的差异

| 项目 | 环境激进行为 | 环境保守行为 | 环境干扰行为 |
| --- | --- | --- | --- |
| 省内 | 3.817 | 4.374 | 4.677 |
| 省外 | 3.760 | 4.48 | 4.744 |
| 均值 | 3.776 | 4.428 | 4.726 |
| F 值 | 0.279 | 1.354 | 1.808 |
| p 值 | 0.598 | 0.245 | 0.179 |

## 8. 游玩次数

由表 5-76 可知,对中山陵风景区而言,游玩次数对旅游者环境行为的三维度均不产生显著影响;由表 5-75 可知,对黄山风景区而言,游玩次数对旅游者的"环境激进行为"维度产生显著影响,游玩次数在 3 次及以上的旅游者的环境激进行为意向最强烈,这与旅游者环境行为意向的结果一致。

表 5-75　黄山风景区不同游玩次数旅游者环境行为的差异

| 项目 | 环境激进行为 | 环境保守行为 | 环境干扰行为 |
| --- | --- | --- | --- |
| 1 次 | 3.731 | 4.397 | 4.734 |
| 2 次 | 3.617 | 4.362 | 4.610 |
| 3 次及以上 | 4.250 | 4.536 | 4.833 |
| 均值 | 3.748 | 4.401 | 4.728 |

(续 表)

| 项目 | 环境激进行为 | 环境保守行为 | 环境干扰行为 |
| --- | --- | --- | --- |
| $F$ 值 | 3.075 | 0.492 | 1.959 |
| $p$ 值 | 0.047* | 0.612 | 0.142 |

注：* 表示在 $p<0.05$ 情况下显著。

表5-76　中山陵风景区不同游玩次数旅游者环境行为的差异

| 项目 | 环境激进行为 | 环境保守行为 | 环境干扰行为 |
| --- | --- | --- | --- |
| 1次 | 3.776 | 4.421 | 4.753 |
| 2次 | 3.741 | 4.460 | 4.614 |
| 3次及以上 | 3.799 | 4.432 | 4.707 |
| 均值 | 3.776 | 4.428 | 4.726 |
| $F$ 值 | 0.057 | 0.111 | 2.218 |
| $p$ 值 | 0.945 | 0.895 | 0.110 |

## 5.6　本章小结

本章对旅游者环境行为测度模型中计划行为理论的各变量进行探索性因子分析，其中旅游者环境行为态度、主观规范、知觉行为控制均得到一个公因子，环境行为意向得到三个公因子（环境激进行为意向、环境保守行为意向、环境干扰行为意向），环境行为得到三个公因子（环境激进行为、环境保守行为、环境干扰行为）。依据因子分析的结果对各变量进行总体特征分析，结果显示各公因子总体特征上都比较正面，不同的旅游者在变量各维度上存在差异：旅游者环境行为的心理影响因素以及环境行为存在差异。无论是黄山风景区还是中山陵风景区，不同性别旅游者对于环境行为的心理因素以及环境行为均不存在差异；不同年龄旅游者对于环境行为的心理因素的差异主要体现在"主观规范"和"环境激进行为意向"两个方面，总体而言，年龄越大，主观规范和环境激进行为意向越正面；不同职业旅游者对于环境行为的心理因素的差异主要体现在"知觉行为控制"和"环境激进行为意向"两个方面;不同受教育程度旅游者对于环境行为的心理因素的差异在各维度上均有差异,总体而言,受教育程度越高,旅游者的心理因素越积极正面;不同月收入旅游者对于环境行为的心理因素的差异主要体现在"主观规范""知觉行为控制"和"环境保守行为意向"三个方面,总体而言,月收入水平越高,旅游者的主观规范、知觉行为控制与环境保守行为意向越正面;不同婚姻状况旅游者对于环境行为的心理因素的差异主要体现在"知觉行为控制"和"环境激进行为意向"方面,已婚的旅游者知觉行为控制与环境激进行为意向最强烈,单身的旅游者最弱;不同常住地旅游者对于环境行为的心理因素的差异主要体现在"知觉行为控制"方面,省内旅游者的知觉行为控制强于省外旅游者;不同游玩次数旅游者对于环境行为的心理因素的差异主要体现在"环境激进行为意向"方面,游玩次数在 3 次及以上的旅游者的环境激进行为意向最强烈。

# 第六章 旅游者对旅游地情境因素的感知特征及差异

旅游者对于旅游地情境因素的感知有何特征？不同的旅游者对于旅游地不同情境因素的感知是否存在差异？本章基于第四章构建的旅游者环境行为测度模型，分析旅游者对旅游地情境因素的感知特征及其差异。

## 6.1 旅游地情境因素的因子分析

为了分析旅游者对旅游地情境因素感知的总体特征，对情境因素的17个测量项进行探索性因子分析。在进行因子分析之前，首先对量表进行KMO检验和Bartlett球形检验。表6-1、表6-2结果显示：黄山风景区情境因素量表的KMO统计量为0.850，大于0.7，且Bartlett球形检验的显著性水平小于0.01；中山陵风景区情境因素量表的KMO统计量为0.789，大于0.7，且Bartlett球形检验的显著性水平小于0.01，故表明量表适合进行因子分析[243]。采用主成分分析法来探索旅游地情境因素的维度。经最大方差法旋转后，两个案例地情境因素量表均得到五个公因子，黄山风景区量表因子负荷在0.777—0.937之间，累计方差贡献率为84.333%；中山陵风景区量表因子负荷在0.775—0.949之间，累计方差贡献率为83.524%。

五个公因子分别命名为："环境规制"，包括4个测量题项（环境警告牌、环境保护政策、奖惩措施、环境劝告牌）；"环保设施"，包括3个测量题项（垃圾箱、道路、围栏）；"行为诱导"，包括3个测量题项（环保人员的环保行为、旅游者保护环境的行为、旅游者破坏环境的行为）；"同伴约束"，包括4个测量题项（家人、朋友、同学/同事、老师）；"环境基底"，包括3个测量题项（优美的自然风光、主干道的干净整洁度、公共场所的干净整洁度)。

表 6-1  黄山风景区情境因素的探索性因子分析

| 因子和测量项 | 题项 | 因子负荷 | 特征值 | 解释的方差比例(%) |
| --- | --- | --- | --- | --- |
| 环境规制 | | | 3.127 | 18.395 |
| ER1 | 环境警告牌 | 0.937 | | |
| ER2 | 环境保护政策 | 0.918 | | |
| ER3 | 奖惩措施 | 0.903 | | |
| ER4 | 环境劝告牌 | 0.791 | | |
| 环保设施 | | | 2.085 | 12.264 |
| EPF1 | 垃圾箱 | 0.892 | | |
| EPF2 | 道路 | 0.923 | | |
| EPF3 | 围栏 | 0.897 | | |
| 行为诱导 | | | 1.705 | 10.032 |
| BI1 | 环保人员的环保行为 | 0.886 | | |
| BI2 | 旅游者保护环境的行为 | 0.866 | | |
| BI3 | 旅游者破坏环境的行为 | 0.889 | | |
| 同伴约束 | | | 6.293 | 37.015 |
| CR1 | 家人 | 0.880 | | |
| CR2 | 朋友 | 0.911 | | |
| CR3 | 同学/同事 | 0.903 | | |
| CR4 | 老师 | 0.784 | | |
| 环境基底 | | | 1.126 | 6.626 |
| EB1 | 优美的自然风光 | 0.847 | | |
| EB2 | 主干道的干净整洁度 | 0.857 | | |
| EB3 | 公共场所的干净整洁度 | 0.777 | | |
| 总体 | | | | 84.333 |

KMO=0.850;Bartlett 球形检验卡方近似值:7 944.140;$p=0.000$

表 6-2　中山陵风景区情境因素的探索性因子分析

| 因子和测量项 | 题项 | 因子负荷 | 特征值 | 解释的方差比例（%） |
| --- | --- | --- | --- | --- |
| 环境规制 | | | 3.428 | 20.163 |
| ER1 | 环境警告牌 | 0.935 | | |
| ER2 | 环境保护政策 | 0.911 | | |
| ER3 | 奖惩措施 | 0.904 | | |
| ER4 | 环境劝告牌 | 0.775 | | |
| 环保设施 | | | 2.403 | 14.136 |
| EPF1 | 垃圾箱 | 0.918 | | |
| EPF2 | 道路 | 0.949 | | |
| EPF3 | 围栏 | 0.921 | | |
| 行为诱导 | | | 1.560 | 9.179 |
| BI1 | 环保人员的环保行为 | 0.799 | | |
| BI2 | 旅游者保护环境的行为 | 0.880 | | |
| BI3 | 旅游者破坏环境的行为 | 0.914 | | |
| 同伴约束 | | | 4.635 | 27.262 |
| CR1 | 家人 | 0.845 | | |
| CR2 | 朋友 | 0.932 | | |
| CR3 | 同学/同事 | 0.920 | | |
| CR4 | 老师 | 0.890 | | |
| 环境基底 | | | 2.173 | 12.783 |
| EB1 | 优美的自然风光 | 0.906 | | |
| EB2 | 主干道的干净整洁度 | 0.932 | | |
| EB3 | 公共场所的干净整洁度 | 0.901 | | |
| 总体 | | | 2.184 | 83.524 |

KMO=0.789；Bartlett 球形检验卡方近似值：6 985.821；$p$=0.000

## 6.2　旅游者对旅游地情境因素感知的特征

基于探索性因子分析的结果，计算旅游地情境因素的 5 个公因子和 17

个测量项的均值以及标准差,以对旅游者对旅游地情境因素感知的总体特征进行分析。

由表6-3可知,黄山风景区情境因素各维度的均值及17个测量项的均值都超过了3.5,表明旅游者对黄山风景区情境因素的感知较为正面,旅游者对环境规制感知的总体均值最小,对行为诱导的感知总体均值最大。其中只有对环保设施感知的标准差较大,说明旅游者对黄山风景区的环保设施的感知差异较大。

表6-3 黄山风景区旅游者对情境因素感知的总体特征

| 因子和测量项 | 题项 | 均值 | 标准差 |
| --- | --- | --- | --- |
| 环境规制 |  | 4.22 | 0.60 |
| SF1 | 环境警告牌 | 4.31 | 0.63 |
| SF2 | 环境保护政策 | 4.24 | 0.70 |
| SF3 | 奖惩措施 | 4.36 | 0.63 |
| SF4 | 环境劝告牌 | 3.95 | 0.73 |
| 环保设施 |  | 4.39 | 0.95 |
| SF5 | 垃圾箱 | 4.44 | 0.98 |
| SF6 | 道路 | 4.41 | 0.99 |
| SF7 | 围栏 | 4.33 | 1.12 |
| 行为诱导 |  | 4.71 | 0.60 |
| SF8 | 环保人员的环保行为 | 4.69 | 0.68 |
| SF9 | 旅游者保护环境的行为 | 4.69 | 0.69 |
| SF10 | 旅游者破坏环境的行为 | 4.73 | 0.62 |
| 同伴约束 |  | 4.64 | 0.59 |
| SF11 | 家人 | 4.62 | 0.69 |
| SF12 | 朋友 | 4.64 | 0.63 |
| SF13 | 同学/同事 | 4.65 | 0.63 |
| SF14 | 老师 | 4.65 | 0.60 |
| 环境基底 |  | 4.70 | 0.49 |
| SF15 | 优美的自然风光 | 4.68 | 0.54 |
| SF16 | 主干道的干净整洁度 | 4.72 | 0.51 |
| SF17 | 公共场所的干净整洁度 | 4.69 | 0.56 |

由表6-4可知,中山陵风景区旅游者对情境因素的感知的总体特征与黄山风景区有同有异,旅游者对环保设施感知的总体均值最小,对行为诱导的感知总体均值最大。其各维度均值及17个测量项的均值都超过了3.5,表明旅游者对中山陵风景区情境因素的感知较为正面。其中只有对环保设施感知的标准差较大,说明旅游者对黄山风景区的环保设施的感知差异较大。

表6-4 中山陵风景区旅游者对情境因素感知的总体特征

| 因子和测量项 | 题项 | 均值 | 标准差 |
| --- | --- | --- | --- |
| 环境规制 |  | 4.65 | 0.57 |
| SF1 | 环境警告牌 | 4.68 | 0.60 |
| SF2 | 环境保护政策 | 4.65 | 0.64 |
| SF3 | 奖惩措施 | 4.65 | 0.65 |
| SF4 | 环境劝告牌 | 4.60 | 0.78 |
| 环保设施 |  | 4.28 | 1.10 |
| SF5 | 垃圾箱 | 4.30 | 1.12 |
| SF6 | 道路 | 4.29 | 1.13 |
| SF7 | 围栏 | 4.23 | 1.22 |
| 行为诱导 |  | 4.73 | 0.54 |
| SF8 | 环保人员的环保行为 | 4.74 | 0.59 |
| SF9 | 旅游者保护环境的行为 | 4.76 | 0.55 |
| SF10 | 旅游者破坏环境的行为 | 4.69 | 0.72 |
| 同伴约束 |  | 4.58 | 0.69 |
| SF11 | 家人 | 4.52 | 0.86 |
| SF12 | 朋友 | 4.59 | 0.74 |
| SF13 | 同学/同事 | 4.61 | 0.71 |
| SF14 | 老师 | 4.61 | 0.70 |
| 环境基底 |  | 4.72 | 0.52 |
| SF15 | 优美的自然风光 | 4.71 | 0.54 |
| SF16 | 主干道的干净整洁度 | 4.71 | 0.57 |
| SF17 | 公共场所的干净整洁度 | 4.72 | 0.56 |

## 6.3 旅游者对旅游地情境因素的感知差异

对于旅游地情境因素,不同的旅游者可能有不同的感知。为了进一步了解旅游者对情境因素感知的差异性,本书采取单因素方差分析,探索不同性别、不同年龄、不同职业、不同受教育程度、不同月收入、不同婚姻状况、不同常住地、不同游玩次数的旅游者对情境因素感知的差异。研究发现不同性别、年龄、职业、受教育程度、月收入、婚姻状况、常住地、游玩次数的旅游者对旅游地情境因素的感知均具有差异性。

### 1. 性别

由表6-5可知,对于黄山风景区而言,男性和女性旅游者对情境因素五个维度的感知差异不大。总体而言,性别对感知不产生显著的影响。由表6-6可知,对于中山陵风景区而言,性别对"环境规制"的感知维度产生显著影响,女性旅游者对环境规制的感知比男性更正面。这可能是因为女性天性相较于男性更敏感、更循规蹈矩。

表6-5 黄山风景区不同性别旅游者对情境因素感知的差异

| 项目 | 环境规制 | 环保设施 | 行为诱导 | 同伴约束 | 环境基底 |
| --- | --- | --- | --- | --- | --- |
| 男 | 4.205 | 4.363 | 4.683 | 4.644 | 4.694 |
| 女 | 4.231 | 4.428 | 4.723 | 4.640 | 4.697 |
| 均值 | 4.217 | 4.393 | 4.702 | 4.642 | 4.695 |
| $F$ 值 | 0.251 | 0.624 | 0.569 | 0.005 | 0.007 |
| $p$ 值 | 0.617 | 0.430 | 0.451 | 0.946 | 0.932 |

表6-6 中山陵风景区不同性别旅游者对情境因素感知的差异

| 项目 | 环境规制 | 环保设施 | 行为诱导 | 同伴约束 | 环境基底 |
| --- | --- | --- | --- | --- | --- |
| 男 | 4.597 | 4.220 | 4.697 | 4.559 | 4.683 |
| 女 | 4.708 | 4.344 | 4.766 | 4.617 | 4.755 |
| 均值 | 4.647 | 4.275 | 4.724 | 4.585 | 4.715 |

(续　表)

| 项目 | 环境规制 | 环保设施 | 行为诱导 | 同伴约束 | 环境基底 |
|---|---|---|---|---|---|
| $F$ 值 | 4.507 | 1.514 | 1.953 | 0.857 | 2.301 |
| $p$ 值 | 0.034* | 0.219 | 0.163 | 0.355 | 0.130 |

注：* 表示在 $p<0.05$ 情况下显著。

### 2. 年龄

由表 6-7 可知，对于黄山风景区而言，年龄对感知的五个维度均不产生显著的影响。由表 6-8 可知，对于中山陵风景区而言，年龄对"环境基底"的感知维度产生显著影响，总体而言，年龄越大，旅游者对环境基底的感知越正面。这可能是因为随着年龄的增大，旅游者的阅历以及自身素质不断提高，因此其更加关注旅游地的环境状况。

表 6-7　黄山风景区不同年龄旅游者对情境因素感知的差异

| 项目 | 环境规制 | 环保设施 | 行为诱导 | 同伴约束 | 环境基底 |
|---|---|---|---|---|---|
| 14 岁及以下 | 4.000 | 5.000 | 5.000 | 4.750 | 5.000 |
| 15—24 岁 | 4.231 | 4.304 | 4.717 | 4.631 | 4.663 |
| 25—44 岁 | 4.201 | 4.486 | 4.701 | 4.676 | 4.737 |
| 45—64 岁 | 4.223 | 4.143 | 4.667 | 4.504 | 4.571 |
| 65 岁及以上 | 4.625 | 4.556 | 4.556 | 4.500 | 4.667 |
| 均值 | 4.217 | 4.393 | 4.702 | 4.642 | 4.695 |
| $F$ 值 | 0.818 | 2.215 | 0.222 | 1.122 | 1.704 |
| $p$ 值 | 0.514 | 0.066 | 0.926 | 0.345 | 0.148 |

表 6-8　中山陵风景区不同年龄旅游者对情境因素感知的差异

| 项目 | 环境规制 | 环保设施 | 行为诱导 | 同伴约束 | 环境基底 |
|---|---|---|---|---|---|
| 14 岁及以下 | 4.438 | 3.792 | 4.917 | 4.344 | 4.292 |
| 15—24 岁 | 4.616 | 4.283 | 4.723 | 4.623 | 4.706 |
| 25—44 岁 | 4.718 | 4.310 | 4.771 | 4.588 | 4.770 |
| 45—64 岁 | 4.543 | 4.163 | 4.532 | 4.266 | 4.603 |

(续　表)

| 项目 | 环境规制 | 环保设施 | 行为诱导 | 同伴约束 | 环境基底 |
|---|---|---|---|---|---|
| 65岁及以上 | 4.875 | 4.500 | 5.000 | 4.500 | 5.000 |
| 均值 | 4.647 | 4.275 | 4.727 | 4.585 | 4.715 |
| $F$ 值 | 1.644 | 0.578 | 2.228 | 1.053 | 2.584 |
| $p$ 值 | 0.162 | 0.679 | 0.065 | 0.379 | 0.036* |

注：* 表示在 $p<0.05$ 情况下显著。

### 3. 职业

由表6-9可知，职业对黄山风景区旅游者情境因素感知的"环境规制"维度产生显著的影响，学生群体对环境规制的感知最正面，这可能是因为学生在学校里经常接受"遵守规则、遵守纪律、遵守法律"的教育，因而其对于环境法规和制度的感知更强烈。由表6-10可知，职业对中山陵风景区旅游者情境因素感知的五个维度均不产生显著影响。

表6-9　黄山风景区不同职业旅游者对情境因素感知的差异

| 项目 | 环境规制 | 环保设施 | 行为诱导 | 同伴约束 | 环境基底 |
|---|---|---|---|---|---|
| 政府机关人员 | 4.135 | 4.192 | 4.718 | 4.548 | 4.680 |
| 公司职员 | 4.160 | 4.434 | 4.698 | 4.700 | 4.731 |
| 商贸人员 | 4.176 | 4.580 | 4.654 | 4.694 | 4.630 |
| 服务员/销售员 | 4.121 | 4.372 | 4.577 | 4.731 | 4.756 |
| 技工/工人 | 4.250 | 4.256 | 4.487 | 4.635 | 4.641 |
| 军人 | 4.275 | 4.333 | 4.500 | 4.750 | 5.000 |
| 学生 | 4.732 | 4.342 | 4.715 | 4.566 | 4.594 |
| 专业技术人员 | 4.042 | 4.460 | 4.788 | 4.636 | 4.778 |
| 离退休人员 | 3.900 | 4.467 | 4.733 | 4.350 | 4.667 |
| 其他 | 4.250 | 4.294 | 4.713 | 4.613 | 4.686 |
| 均值 | 4.217 | 4.393 | 4.702 | 4.642 | 4.695 |
| $F$ 值 | 0.484 | 0.450 | 0.507 | 0.869 | 1.042 |
| $p$ 值 | 0.035* | 0.907 | 0.870 | 0.553 | 0.405 |

注：* 表示在 $p<0.05$ 情况下显著。

表 6-10　中山陵风景区不同职业旅游者对情境因素感知的差异

| 项目 | 环境规制 | 环保设施 | 行为诱导 | 同伴约束 | 环境基底 |
|---|---|---|---|---|---|
| 政府机关人员 | 4.644 | 4.162 | 4.727 | 4.568 | 4.677 |
| 公司职员 | 4.686 | 4.476 | 4.692 | 4.605 | 4.752 |
| 商贸人员 | 4.681 | 4.333 | 4.796 | 4.694 | 4.685 |
| 服务员/销售员 | 4.654 | 3.744 | 4.769 | 4.327 | 4.641 |
| 技工/工人 | 4.633 | 4.244 | 4.489 | 4.400 | 4.667 |
| 军人 | 4.917 | 4.333 | 4.833 | 4.958 | 5.000 |
| 学生 | 4.589 | 4.234 | 4.739 | 4.581 | 4.687 |
| 专业技术人员 | 4.696 | 4.273 | 4.788 | 4.568 | 4.752 |
| 离退休人员 | 4.667 | 4.667 | 4.444 | 4.500 | 4.667 |
| 其他 | 4.781 | 4.125 | 4.722 | 4.688 | 4.792 |
| 均值 | 4.647 | 4.275 | 4.727 | 4.585 | 4.715 |
| $F$ 值 | 0.635 | 0.896 | 0.611 | 0.639 | 0.483 |
| $p$ 值 | 0.768 | 0.529 | 0.788 | 0.764 | 0.886 |

### 4. 受教育程度

由表 6-11 可知，对黄山风景区而言，不同受教育程度旅游者对"环保设施"的感知维度存在显著差异，其中小学及以下旅游者对环保设施感知最强，大专学历者感知最弱，这可能是因为受教育程度为小学及以下的旅游者几乎都为小学生，其在学校里经常受到保护环境是每个人的责任和义务方面的教育。由表 6-12 可知，对中山陵风景区而言，不同受教育程度旅游者对"环境规制""环保设施""行为诱导"以及"环境基底"的感知四个维度存在显著差异。总体而言，随着受教育水平的提高，旅游者对四个维度情境因素的感知更强，这可能是因为受教育水平越高，人的素质相对越高，因此其更加注意和注重环境保护。

表 6-11　黄山风景区不同受教育程度旅游者对情境因素感知的差异

| 项目 | 环境规制 | 环保设施 | 行为诱导 | 同伴约束 | 环境基底 |
|---|---|---|---|---|---|
| 小学及以下 | 4.000 | 5.000 | 5.000 | 4.875 | 5.000 |
| 初中 | 4.183 | 4.533 | 4.467 | 4.583 | 4.644 |

(续　表)

| 项目 | 环境规制 | 环保设施 | 行为诱导 | 同伴约束 | 环境基底 |
| --- | --- | --- | --- | --- | --- |
| 高中/中专 | 4.213 | 4.378 | 4.689 | 4.667 | 4.678 |
| 大专 | 4.196 | 4.149 | 4.595 | 4.623 | 4.661 |
| 本科 | 4.243 | 4.429 | 4.731 | 4.643 | 4.693 |
| 硕士及以上 | 4.161 | 4.651 | 4.828 | 4.653 | 4.790 |
| 均值 | 4.217 | 4.393 | 4.702 | 4.642 | 4.695 |
| F 值 | 0.303 | 2.776 | 1.974 | 0.141 | 0.769 |
| p 值 | 0.911 | 0.017* | 0.081 | 0.983 | 0.572 |

注：* 表示在 $p<0.05$ 情况下显著。

表 6-12　中山陵风景区不同受教育程度旅游者对情境因素感知的差异

| 项目 | 环境规制 | 环保设施 | 行为诱导 | 同伴约束 | 环境基底 |
| --- | --- | --- | --- | --- | --- |
| 小学及以下 | 4.208 | 3.056 | 5.000 | 4.125 | 4.389 |
| 初中 | 4.485 | 4.535 | 4.455 | 4.500 | 4.485 |
| 高中/中专 | 4.660 | 4.105 | 4.597 | 4.567 | 4.726 |
| 大专 | 4.615 | 4.054 | 4.785 | 4.535 | 4.648 |
| 本科 | 4.710 | 4.387 | 4.753 | 4.620 | 4.760 |
| 硕士及以上 | 4.522 | 4.326 | 4.833 | 4.641 | 4.797 |
| 均值 | 4.647 | 4.275 | 4.727 | 4.585 | 4.715 |
| F 值 | 2.350 | 3.471 | 3.487 | 0.915 | 2.692 |
| p 值 | 0.040* | 0.004** | 0.004** | 0.471 | 0.021* |

注：* 表示在 $p<0.05$ 情况下显著，** 表示在 $p<0.01$ 情况下显著。

## 5. 月收入

由表 6-14 可知，对中山陵风景区而言，月收入水平对旅游者情境因素感知的五个维度均不产生显著影响；由表 6-13 可知，对黄山风景区而言，不同月收入水平旅游者对"环保设施"的感知维度存在显著差异，月收入在 9 000 元以上者感知最强，月收入在 3 001—5 000 元者感知最弱，这可能是因为高收入者受教育程度相对更高，因此其对旅游地的环境保护更加关注。

表6-13　黄山风景区不同月收入水平旅游者对情境因素感知的差异

| 项目 | 环境规制 | 环保设施 | 行为诱导 | 同伴约束 | 环境基底 |
| --- | --- | --- | --- | --- | --- |
| 3 000元及以下 | 4.196 | 4.321 | 4.728 | 4.580 | 4.630 |
| 3 001—5 000元 | 4.166 | 4.224 | 4.690 | 4.691 | 4.728 |
| 5 001—7 000元 | 4.245 | 4.436 | 4.663 | 4.647 | 4.680 |
| 7 001—9 000元 | 4.293 | 4.391 | 4.710 | 4.621 | 4.686 |
| 9 001元及以上 | 4.233 | 4.670 | 4.713 | 4.671 | 4.762 |
| 均值 | 4.217 | 4.393 | 4.702 | 4.642 | 4.695 |
| $F$值 | 0.633 | 3.470 | 0.188 | 0.680 | 1.232 |
| $p$值 | 0.639 | 0.008** | 0.945 | 0.606 | 0.296 |

注：** 表示在$p<0.01$情况下显著。

表6-14　中山陵风景区不同月收入水平旅游者对情境因素感知的差异

| 项目 | 环境规制 | 环保设施 | 行为诱导 | 同伴约束 | 环境基底 |
| --- | --- | --- | --- | --- | --- |
| 3 000元及以下 | 4.604 | 4.226 | 4.718 | 4.568 | 4.679 |
| 3 001—5 000元 | 4.606 | 4.329 | 4.638 | 4.550 | 4.675 |
| 5 001—7 000元 | 4.696 | 4.163 | 4.728 | 4.569 | 4.759 |
| 7 001—9 000元 | 4.734 | 4.385 | 4.729 | 4.641 | 4.771 |
| 9 001元及以上 | 4.745 | 4.560 | 4.913 | 4.710 | 4.820 |
| 均值 | 4.647 | 4.275 | 4.727 | 4.585 | 4.715 |
| $F$值 | 1.143 | 1.333 | 2.052 | 0.554 | 1.163 |
| $p$值 | 0.335 | 0.257 | 0.086 | 0.696 | 0.326 |

### 6. 婚姻状况

由表6-16可知，对中山陵风景区而言，婚姻状况对旅游者情境因素感知的五个维度均不产生显著影响；由表6-15可知，对黄山风景区而言，不同婚姻状况旅游者对"环境基底"的感知维度存在显著差异，恋爱中的旅游者感知最强，单身旅游者感知最弱，这可能是因为恋爱者由于伴侣的存在及相互影响，从而更加关注旅游地的环境状况和环境保护工作。

表 6-15 黄山风景区不同婚姻状况旅游者对情境因素感知的差异

| 项目 | 环境规制 | 环保设施 | 行为诱导 | 同伴约束 | 环境基底 |
|---|---|---|---|---|---|
| 已婚 | 4.238 | 4.412 | 4.681 | 4.677 | 4.719 |
| 恋爱中 | 4.244 | 4.442 | 4.813 | 4.646 | 4.779 |
| 单身 | 4.177 | 4.346 | 4.677 | 4.594 | 4.625 |
| 均值 | 4.217 | 4.393 | 4.702 | 4.642 | 4.695 |
| $F$ 值 | 0.684 | 0.407 | 1.813 | 1.082 | 3.552 |
| $p$ 值 | 0.505 | 0.666 | 0.164 | 0.340 | 0.029* |

注：* 表示在 $p<0.05$ 情况下显著。

表 6-16 中山陵风景区不同婚姻状况旅游者对情境因素感知的差异

| 项目 | 环境规制 | 环保设施 | 行为诱导 | 同伴约束 | 环境基底 |
|---|---|---|---|---|---|
| 已婚 | 4.681 | 4.299 | 4.688 | 4.563 | 4.726 |
| 恋爱中 | 4.619 | 4.258 | 4.790 | 4.580 | 4.694 |
| 单身 | 4.628 | 4.262 | 4.736 | 4.606 | 4.713 |
| 均值 | 4.647 | 4.275 | 4.727 | 4.585 | 4.715 |
| $F$ 值 | 0.535 | 0.068 | 1.058 | 0.196 | 0.111 |
| $p$ 值 | 0.586 | 0.934 | 0.348 | 0.822 | 0.895 |

## 7. 常住地

由表 6-18 可知，对中山陵风景区而言，常住地对旅游者情境因素感知的五个维度均不产生显著影响；由表 6-17 可知，对黄山风景区而言，不同常住地旅游者对"环保设施"的感知维度存在显著差异，省外旅游者的感知显著强于省内旅游者，这可能是因为省外旅游者到达旅游地的次数相对较少，对旅游地的了解也相对较少，因此其更加关注旅游地的环境。

表 6-17 黄山风景区不同常住地旅游者对情境因素感知的差异

| 项目 | 环境规制 | 环保设施 | 行为诱导 | 同伴约束 | 环境基底 |
|---|---|---|---|---|---|
| 省内 | 4.234 | 4.158 | 4.684 | 4.667 | 4.684 |
| 省外 | 4.214 | 4.434 | 4.705 | 4.638 | 4.697 |

(续 表)

| 项目 | 环境规制 | 环保设施 | 行为诱导 | 同伴约束 | 环境基底 |
| --- | --- | --- | --- | --- | --- |
| 均值 | 4.217 | 4.393 | 4.702 | 4.642 | 4.695 |
| $F$ 值 | 0.072 | 5.609 | 0.080 | 0.161 | 0.050 |
| $p$ 值 | 0.789 | 0.018* | 0.778 | 0.689 | 0.822 |

注:*表示在 $p<0.05$ 情况下显著。

表6-18 中山陵风景区不同常住地旅游者对情境因素感知的差异

| 项目 | 环境规制 | 环保设施 | 行为诱导 | 同伴约束 | 环境基底 |
| --- | --- | --- | --- | --- | --- |
| 省内 | 4.622 | 4.333 | 4.748 | 4.653 | 4.702 |
| 省外 | 4.656 | 4.254 | 4.720 | 4.560 | 4.720 |
| 均值 | 4.647 | 4.275 | 4.727 | 4.585 | 4.715 |
| $F$ 值 | 0.323 | 0.497 | 0.261 | 1.726 | 0.707 |
| $p$ 值 | 0.570 | 0.481 | 0.610 | 0.190 | 0.744 |

### 8. 游玩次数

由表6-20可知,对中山陵风景区而言,游玩次数对旅游者情境因素感知的五个维度均不产生显著影响;由表6-19可知,对黄山风景区而言,不同游玩次数旅游者对"环境基底"的感知维度存在显著差异,游玩3次及以上旅游者感知最强,游玩2次旅游者感知最弱,这可能是由游玩次数在3次及以上的旅游者对旅游地的情况非常熟悉导致的。

表6-19 黄山风景区不同游玩次数旅游者对情境因素感知的差异

| 项目 | 环境规制 | 环保设施 | 行为诱导 | 同伴约束 | 环境基底 |
| --- | --- | --- | --- | --- | --- |
| 1次 | 4.209 | 4.428 | 4.698 | 4.636 | 4.699 |
| 2次 | 4.277 | 4.121 | 4.738 | 4.590 | 4.567 |
| 3次及以上 | 4.250 | 4.286 | 4.702 | 4.821 | 4.857 |
| 均值 | 4.217 | 4.393 | 4.702 | 4.642 | 4.695 |
| $F$ 值 | 0.317 | 2.416 | 0.092 | 1.493 | 3.110 |
| $p$ 值 | 0.728 | 0.090 | 0.912 | 0.226 | 0.045* |

注:*表示在 $p<0.05$ 情况下显著。

表 6-20　中山陵风景区不同游玩次数旅游者对情境因素感知的差异

| 项目 | 环境规制 | 环保设施 | 行为诱导 | 同伴约束 | 环境基底 |
| --- | --- | --- | --- | --- | --- |
| 1次 | 4.651 | 4.292 | 4.719 | 4.574 | 4.715 |
| 2次 | 4.571 | 4.206 | 4.683 | 4.524 | 4.619 |
| 3次及以上 | 4.681 | 4.264 | 4.788 | 4.668 | 4.780 |
| 均值 | 4.647 | 4.275 | 4.727 | 4.585 | 4.715 |
| $F$ 值 | 0.717 | 0.165 | 0.809 | 0.937 | 1.790 |
| $p$ 值 | 0.489 | 0.848 | 0.446 | 0.393 | 0.168 |

## 6.4　本章小结

本章对测度模型中的旅游地情境因素变量进行探索性因子分析，得到五个公因子（环境规制、环保设施、行为诱导、同伴约束、环境基底）。依据因子分析的结果对变量进行总体特征分析，结果显示各公因子总体特征上都比较正面，不同的旅游者对旅游地情境因素的感知存在差异。不同性别旅游者对于旅游地情境因素感知的差异主要体现在"环境规制"维度上，女性旅游者对环境规制的感知比男性更正面；不同年龄旅游者对于旅游地情境因素感知的差异主要体现在"环境基底"维度上，总体而言，年龄越大，旅游者对环境基底的感知越正面；不同职业旅游者对旅游地情境因素感知的差异主要体现在"环境规制"维度上，学生群体对环境规制的感知最正面；不同受教育程度旅游者对于旅游地情境因素感知的差异主要体现在"环境规制""环保设施""行为诱导""环境基底"四个维度上，总体而言，随着受教育水平的提高，旅游者对四个维度的情境因素感知更强；不同月收入旅游者对于旅游地情境因素感知的差异主要体现在"环保设施"维度上，总体而言，月收入水平越高，旅游者对环保设施的感知更强；不同婚姻状况旅游者对于旅游地情境因素感知的差异主要体现在"环境基底"维度上，其中单身旅游者的感知最弱；不同常住地旅游者对于旅游地情境因素感知的差异主要体现在"环保设施"维度上，省外旅游者的感知显著强于省内旅游者；不同游玩次数旅游者对于旅游地情境因素感知的差异主要体现在"环境基底"维度上，游玩3次及以上旅游者感知最强。

# 第七章 旅游地情境因素对旅游者环境行为的影响及差异

中国有句古语"行由心决,心由境生",深刻说明了人与环境关系的密不可分,人的行为会受到周边环境的影响。环境刺激,也即环境中的各类情境因素是人类行为的干预性影响因素[12,245]。

本章主要从"地"对"人"的视角检验旅游地的情境因素,即环境规制、环保设施、行为诱导、同伴约束及环境基底对旅游者环境行为的影响,具体而言,就是检验旅游地情境因素对旅游者环境行为意向与环境行为之间关系的调节作用。

## 7.1 旅游者环境行为测度模型主效应检验

根据上文因子分析的结果,分别构建旅游者环境激进行为、环境保守行为以及环境干扰行为的研究模型,并检验其假设。

### 7.1.1 旅游者环境激进行为模型主效应检验

本研究综合选择 $\chi^2/df$、CFI、IFI、NFI、PGFI、SRMR、RMSEA 等指标全面检定模型的拟合情况。一般来说,$\chi^2/df$ 处于 1—5 之间,CFI、IFI、NFI 均大于 0.9,PGFI 大于 0.5,SRMR 小于 0.05,RMSEA 小于 0.08,表示模型拟合程度很好[246,247]。

黄山风景区旅游者环境激进行为模型各拟合指数为:$\chi^2/df = 2.460$,CFI $= 0.979$,IFI $= 0.979$,NFI $= 0.965$,PGFI $= 0.657$,SRMR $= 0.037$,RMSEA $= 0.052$,表明假设模型拟合程度很好。假设模型的标准化参数输

第七章 旅游地情境因素对旅游者环境行为的影响及差异

出结果如图 7-1 所示。

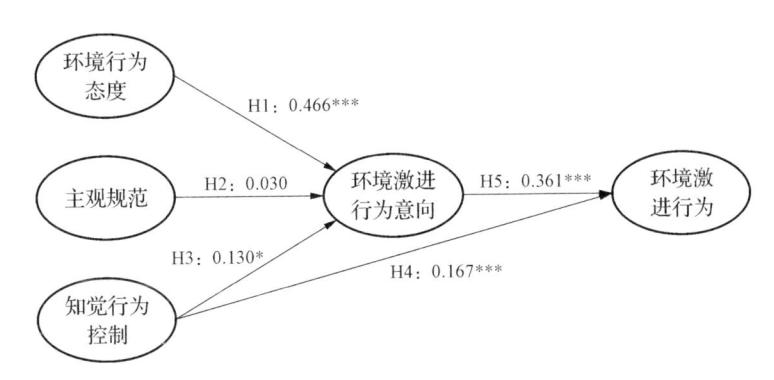

图 7-1 黄山风景区旅游者环境激进行为假设模型标准化输出结果

注：* 表示在 $p<0.05$ 情况下显著，*** 表示在 $p<0.001$ 情况下显著。

表 7-1 显示了黄山风景区旅游者环境激进行为假设模型的检验结果。本书假设检验的通过条件均为 $t$ 值的绝对值大于 1.96，即 $p<0.05$。环境行为态度、主观规范、知觉行为控制对环境激进行为意向的标准化路径系数分别为 0.466、0.030（不显著）、0.130，知觉行为控制和环境激进行为意向对环境激进行为的标准化路径系数分别为 0.167、0.361。因此，假设 1、3、4、5 的路径假设关系均得到支持，假设 2 不支持。也就是说，黄山风景区旅游者的环境行为态度正向影响其环境激进行为意向，知觉行为控制正向影响其环境激进行为意向和环境激进行为，环境激进行为意向正向影响其环境激进行为。

表 7-1 黄山风景区旅游者环境激进行为模型路径系数估计结果

| 路径 | 标准化路径系数 | 标准误差 | $t$ 值 | 假设 |
| --- | --- | --- | --- | --- |
| H1：环境行为态度→环境激进行为意向 | 0.466 | 0.083 | 7.197*** | 支持 |
| H2：主观规范→环境激进行为意向 | 0.030 | 0.051 | 0.619 | 不支持 |
| H3：知觉行为控制→环境激进行为意向 | 0.130 | 0.059 | 2.109* | 支持 |
| H4：知觉行为控制→环境激进行为 | 0.167 | 0.085 | 3.312*** | 支持 |
| H5：环境激进行为意向→环境激进行为 | 0.361 | 0.87 | 7.308*** | 支持 |

注：* 表示在 $p<0.05$ 情况下显著，*** 表示在 $p<0.001$ 情况下显著。

中山陵风景区旅游者环境激进行为模型各拟合指数为：$\chi^2/df=2.306$，CFI＝0.974，IFI＝0.974，NFI＝0.955，PGFI＝0.649，SRMR＝0.040，RMSEA＝0.052，表明假设模型拟合程度很好。假设模型的标准化参数输出结果如图7-2所示。

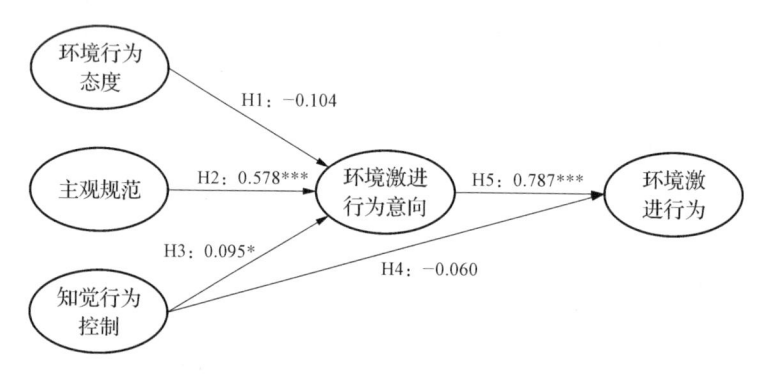

**图7-2 中山陵风景区旅游者环境激进行为假设模型标准化输出结果**

注：* 表示在 $p<0.05$ 情况下显著，*** 表示在 $p<0.001$ 情况下显著。

表7-2显示了中山陵风景区旅游者环境激进行为假设模型的检验结果。环境行为态度、主观规范、知觉行为控制对环境激进行为意向的标准化路径系数分别为－0.104（不显著）、0.578、0.095，知觉行为控制和环境激进行为意向对环境激进行为的标准化路径系数分别为－0.060（不显著）、0.787。因此，假设2、3、5的路径假设关系均得到支持，假设1、4不支持。也就是说，中山陵风景区旅游者的主观规范正向影响其环境激进行为意向，知觉行为控制正向影响其环境激进行为意向，环境激进行为意向正向影响其环境激进行为。

**表7-2 中山陵风景区旅游者环境激进行为模型路径系数估计结果**

| 路径 | 标准化路径系数 | 标准误差 | $t$ 值 | 假设 |
| --- | --- | --- | --- | --- |
| H1：环境行为态度→环境激进行为意向 | －0.104 | 0.168 | －1.273 | 不支持 |
| H2：主观规范→环境激进行为意向 | 0.578 | 0.140 | 6.537*** | 支持 |
| H3：知觉行为控制→环境激进行为意向 | 0.095 | 0.093 | 2.135* | 支持 |

(续 表)

| 路径 | 标准化路径系数 | 标准误差 | $t$ 值 | 假设 |
|---|---|---|---|---|
| H4:知觉行为控制→环境激进行为 | −0.060 | 0.088 | −1.575 | 不支持 |
| H5:环境激进行为意向→环境激进行为 | 0.787 | 0.068 | 15.415*** | 支持 |

注:* 表示在 $p<0.05$ 情况下显著,*** 表示在 $p<0.001$ 情况下显著。

### 7.1.2 旅游者环境保守行为模型主效应检验

黄山风景区旅游者环境保守行为模型各拟合指数为:$\chi^2/df=1.416$,CFI=0.994,IFI=0.994,NFI=0.980,PGFI=0.629,SRMR=0.029,RMSEA=0.028,表明假设模型拟合程度很好。假设模型的标准化参数输出结果如图 7-3 所示。

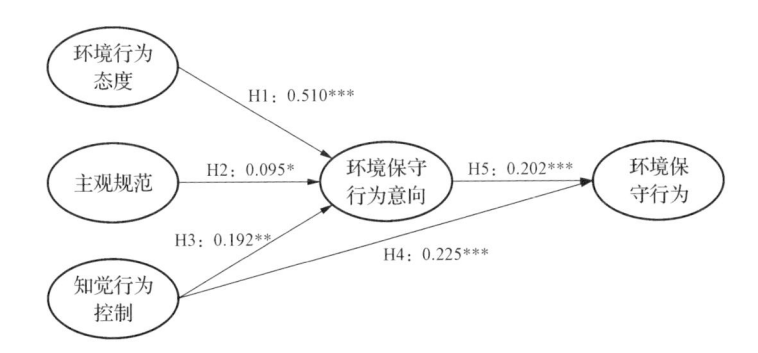

**图 7-3 黄山风景区旅游者环境保守行为假设模型标准化输出结果**

注:* 表示在 $p<0.05$ 情况下显著,** 表示在 $p<0.01$ 情况下显著,*** 表示在 $p<0.001$ 情况下显著。

表 7-3 显示了黄山风景区旅游者环境保守行为假设模型的检验结果。环境行为态度、主观规范、知觉行为控制对环境保守行为意向的标准化路径系数分别为 0.510、0.095、0.192,知觉行为控制和环境保守行为意向对环境保守行为的标准化路径系数分别为 0.225、0.202,均达到显著。因此,假设 1 到假设 5 的路径假设关系均得到支持。也就是说,黄山风景区旅游者的环境行为态度正向影响其环境保守行为意向,主观规范正向影响其环境保守

行为意向,知觉行为控制正向影响其环境保守行为意向和环境保守行为,环境保守行为意向正向影响其环境保守行为。

表 7-3　黄山风景区旅游者环境保守行为模型路径系数估计结果

| 路径 | 标准化路径系数 | 标准误差 | t 值 | 假设 |
| --- | --- | --- | --- | --- |
| H1:环境行为态度→环境保守行为意向 | 0.510 | 0.059 | 7.639*** | 支持 |
| H2:主观规范→环境保守行为意向 | 0.095 | 0.033 | 2.062* | 支持 |
| H3:知觉行为控制→环境保守行为意向 | 0.192 | 0.048 | 3.044** | 支持 |
| H4:知觉行为控制→环境保守行为 | 0.225 | 0.113 | 3.724*** | 支持 |
| H5:环境保守行为意向→环境保守行为 | 0.202 | 0.148 | 3.348*** | 支持 |

注:* 表示在 $p<0.05$ 情况下显著,** 表示在 $p<0.01$ 情况下显著,*** 表示在 $p<0.001$ 情况下显著。

中山陵风景区旅游者环境保守行为模型各拟合指数为:$\chi^2/df=2.237$,CFI=0.974,IFI=0.974,NFI=0.954,PGFI=0.621,SRMR=0.041,RMSEA=0.051,表明假设模型拟合程度很好。假设模型的标准化参数输出结果如图 7-4 所示。

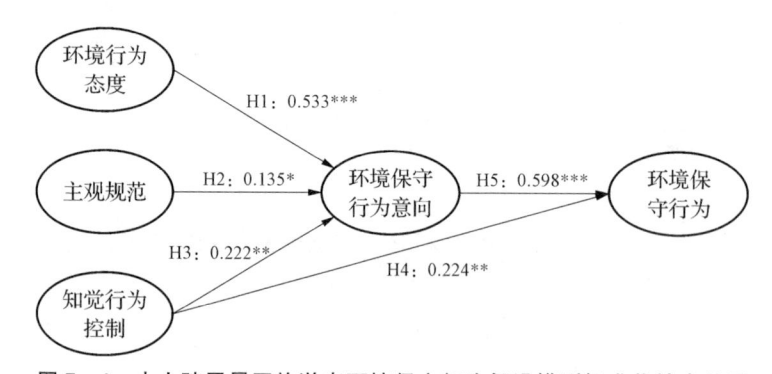

图 7-4　中山陵风景区旅游者环境保守行为假设模型标准化输出结果

注:* 表示在 $p<0.05$ 情况下显著,** 表示在 $p<0.01$ 情况下显著,*** 表示在 $p<0.001$ 情况下显著。

表 7-4 显示了中山陵风景区旅游者环境保守行为假设模型的检验结果。环境行为态度、主观规范、知觉行为控制对环境保守行为意向的标准化路径系数分别为 0.533、0.135、0.222,知觉行为控制和环境保守行为意向对环境保守行为的标准化路径系数分别为 0.224、0.598,均达到显著。因此,

假设 1 到假设 5 的路径假设关系均得到支持。也就是说,中山陵风景区旅游者的环境行为态度正向影响其环境保守行为意向,主观规范正向影响其环境保守行为意向,知觉行为控制正向影响其环境保守行为意向和环境保守行为,环境行为意向正向影响其环境保守行为。

表 7-4 中山陵风景区旅游者环境保守行为模型路径系数估计结果

| 路径 | 标准化路径系数 | 标准误差 | $t$ 值 | 假设 |
| --- | --- | --- | --- | --- |
| H1:环境行为态度→环境保守行为意向 | 0.533 | 0.067 | 8.609*** | 支持 |
| H2:主观规范→环境保守行为意向 | 0.135 | 0.047 | 2.296* | 支持 |
| H3:知觉行为控制→环境保守行为意向 | 0.222 | 0.044 | 3.118** | 支持 |
| H4:知觉行为控制→环境保守行为 | 0.224 | 0.066 | 3.143** | 支持 |
| H5:环境保守行为意向→环境保守行为 | 0.598 | 0.054 | 7.603*** | 支持 |

注:* 表示在 $p<0.05$ 情况下显著,** 表示在 $p<0.01$ 情况下显著,*** 表示在 $p<0.001$ 情况下显著。

### 7.1.3 旅游者环境干扰行为模型主效应检验

黄山风景区旅游者环境干扰行为模型各拟合指数为:$\chi^2/df=2.290$,CFI=0.981,IFI=0.981,NFI=0.967,PGFI=0.638,SRMR=0.039,RMSEA=0.049,表明假设模型拟合程度很好。假设模型的标准化参数输出结果如图 7-5 所示。

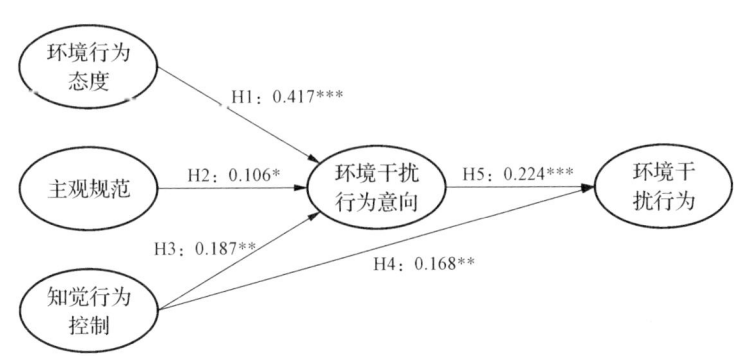

图 7-5 黄山风景区旅游者环境干扰行为假设模型标准化输出结果

注:* 表示在 $p<0.05$ 情况下显著,** 表示在 $p<0.01$ 情况下显著,*** 表示在 $p<0.001$ 情况下显著。

表 7-5 显示了黄山风景区旅游者环境干扰行为假设模型的检验结果。环境行为态度、主观规范、知觉行为控制对环境干扰行为意向的标准化路径系数分别为 0.417、0.106、0.187，知觉行为控制和环境干扰行为意向对环境干扰行为的标准化路径系数分别为 0.168、0.224，均达到显著。因此，假设 1 到假设 5 的路径假设关系均得到支持。也就是说，黄山风景区旅游者的环境行为态度正向影响其环境干扰行为意向，主观规范正向影响其环境干扰行为意向，知觉行为控制正向影响其环境干扰行为意向和环境干扰行为，环境干扰行为意向正向影响其环境干扰行为。

表 7-5　黄山风景区旅游者环境干扰行为模型路径系数估计结果

| 路径 | 标准化路径系数 | 标准误差 | $t$ 值 | 假设 |
| --- | --- | --- | --- | --- |
| H1:环境行为态度→环境干扰行为意向 | 0.417 | 0.050 | 5.882*** | 支持 |
| H2:主观规范→环境干扰行为意向 | 0.106 | 0.034 | 2.085* | 支持 |
| H3:知觉行为控制→环境干扰行为意向 | 0.187 | 0.040 | 2.874** | 支持 |
| H4:知觉行为控制→环境干扰行为 | 0.168 | 0.091 | 2.989** | 支持 |
| H5:环境干扰行为意向→环境干扰行为 | 0.224 | 0.154 | 3.893*** | 支持 |

注：* 表示在 $p<0.05$ 情况下显著，** 表示在 $p<0.01$ 情况下显著，*** 表示在 $p<0.001$ 情况下显著。

中山陵风景区旅游者环境干扰行为模型各拟合指数为：$\chi^2/df=2.828$，CFI=0.966，IFI=0.966，NFI=0.949，PGFI=0.636，SRMR=0.043，RMSEA=0.062，表明假设模型拟合程度很好。假设模型的标准化参数输出结果如图 7-6 所示。

表 7-6 显示了中山陵风景区旅游者环境干扰行为假设模型的检验结果。环境行为态度、主观规范、知觉行为控制对环境干扰行为意向的标准化路径系数分别为 0.669、0.099、0.264，知觉行为控制和环境干扰行为意向对环境干扰行为的标准化路径系数分别为 0.081（不显著）、0.605。因此，假设 1、2、3、5 的路径假设关系均得到支持，假设 4 不支持。也就是说，中山陵风景区旅游者的环境行为态度正向影响其环境干扰行为意向，主观规范正向

影响其环境干扰行为意向,知觉行为控制正向影响其环境干扰行为意向,环境干扰行为意向正向影响其环境干扰行为。

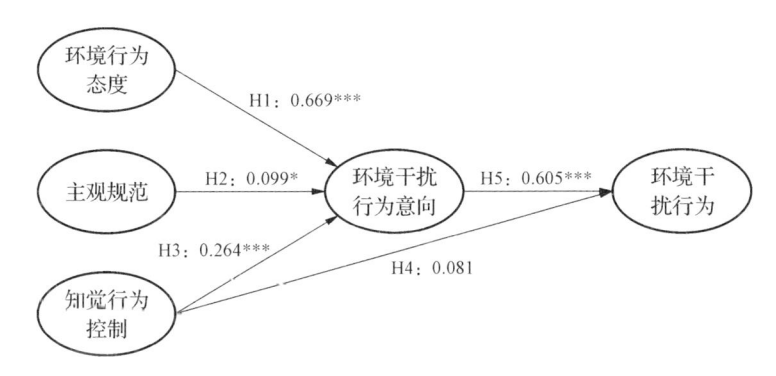

**图 7-6　中山陵风景区旅游者环境干扰行为假设模型标准化输出结果**

注:* 表示在 $p<0.05$ 情况下显著,*** 表示在 $p<0.001$ 情况下显著。

**表 7-6　中山陵风景区旅游者环境干扰行为模型路径系数估计结果**

| 路径 | 标准化路径系数 | 标准误差 | $t$ 值 | 假设 |
| --- | --- | --- | --- | --- |
| H1:环境行为态度→环境干扰行为意向 | 0.669 | 0.064 | 10.650*** | 支持 |
| H2:主观规范→环境干扰行为意向 | 0.099 | 0.044 | 2.060* | 支持 |
| H3:知觉行为控制→环境干扰行为意向 | 0.264 | 0.042 | 5.334*** | 支持 |
| H4:知觉行为控制→环境干扰行为 | 0.081 | 0.066 | 1.412 | 不支持 |
| H5:环境干扰行为意向→环境干扰行为 | 0.605 | 0.083 | 9.989*** | 支持 |

注:* 表示在 $p<0.05$ 情况下显著,*** 表示在 $p<0.001$ 情况下显著。

## 7.2　旅游地环境规制对旅游者环境行为的调节作用

### 7.2.1　环境规制对环境激进行为的调节作用

根据本书第三章 3.3.3 数据分析方法部分所述,按照"27%原则"将黄山风景区环境规制约束力大小分成低水平组和高水平组。通过 SEM 的多群组分析功能,输入两组的数据并建立不同的限制条件,来检验黄山风景区环境规制的调节作用。表7-7是黄山风景区环境规制低水平组和高水平组的环境激进行为模型拟合度指数,根据模型拟合指数的评价标准,本书提出的模型适合于低水平组和高水平组。

表7-7 黄山风景区环境规制—环境激进行为分组拟合度检验

| 拟合度指数 | $\chi^2/df$ | CFI | IFI | NFI | PGFI | SRMR | RMSEA |
| --- | --- | --- | --- | --- | --- | --- | --- |
| 低水平组 | 3.420 | 0.947 | 0.947 | 0.927 | 0.630 | 0.049 | 0.071 |
| 高水平组 | 3.000 | 0.956 | 0.957 | 0.936 | 0.628 | 0.048 | 0.064 |

本书主要探究环境规制是否调节结构模型中的有关路径,因此只考虑限制结构权重的模型与限制测量权重的模型的差异($M_3-M_2$)。结果是$\Delta\chi^2=10.138,\Delta df=5,p=0.006(p<0.01)$,表明限制结构权重后的模型与限制测量权重后的模型有显著差异。

为了确定环境激进行为意向—环境激进行为路径的高低水平组间是否存在显著性差异,我们检验两组路径的临界比率差。结果显示其绝对值为3.013(大于1.96的阈值),表明在0.05的水平上显著。即,环境规制对旅游者环境激进行为意向和环境激进行为间的关系起调节作用。此外,高水平组的路径系数(0.475)大于低水平组的路径系数(0.096)。因此,假设6得到支持。也就是说,黄山风景区的环境规制正向调节旅游者的环境激进行为意向与其环境激进行为之间的关系,即这条路径在环境规制的约束力较强时更强。

根据本书第三章3.3.3数据分析方法部分所述,按照"27%原则"将中山陵风景区环境规制约束力大小分成低水平组和高水平组。通过SEM的多群组分析功能,输入两组的数据并建立不同的限制条件,来检验中山陵风景区环境规制的调节作用。表7-8是中山陵风景区环境规制低水平组和高水平组的环境激进行为模型拟合度指数,根据模型拟合指数的评价标准,本书提出的模型适合于低水平组和高水平组。

表7-8 中山陵风景区环境规制—环境激进行为分组拟合度检验

| 拟合度指数 | $\chi^2/df$ | CFI | IFI | NFI | PGFI | SRMR | RMSEA |
| --- | --- | --- | --- | --- | --- | --- | --- |
| 低水平组 | 3.282 | 0.950 | 0.950 | 0.930 | 0.631 | 0.049 | 0.069 |
| 高水平组 | 3.080 | 0.955 | 0.954 | 0.935 | 0.627 | 0.049 | 0.066 |

本书主要探究环境规制是否调节结构模型中的有关路径,因此只考虑限制结构权重的模型与限制测量权重的模型的差异($M_3-M_2$)。结果是$\Delta\chi^2=17.901,\Delta df=5,p=0.000(p<0.01)$,表明限制结构权重后的模型与限制测量权重后的模型有显著差异。

为了确定环境激进行为意向—环境激进行为路径的高低水平组间是否存在显著性差异,我们检验两组路径的临界比率差。结果显示其绝对值为3.782(大于1.96的阈值),表明在0.05的水平上显著。即,环境规制对旅游者环境激进行为意向和环境激进行为间的关系起调节作用。此外,高水平组的路径系数(0.897)大于低水平组的路径系数(0.223)。因此,假设6得到支持。也就是说,中山陵风景区的环境规制正向调节旅游者的环境激进行为意向与其环境激进行为之间的关系,即这条路径在环境规制的约束力较强时更强。

### 7.2.2 环境规制对环境保守行为的调节作用

根据本书第三章3.3.3数据分析方法部分所述,按照"27%原则"将黄山风景区环境规制约束力大小分成低水平组和高水平组。通过SEM的多群组分析功能,输入两组的数据并建立不同的限制条件,来检验黄山风景区环境规制的调节作用。表7-9是黄山风景区环境规制低水平组和高水平组的环境保守行为模型拟合度指数,根据模型拟合指数的评价标准,本书提出的模型适合于低水平组和高水平组。

表7-9 黄山风景区环境规制—环境保守行为分组拟合度检验

| 拟合度指数 | $\chi^2/df$ | CFI | IFI | NFI | PGFI | SRMR | RMSEA |
| --- | --- | --- | --- | --- | --- | --- | --- |
| 低水平组 | 1.518 | 0.985 | 0.986 | 0.959 | 0.631 | 0.046 | 0.043 |
| 高水平组 | 1.037 | 0.998 | 0.998 | 0.957 | 0.615 | 0.048 | 0.015 |

本书主要探究环境规制是否调节结构模型中的有关路径,因此只考虑限制结构权重的模型与限制测量权重的模型的差异（$M_3-M_2$）。结果是 $\Delta\chi^2=13.815, \Delta df=5, p=0.003(p<0.01)$,表明限制结构权重后的模型与限制测量权重后的模型有显著差异。

为了确定环境保守行为意向—环境保守行为路径的高低水平组间是否存在显著性差异,我们检验两组路径的临界比率差。结果显示其绝对值为2.066（大于1.96的阈值）,表明在0.05的水平上显著。即,环境规制对旅游者环境保守行为意向和环境保守行为间的关系起调节作用。此外,高水平组的路径系数(0.379)大于低水平组的路径系数(0.085)。因此,假设6得到支持。也就是说,黄山风景区的环境规制正向调节旅游者环境保守行为意向与其环境保守行为之间的关系,即这条路径在环境规制的约束力较强时更强。

根据本书第三章3.3.3数据分析方法部分所述,按照"27%原则"将中山陵风景区环境规制约束力大小分成低水平组和高水平组。通过SEM的多群组分析功能,输入两组的数据并建立不同的限制条件,来检验中山陵风景区环境规制的调节作用。表7-10是中山陵风景区环境规制低水平组和高水平组的环境保守行为模型拟合度指数,根据模型拟合指数的评价标准,本书提出的模型适合于低水平组和高水平组。

表7-10 中山陵风景区环境规制—环境保守行为分组拟合度检验

| 拟合度指数 | $\chi^2/df$ | CFI | IFI | NFI | PGFI | SRMR | RMSEA |
|---|---|---|---|---|---|---|---|
| 低水平组 | 2.146 | 0.949 | 0.950 | 0.914 | 0.604 | 0.043 | 0.067 |
| 高水平组 | 2.252 | 0.953 | 0.953 | 0.916 | 0.615 | 0.048 | 0.059 |

本书主要探究环境规制是否调节结构模型中的有关路径,因此只考虑限制结构权重的模型与限制测量权重的模型的差异（$M_3-M_2$）。结果是 $\Delta\chi^2=12.265, \Delta df=5, p=0.004(p<0.01)$,表明限制结构权重后的模型与限制测量权重后的模型有显著差异。

为了确定环境保守行为意向—环境保守行为路径的高低水平组间是否

存在显著性差异,我们检验两组路径的临界比率差。结果显示其绝对值为 2.358(大于 1.96 的阈值),表明在 0.05 的水平上显著。即,环境规制对旅游者环境保守行为意向和环境保守行为间的关系起调节作用。此外,高水平组的路径系数(0.715)大于低水平组的路径系数(0.399)。因此,假设 6 得到支持。也就是说,中山陵风景区的环境规制正向调节旅游者的环境保守行为意向与其环境保守行为之间的关系,即这条路径在环境规制的约束力较强时更强。

### 7.2.3 环境规制对环境干扰行为的调节作用

根据本书第三章 3.3.3 数据分析方法部分所述,按照"27%原则"将黄山风景区环境规制约束力大小分成低水平组和高水平组。通过 SEM 的多群组分析功能,输入两组的数据并建立不同的限制条件,来检验黄山风景区环境规制的调节作用。表 7-11 是黄山风景区环境规制低水平组和高水平组的环境干扰行为模型拟合度指数,根据模型拟合指数的评价标准,本书提出的模型适合于低水平组和高水平组。

表 7-11 黄山风景区环境规制—环境干扰行为分组拟合度检验

| 拟合度指数 | $\chi^2/df$ | CFI | IFI | NFI | PGFI | SRMR | RMSEA |
| --- | --- | --- | --- | --- | --- | --- | --- |
| 低水平组 | 3.978 | 0.933 | 0.933 | 0.913 | 0.632 | 0.057 | 0.079 |
| 高水平组 | 3.586 | 0.942 | 0.943 | 0.922 | 0.633 | 0.052 | 0.073 |

本书主要探究环境规制是否调节结构模型中的有关路径,因此只考虑限制结构权重的模型与限制测量权重的模型的差异($M_3 - M_2$)。结果是 $\Delta\chi^2 = 15.631, \Delta df = 6, p = 0.002(p < 0.01)$,表明限制结构权重后的模型与限制测量权重后的模型有显著差异。

为了确定环境干扰行为意向—环境干扰行为路径的高低水平组间是否存在显著性差异,我们检验两组路径的临界比率差。结果显示其绝对值为 2.477(大于 1.96 的阈值),表明在 0.05 的水平上显著。即,环境规制对旅游者环境干扰行为意向和环境干扰行为间的关系起调节作用。此外,高水平组的路径系数(0.428)大于低水平组的路径系数(0.073)。因此,假设6得到支持。也就是说,黄山风景区的环境规制正向调节旅游者的环境干扰行为意向与其环境干扰行为之间的关系,即这条路径在环境规制的约束力较强时更强。

根据本书第三章3.3.3数据分析方法部分所述,按照"27％原则"将中山陵风景区环境规制约束力大小分成低水平组和高水平组。通过SEM的多群组分析功能,输入两组的数据并建立不同的限制条件,来检验中山陵风景区环境规制的调节作用。表7-12是中山陵风景区环境规制低水平组和高水平组的环境干扰行为模型拟合度指数,根据模型拟合指数的评价标准,本书提出的模型适合于低水平组和高水平组。

表7-12 中山陵风景区环境规制—环境干扰行为分组拟合度检验

| 拟合度指数 | $\chi^2/df$ | CFI | IFI | NFI | PGFI | SRMR | RMSEA |
| --- | --- | --- | --- | --- | --- | --- | --- |
| 低水平组 | 2.878 | 0.959 | 0.959 | 0.939 | 0.631 | 0.045 | 0.062 |
| 高水平组 | 3.239 | 0.951 | 0.951 | 0.931 | 0.632 | 0.049 | 0.068 |

本书主要探究环境规制是否调节结构模型中的有关路径,因此只考虑限制结构权重的模型与限制测量权重的模型的差异($M_3-M_2$)。结果是$\Delta\chi^2=14.321, \Delta df=5, p=0.001(p<0.01)$,表明限制结构权重后的模型与限制测量权重后的模型有显著差异。

为了确定环境干扰行为意向—环境干扰行为路径的高低水平组间是否存在显著性差异,我们检验两组路径的临界比率差。结果显示其绝对值为3.439(大于1.96的阈值),表明在0.05的水平上显著。即,环境规制对旅游者环境干扰行为意向和环境干扰行为间的关系起调节作用。此外,高水平组的路径系数(0.726)大于低水平组的路径系数(0.345)。因此,假设6得到支持。也就是说,中山陵风景区的环境规制正向调节旅游者的环境干扰行为意向与其环境干扰行为之间的关系,即这条路径在环境规制的约束力较强时更强。

## 7.3 旅游地环保设施对旅游者环境行为的调节作用

### 7.3.1 环保设施对环境激进行为的调节作用

根据本书第三章3.3.3数据分析方法部分所述,按照"27%原则"将黄山风景区环保设施约束力大小分成低水平组和高水平组。通过SEM的多群组分析功能,输入两组的数据并建立不同的限制条件,来检验黄山风景区环保设施的调节作用。表7-13是黄山风景区环保设施低水平组和高水平组的环境激进行为模型拟合度指数,根据模型拟合指数的评价标准,本书提出的模型适合于低水平组和高水平组。

表7-13 黄山风景区环保设施—环境激进行为分组拟合度检验

| 拟合度指数 | $\chi^2/df$ | CFI | IFI | NFI | PGFI | SRMR | RMSEA |
| --- | --- | --- | --- | --- | --- | --- | --- |
| 低水平组 | 2.145 | 0.980 | 0.980 | 0.963 | 0.612 | 0.036 | 0.049 |
| 高水平组 | 3.377 | 0.956 | 0.957 | 0.940 | 0.623 | 0.048 | 0.070 |

本书主要探究环保设施是否调节结构模型中的有关路径,因此只考虑限制结构权重的模型与限制测量权重的模型的差异($M_3-M_2$)。结果是$\Delta\chi^2=27.428$,$\Delta df=5$,$p=0.000(p<0.01)$,表明限制结构权重后的模型与限制测量权重后的模型有显著差异。

为了确定环境激进行为意向—环境激进行为路径的高低水平组间是否存在显著性差异,我们检验两组路径的临界比率差。结果显示其绝对值为5.734(大于1.96的阈值),表明在0.05的水平上显著。即,环保设施对旅游者环境激进行为意向和环境激进行为间的关系起调节作用。此外,高水平组的路径系数(0.492)大于低水平组的路径系数(0.051)。因此,假设6得到支持。也就是说,黄山风景区的环保设施正向调节旅游者的环境激进行为意向与其环境激进行为之间的关系,即这条路径在环保设施的约束力较强时更强。

根据本书第三章3.3.3数据分析方法部分所述,按照"27%原则"将中山陵风景区环保设施约束力大小分成低水平组和高水平组。通过SEM的多群组分析功能，输入两组的数据并建立不同的限制条件，来检验中山陵风景区环保设施的调节作用。表7-14是中山陵风景区环保设施低水平组和高水平组的环境激进行为模型拟合度指数，根据模型拟合指数的评价标准，本书提出的模型适合于低水平组和高水平组。

表7-14 中山陵风景区环保设施—环境激进行为分组拟合度检验

| 拟合度指数 | $\chi^2/df$ | CFI | IFI | NFI | PGFI | SRMR | RMSEA |
| --- | --- | --- | --- | --- | --- | --- | --- |
| 低水平组 | 3.563 | 0.953 | 0.953 | 0.936 | 0.627 | 0.049 | 0.073 |
| 高水平组 | 3.243 | 0.960 | 0.960 | 0.943 | 0.612 | 0.047 | 0.068 |

本书主要探究环保设施是否调节结构模型中的有关路径，因此只考虑限制结构权重的模型与限制测量权重的模型的差异（$M_3-M_2$）。结果是 $\Delta\chi^2=5.256$，$\Delta df=5$，$p=0.114$（$p>0.05$），表明限制结构权重后的模型与限制测量权重后的模型无显著差异。因此，假设6不支持。也就是说，中山陵风景区的环保设施的约束力对旅游者的环境激进行为意向与其环境激进行为之间的关系无调节作用。

### 7.3.2 环保设施对环境保守行为的调节作用

根据本书第三章3.3.3数据分析方法部分所述，按照"27%原则"将黄山风景区环保设施约束力大小分成低水平组和高水平组。通过SEM的多群组分析功能，输入两组的数据并建立不同的限制条件，来检验黄山风景区环保设施的调节作用。表7-15是黄山风景区环保设施低水平组和高水平组的环境保守行为模型拟合度指数，根据模型拟合指数的评价标准，本书提出的模型适合于低水平组和高水平组。

表7-15 黄山风景区环保设施—环境保守行为分组拟合度检验

| 拟合度指数 | $\chi^2/df$ | CFI | IFI | NFI | PGFI | SRMR | RMSEA |
| --- | --- | --- | --- | --- | --- | --- | --- |
| 低水平组 | 3.193 | 0.952 | 0.953 | 0.932 | 0.626 | 0.047 | 0.067 |
| 高水平组 | 3.683 | 0.940 | 0.941 | 0.920 | 0.629 | 0.054 | 0.075 |

本书主要探究环保设施是否调节结构模型中的有关路径,因此只考虑限制结构权重的模型与限制测量权重的模型的差异($M_3-M_2$)。结果是$\Delta\chi^2=21.401, \Delta df=5, p=0.000(p<0.01)$,表明限制结构权重后的模型与限制测量权重后的模型有显著差异。

为了确定环境保守行为意向—环境保守行为路径的高低水平组间是否存在显著性差异,我们检验两组路径的临界比率差。结果显示其绝对值为4.229(大于1.96的阈值),表明在0.05的水平上显著。即,环保设施对旅游者环境保守行为意向和环境保守行为间的关系起调节作用。此外,高水平组的路径系数(0.402)大于低水平组的路径系数(0.135)。因此,假设6得到支持。也就是说,黄山风景区的环保设施正向调节旅游者的环境保守行为意向与其环境保守行为之间的关系,即这条路径在环保设施的约束力较强时更强。

根据本书第三章3.3.3数据分析方法部分所述,按照"27%原则"将中山陵风景区环保设施约束力大小分成低水平组和高水平组。通过SEM的多群组分析功能,输入两组的数据并建立不同的限制条件,来检验中山陵风景区环保设施的调节作用。表7-16是中山陵风景区环保设施低水平组和高水平组的环境保守行为模型拟合度指数,根据模型拟合指数的评价标准,本书提出的模型适合于低水平组和高水平组。

表7-16 中山陵风景区环保设施—环境保守行为分组拟合度检验

| 拟合度指数 | $\chi^2/df$ | CFI | IFI | NFI | PGFI | SRMR | RMSEA |
| --- | --- | --- | --- | --- | --- | --- | --- |
| 低水平组 | 3.818 | 0.937 | 0.938 | 0.917 | 0.631 | 0.050 | 0.076 |
| 高水平组 | 3.335 | 0.949 | 0.949 | 0.929 | 0.625 | 0.049 | 0.070 |

本书主要探究环保设施是否调节结构模型中的有关路径,因此只考虑限制结构权重的模型与限制测量权重的模型的差异($M_3-M_2$)。结果是$\Delta\chi^2=17.493, \Delta df=5, p=0.005(p<0.01)$,表明限制结构权重后的模型与限制测量权重后的模型有显著差异。

为了确定环境保守行为意向—环境保守行为路径的高低水平组间是否

存在显著性差异,我们检验两组路径的临界比率差。结果显示其绝对值为3.486(大于1.96的阈值),表明在0.05的水平上显著。即,环保设施对旅游者环境保守行为意向和环境保守行为间的关系起调节作用。此外,高水平组的路径系数(0.697)大于低水平组的路径系数(0.334)。因此,假设6得到支持。也就是说,中山陵风景区的环保设施正向调节旅游者的环境保守行为意向与其环境保守行为之间的关系,即这条路径在环保设施的约束力较强时更强。

### 7.3.3 环保设施对环境干扰行为的调节作用

根据本书第三章3.3.3数据分析方法部分所述,按照"27%原则"将黄山风景区环保设施约束力大小分成低水平组和高水平组。通过SEM的多群组分析功能,输入两组的数据并建立不同的限制条件,来检验黄山风景区环保设施的调节作用。表7-17是黄山风景区环保设施低水平组和高水平组的环境干扰行为模型拟合度指数,根据模型拟合指数的评价标准,本书提出的模型适合于低水平组和高水平组。

表7-17 黄山风景区环保设施—环境干扰行为分组拟合度检验

| 拟合度指数 | $\chi^2/df$ | CFI | IFI | NFI | PGFI | SRMR | RMSEA |
|---|---|---|---|---|---|---|---|
| 低水平组 | 2.732 | 0.968 | 0.968 | 0.951 | 0.631 | 0.042 | 0.060 |
| 高水平组 | 3.580 | 0.951 | 0.951 | 0.934 | 0.637 | 0.052 | 0.073 |

本书主要探究环保设施是否调节结构模型中的有关路径,因此只考虑限制结构权重的模型与限制测量权重的模型的差异($M_3-M_2$)。结果是$\Delta\chi^2=23.565, \Delta df=5, p=0.000(p<0.01)$,表明限制结构权重后的模型与限制测量权重后的模型有显著差异。

为了确定环境干扰行为意向—环境干扰行为路径的高低水平组间是否存在显著性差异,我们检验两组路径的临界比率差。结果显示其绝对值为5.009(大于1.96的阈值),表明在0.05的水平上显著。即,环保设施对旅游者环境干扰行为意向和环境干扰行为间的关系起调节作用。此外,高水平组的路径系数(0.433)大于低水平组的路径系数(0.124)。因此,假设6得到支持。也就是说,黄山风景区的环保设施正向调节旅游者的环境干扰行为意向与其环境干扰行为之间的关系,即这条路径在环保设施的约束力较强时更强。

根据本书第三章3.3.3数据分析方法部分所述,按照"27%原则"将中山陵风景区环保设施约束力大小分成低水平组和高水平组。通过SEM的多群组分析功能,输入两组的数据并建立不同的限制条件,来检验中山陵风景区环保设施的调节作用。表7-18是中山陵风景区环保设施低水平组和高水平组的环境干扰行为模型拟合度指数,根据模型拟合指数的评价标准,本书提出的模型适合于低水平组和高水平组。

表7-18 中山陵风景区环保设施—环境干扰行为分组拟合度检验

| 拟合度指数 | $\chi^2/df$ | CFI | IFI | NFI | PGFI | SRMR | RMSEA |
| --- | --- | --- | --- | --- | --- | --- | --- |
| 低水平组 | 2.907 | 0.965 | 0.965 | 0.947 | 0.635 | 0.045 | 0.063 |
| 高水平组 | 2.589 | 0.971 | 0.971 | 0.954 | 0.625 | 0.043 | 0.057 |

本书主要探究环保设施是否调节结构模型中的有关路径,因此只考虑限制结构权重的模型与限制测量权重的模型的差异($M_3-M_2$)。结果是$\Delta\chi^2=6.964, \Delta df=5, p=0.173(p>0.05)$,表明限制结构权重后的模型与限制测量权重后的模型无显著差异。因此,假设6不支持。也就是说,中山陵风景区的环保设施的约束力对旅游者的环境干扰行为意向与其环境干扰行为之间的关系无调节作用。

## 7.4 旅游地行为诱导对旅游者环境行为的调节作用

### 7.4.1 行为诱导对环境激进行为的调节作用

根据本书第三章3.3.3数据分析方法部分所述,按照"27%原则"将黄山风景区行为诱导约束力大小分成低水平组和高水平组。通过SEM的多群组分析功能,输入两组的数据并建立不同的限制条件,来检验黄山风景区行为诱导的调节作用。表7-19是黄山风景区行为诱导低水平组和高水平组的环境激进行为模型拟合度指数,根据模型拟合指数的评价标准,本书提出的模型适合于低水平组和高水平组。

表7-19 黄山风景区行为诱导—环境激进行为分组拟合度检验

| 拟合度指数 | $\chi^2/df$ | CFI | IFI | NFI | PGFI | SRMR | RMSEA |
| --- | --- | --- | --- | --- | --- | --- | --- |
| 低水平组 | 1.616 | 0.989 | 0.989 | 0.971 | 0.618 | 0.026 | 0.036 |
| 高水平组 | 1.810 | 0.985 | 0.985 | 0.966 | 0.629 | 0.036 | 0.041 |

本书主要探究行为诱导是否调节结构模型中的有关路径,因此只考虑限制结构权重的模型与限制测量权重的模型的差异($M_3-M_2$)。结果是 $\Delta\chi^2=5.572, \Delta df=5, p=0.165(p>0.05)$,表明限制结构权重后的模型与限制测量权重后的模型无显著差异。因此,假设6不支持。也就是说,黄山风景区的行为诱导的约束力对旅游者的环境激进行为意向与其环境激进行为之间的关系无调节作用。

根据本书第三章3.3.3数据分析方法部分所述,按照"27%原则"将中山陵风景区行为诱导约束力大小分成低水平组和高水平组。通过SEM的多群组分析功能,输入两组的数据并建立不同的限制条件,来检验中山陵风景区行为诱导的调节作用。表7-20是中山陵风景区行为诱导低水平组和高水平组的环境激进行为模型拟合度指数,根据模型拟合指数的评价标准,本书提出的模型适合于低水平组和高水平组。

表7-20 中山陵风景区行为诱导—环境激进行为分组拟合度检验

| 拟合度指数 | $\chi^2/df$ | CFI | IFI | NFI | PGFI | SRMR | RMSEA |
| --- | --- | --- | --- | --- | --- | --- | --- |
| 低水平组 | 1.798 | 0.985 | 0.985 | 0.967 | 0.628 | 0.027 | 0.041 |
| 高水平组 | 2.017 | 0.980 | 0.980 | 0.962 | 0.639 | 0.032 | 0.046 |

本书主要探究行为诱导是否调节结构模型中的有关路径,因此只考虑

限制结构权重的模型与限制测量权重的模型的差异($M_3-M_2$)。结果是 $\Delta\chi^2=3.979,\Delta df=5,p=0.326(p>0.05)$,表明限制结构权重后的模型与限制测量权重后的模型无显著差异。因此,假设 6 不支持。也就是说,中山陵风景区的行为诱导的约束力对旅游者的环境激进行为意向与其环境激进行为之间的关系无调节作用。

### 7.4.2 行为诱导对环境保守行为的调节作用

根据本书第三章 3.3.3 数据分析方法部分所述,按照"27%原则"将黄山风景区行为诱导约束力大小分成低水平组和高水平组。通过 SEM 的多群组分析功能,输入两组的数据并建立不同的限制条件,来检验黄山风景区行为诱导的调节作用。表 7-21 是黄山风景区行为诱导低水平组和高水平组的环境保守行为模型拟合度指数,根据模型拟合指数的评价标准,本书提出的模型适合于低水平组和高水平组。

表 7-21  黄山风景区行为诱导—环境保守行为分组拟合度检验

| 拟合度指数 | $\chi^2/df$ | CFI | IFI | NFI | PGFI | SRMR | RMSEA |
| --- | --- | --- | --- | --- | --- | --- | --- |
| 低水平组 | 2.704 | 0.966 | 0.966 | 0.947 | 0.648 | 0.047 | 0.059 |
| 高水平组 | 2.213 | 0.976 | 0.976 | 0.958 | 0.643 | 0.033 | 0.050 |

本书主要探究行为诱导是否调节结构模型中的有关路径,因此只考虑限制结构权重的模型与限制测量权重的模型的差异($M_3-M_2$)。结果是 $\Delta\chi^2=15.386,\Delta df=6,p=0.003(p<0.01)$,表明限制结构权重后的模型与限制测量权重后的模型有显著差异。

为了确定环境保守行为意向—环境保守行为路径的高低水平组间是否存在显著性差异,我们检验两组路径的临界比率差。结果显示其绝对值为 2.239(大于 1.96 的阈值),表明在 0.05 的水平上显著。即,行为诱导对旅游者环境保守行为意向和环境保守行为间的关系起调节作用。此外,高水平组的路径系数(0.317)大于低水平组的路径系数(0.075)。因此,假设 6 得到支持。也就是说,黄山风景区的行为诱导正向调节旅游者的环境保守行为意向与其环境保守行为之间的关系,即这条路径在行为诱导的约束力较强时更强。

根据本书第三章3.3.3数据分析方法部分所述,按照"27%原则"将中山陵风景区行为诱导约束力大小分成低水平组和高水平组。通过SEM的多群组分析功能,输入两组的数据并建立不同的限制条件,来检验中山陵风景区行为诱导的调节作用。表7-22是中山陵风景区行为诱导低水平组和高水平组的环境保守行为模型拟合度指数,根据模型拟合指数的评价标准,本书提出的模型适合于低水平组和高水平组。

表7-22 中山陵风景区行为诱导—环境保守行为分组拟合度检验

| 拟合度指数 | $\chi^2/df$ | CFI | IFI | NFI | PGFI | SRMR | RMSEA |
| --- | --- | --- | --- | --- | --- | --- | --- |
| 低水平组 | 2.357 | 0.974 | 0.974 | 0.955 | 0.634 | 0.044 | 0.053 |
| 高水平组 | 2.072 | 0.979 | 0.979 | 0.961 | 0.637 | 0.031 | 0.047 |

本书主要探究行为诱导是否调节结构模型中的有关路径,因此只考虑限制结构权重的模型与限制测量权重的模型的差异($M_3-M_2$)。结果是$\Delta\chi^2=13.456, \Delta df=6, p=0.005 (p<0.01)$,表明限制结构权重后的模型与限制测量权重后的模型有显著差异。

为了确定环境保守行为意向—环境保守行为路径的高低水平组间是否存在显著性差异,我们检验两组路径的临界比率差。结果显示其绝对值为2.765(大于1.96的阈值),表明在0.05的水平上显著。即,行为诱导对旅游者环境保守行为意向和环境保守行为间的关系起调节作用。此外,高水平组的路径系数(0.683)大于低水平组的路径系数(0.366)。因此,假设6得到支持。也就是说,中山陵风景区的行为诱导正向调节旅游者的环境保守行为意向与其环境保守行为之间的关系,即这条路径在行为诱导的约束力较强时更强。

### 7.4.3 行为诱导对环境干扰行为的调节作用

根据本书第三章3.3.3数据分析方法部分所述,按照"27%原则"将黄山风景区行为诱导约束力大小分成低水平组和高水平组。通过SEM的多群组分析功能,输入两组的数据并建立不同的限制条件,来检验黄山风景区行为诱导的调节作用。表 7-23 是黄山风景区行为诱导低水平组和高水平组的环境干扰行为模型拟合度指数,根据模型拟合指数的评价标准,本书提出的模型适合于低水平组和高水平组。

表 7-23　黄山风景区行为诱导—环境干扰行为分组拟合度检验

| 拟合度指数 | $\chi^2/df$ | CFI | IFI | NFI | PGFI | SRMR | RMSEA |
| --- | --- | --- | --- | --- | --- | --- | --- |
| 低水平组 | 2.166 | 0.977 | 0.977 | 0.959 | 0.636 | 0.040 | 0.049 |
| 高水平组 | 2.207 | 0.977 | 0.977 | 0.959 | 0.623 | 0.042 | 0.050 |

本书主要探究行为诱导是否调节结构模型中的有关路径,因此只考虑限制结构权重的模型与限制测量权重的模型的差异($M_3-M_2$)。结果是 $\Delta\chi^2=6.176, \Delta df=5, p=0.145(p>0.05)$,表明限制结构权重后的模型与限制测量权重后的模型无显著差异。因此,假设 6 不支持。也就是说,黄山风景区的行为诱导的约束力对旅游者的环境干扰行为意向与其环境干扰行为之间的关系无调节作用。

根据本书第三章 3.3.3 数据分析方法部分所述,按照"27%原则"将中山陵风景区行为诱导约束力大小分成低水平组和高水平组。通过 SEM 的多群组分析功能,输入两组的数据并建立不同的限制条件,来检验中山陵风景区行为诱导的调节作用。表 7-24 是中山陵风景区行为诱导低水平组和高水平组的环境干扰行为模型拟合度指数,根据模型拟合指数的评价标准,本书提出的模型适合于低水平组和高水平组。

表 7-24　中山陵风景区行为诱导—环境干扰行为分组拟合度检验

| 拟合度指数 | $\chi^2/df$ | CFI | IFI | NFI | PGFI | SRMR | RMSEA |
| --- | --- | --- | --- | --- | --- | --- | --- |
| 低水平组 | 2.337 | 0.974 | 0.974 | 0.956 | 0.628 | 0.033 | 0.053 |
| 高水平组 | 1.596 | 0.989 | 0.989 | 0.971 | 0.618 | 0.027 | 0.035 |

本书主要探究行为诱导是否调节结构模型中的有关路径,因此只考虑限制结构权重的模型与限制测量权重的模型的差异($M_3-M_2$)。结果是

$\Delta \chi^2 = 5.665, \Delta df = 5, p = 0.177 (p > 0.05)$,表明限制结构权重后的模型与限制测量权重后的模型无显著差异。因此,假设 6 不支持。也就是说,中山陵风景区的行为诱导的约束力对旅游者的环境干扰行为意向与其环境干扰行为之间的关系无调节作用。

## 7.5 旅游地同伴约束对旅游者环境行为的调节作用

### 7.5.1 同伴约束对环境激进行为的调节作用

根据本书第三章 3.3.3 数据分析方法部分所述,按照"27%原则"将黄山风景区同伴约束约束力大小分成低水平组和高水平组。通过 SEM 的多群组分析功能,输入两组的数据并建立不同的限制条件,来检验黄山风景区同伴约束的调节作用。表 7-25 是黄山风景区同伴约束低水平组和高水平组的环境激进行为模型拟合度指数,根据模型拟合指数的评价标准,本书提出的模型适合于低水平组和高水平组。

表 7-25 黄山风景区同伴约束—环境激进行为分组拟合度检验

| 拟合度指数 | $\chi^2/df$ | CFI | IFI | NFI | PGFI | SRMR | RMSEA |
|---|---|---|---|---|---|---|---|
| 低水平组 | 2.544 | 0.977 | 0.977 | 0.963 | 0.629 | 0.033 | 0.054 |
| 高水平组 | 3.105 | 0.968 | 0.968 | 0.953 | 0.648 | 0.037 | 0.063 |

本书主要探究同伴约束是否调节结构模型中的有关路径,因此只考虑限制结构权重的模型与限制测量权重的模型的差异($M_3 - M_2$)。结果是 $\Delta \chi^2 = 7.559, \Delta df = 5, p = 0.095 (p > 0.05)$,表明限制结构权重后的模型与限制测量权重后的模型无显著差异。因此,假设 6 不支持。也就是说,黄山风景区的同伴约束对旅游者的环境激进行为意向与其环境激进行为之间的关系无调节作用。

根据本书第三章 3.3.3 数据分析方法部分所述,按照"27%原则"将中山陵风景区同伴约束约束力大小分成低水平组和高水平组。通过 SEM 的多群组分析功能,输入两组的数据并建立不同的限制条件,来检验中山陵风景区同伴约束的调节作用。表 7-26 是中山陵风景区同伴约束低水平组和高水平组的环境激进行为模型拟合度指数,根据模型拟合指数的评价标准,本书提出的模型适合于低水平组和高水平组。

表 7-26 中山陵风景区同伴约束—环境激进行为分组拟合度检验

| 拟合度指数 | $\chi^2/df$ | CFI | IFI | NFI | PGFI | SRMR | RMSEA |
| --- | --- | --- | --- | --- | --- | --- | --- |
| 低水平组 | 3.311 | 0.965 | 0.965 | 0.951 | 0.639 | 0.039 | 0.066 |
| 高水平组 | 2.478 | 0.978 | 0.978 | 0.964 | 0.630 | 0.037 | 0.053 |

本书主要探究同伴约束是否调节结构模型中的有关路径,因此只考虑限制结构权重的模型与限制测量权重的模型的差异($M_3-M_2$)。结果是 $\Delta\chi^2=3.720,\Delta df=5,p=0.393(p>0.05)$,表明限制结构权重后的模型与限制测量权重后的模型无显著差异。因此,假设 6 不支持。也就是说,中山陵风景区的同伴约束的约束力对旅游者的环境激进行为意向与其环境激进行为之间的关系无调节作用。

### 7.5.2 同伴约束对环境保守行为的调节作用

根据本书第三章 3.3.3 数据分析方法部分所述,按照"27%原则"将黄山风景区同伴约束约束力大小分成低水平组和高水平组。通过 SEM 的多群组分析功能,输入两组的数据并建立不同的限制条件,来检验黄山风景区同伴约束的调节作用。表 7-27 是黄山风景区同伴约束低水平组和高水平组的环境保守行为模型拟合度指数,根据模型拟合指数的评价标准,本书提出的模型适合于低水平组和高水平组。

表 7-27 黄山风景区同伴约束—环境保守行为分组拟合度检验

| 拟合度指数 | $\chi^2/df$ | CFI | IFI | NFI | PGFI | SRMR | RMSEA |
| --- | --- | --- | --- | --- | --- | --- | --- |
| 低水平组 | 2.962 | 0.970 | 0.970 | 0.955 | 0.656 | 0.039 | 0.061 |
| 高水平组 | 3.229 | 0.965 | 0.965 | 0.950 | 0.660 | 0.039 | 0.065 |

本书主要探究同伴约束是否调节结构模型中的有关路径,因此只考虑限制结构权重的模型与限制测量权重的模型的差异($M_3-M_2$)。结果是$\Delta\chi^2=12.503, \Delta df=5, p=0.003(p<0.01)$,表明限制结构权重后的模型与限制测量权重后的模型有显著差异。

为了确定环境保守行为意向—环境保守行为路径的高低水平组间是否存在显著性差异,我们检验两组路径的临界比率差。结果显示其绝对值为2.330(大于1.96的阈值),表明在0.05的水平上显著。即,同伴约束对旅游者环境保守行为意向和环境保守行为间的关系起调节作用。此外,高水平组的路径系数(0.382)大于低水平组的路径系数(0.101)。因此,假设6得到支持。也就是说,黄山风景区的同伴约束正向调节旅游者的环境保守行为意向与其环境保守行为之间的关系,即这条路径在同伴约束的约束力较强时更强。

根据本书第三章3.3.3数据分析方法部分所述,按照"27%原则"将中山陵风景区同伴约束约束力大小分成低水平组和高水平组。通过SEM的多群组分析功能,输入两组的数据并建立不同的限制条件,来检验中山陵风景区同伴约束的调节作用。表7-28是中山陵风景区同伴约束低水平组和高水平组的环境保守行为模型拟合度指数,根据模型拟合指数的评价标准,本书提出的模型适合于低水平组和高水平组。

表7-28 中山陵风景区同伴约束—环境保守行为分组拟合度检验

| 拟合度指数 | $\chi^2/df$ | CFI | IFI | NFI | PGFI | SRMR | RMSEA |
| --- | --- | --- | --- | --- | --- | --- | --- |
| 低水平组 | 2.358 | 0.979 | 0.980 | 0.965 | 0.651 | 0.038 | 0.050 |
| 高水平组 | 2.593 | 0.976 | 0.976 | 0.961 | 0.654 | 0.038 | 0.055 |

本书主要探究同伴约束是否调节结构模型中的有关路径,因此只考虑限制结构权重的模型与限制测量权重的模型的差异($M_3-M_2$)。结果是$\Delta\chi^2=13.567, \Delta df=5, p=0.007(p<0.01)$,表明限制结构权重后的模型与限制测量权重后的模型有显著差异。

为了确定环境保守行为意向—环境保守行为路径的高低水平组间是否

存在显著性差异,我们检验两组路径的临界比率差。结果显示其绝对值为2.594(大于1.96的阈值),表明在0.05的水平上显著。即,同伴约束对旅游者环境保守行为意向和环境保守行为间的关系起调节作用。此外,高水平组的路径系数(0.715)大于低水平组的路径系数(0.433)。因此,假设6得到支持。也就是说,中山陵风景区的同伴约束正向调节旅游者的环境保守行为意向与其环境保守行为之间的关系,即这条路径在同伴约束的约束力较强时更强。

### 7.5.3 同伴约束对环境干扰行为的调节作用

根据本书第三章3.3.3数据分析方法部分所述,按照"27%原则"将黄山风景区同伴约束约束力大小分成低水平组和高水平组。通过SEM的多群组分析功能,输入两组的数据并建立不同的限制条件,来检验黄山风景区同伴约束的调节作用。表7-29是黄山风景区同伴约束低水平组和高水平组的环境干扰行为模型拟合度指数,根据模型拟合指数的评价标准,本书提出的模型适合于低水平组和高水平组。

表7-29 黄山风景区同伴约束—环境干扰行为分组拟合度检验

| 拟合度指数 | $\chi^2/df$ | CFI | IFI | NFI | PGFI | SRMR | RMSEA |
|---|---|---|---|---|---|---|---|
| 低水平组 | 3.003 | 0.969 | 0.969 | 0.954 | 0.656 | 0.038 | 0.061 |
| 高水平组 | 2.653 | 0.975 | 0.975 | 0.961 | 0.648 | 0.034 | 0.056 |

本书主要探究同伴约束是否调节结构模型中的有关路径,因此只考虑限制结构权重的模型与限制测量权重的模型的差异($M_3-M_2$)。结果是$\Delta\chi^2=19.464,\Delta df=5,p=0.000(p<0.01)$,表明限制结构权重后的模型与限制测量权重后的模型有显著差异。

为了确定环境干扰行为意向—环境干扰行为路径的高低水平组间是否存在显著性差异,我们检验两组路径的临界比率差。结果显示其绝对值为4.875(大于1.96的阈值),表明在0.05的水平上显著。即,同伴约束对旅游者环境干扰行为意向和环境干扰行为间的关系起调节作用。此外,高水平组的路径系数(0.491)大于低水平组的路径系数(0.096)。因此,假设6得到支持。也就是说,黄山风景区的同伴约束正向调节旅游者的环境干扰行为意向与其环境干扰行为之间的关系,即这条路径在同伴约束的约束力较强时更强。

根据本书第三章3.3.3数据分析方法部分所述,按照"27%原则"将中山陵风景区同伴约束约束力大小分成低水平组和高水平组。通过SEM的多群组分析功能,输入两组的数据并建立不同的限制条件,来检验中山陵风景区同伴约束的调节作用。表7-30是中山陵风景区同伴约束低水平组和高水平组的环境干扰行为模型拟合度指数,根据模型拟合指数的评价标准,本书提出的模型适合于低水平组和高水平组。

表7-30 中山陵风景区同伴约束—环境干扰行为分组拟合度检验

| 拟合度指数 | $\chi^2/df$ | CFI | IFI | NFI | PGFI | SRMR | RMSEA |
| --- | --- | --- | --- | --- | --- | --- | --- |
| 低水平组 | 2.378 | 0.980 | 0.980 | 0.966 | 0.625 | 0.030 | 0.051 |
| 高水平组 | 2.610 | 0.976 | 0.976 | 0.962 | 0.642 | 0.032 | 0.055 |

本书主要探究同伴约束是否调节结构模型中的有关路径,因此只考虑限制结构权重的模型与限制测量权重的模型的差异($M_3-M_2$)。结果是$\Delta\chi^2=14.004$,$\Delta df=5$,$p=0.004$($p<0.01$),表明限制结构权重后的模型与限制测量权重后的模型有显著差异。

为了确定环境干扰行为意向—环境干扰行为路径的高低水平组间是否存在显著性差异,我们检验两组路径的临界比率差。结果显示其绝对值为2.894(大于1.96的阈值),表明在0.05的水平上显著。即,同伴约束对旅游者环境干扰行为意向和环境干扰行为间的关系起调节作用。此外,高水平组的路径系数(0.733)大于低水平组的路径系数(0.412)。因此,假设6得到支持。也就是说,中山陵风景区的同伴约束正向调节旅游者的环境干扰行为意向与其环境干扰行为之间的关系,即这条路径在同伴约束的约束力较强时更强。

## 7.6 旅游地环境基底对旅游者环境行为的调节作用

### 7.6.1 环境基底对环境激进行为的调节作用

根据本书第三章3.3.3数据分析方法部分所述,按照"27%原则"将黄山风景区环境基底约束力大小分成低水平组和高水平组。通过 SEM 的多群组分析功能,输入两组的数据并建立不同的限制条件,来检验黄山风景区环境基底的调节作用。表 7-31 是黄山风景区环境基底低水平组和高水平组的环境激进行为模型拟合度指数,根据模型拟合指数的评价标准,本书提出的模型适合于低水平组和高水平组。

表 7-31 黄山风景区环境基底—环境激进行为分组拟合度检验

| 拟合度指数 | $\chi^2/df$ | CFI | IFI | NFI | PGFI | SRMR | RMSEA |
| --- | --- | --- | --- | --- | --- | --- | --- |
| 低水平组 | 1.659 | 0.991 | 0.991 | 0.978 | 0.626 | 0.031 | 0.035 |
| 高水平组 | 1.799 | 0.989 | 0.989 | 0.975 | 0.638 | 0.031 | 0.039 |

本书主要探究环境基底是否调节结构模型中的有关路径,因此只考虑限制结构权重的模型与限制测量权重的模型的差异($M_3-M_2$)。结果是 $\Delta\chi^2=2.555$,$\Delta df=5$,$p=0.502$($p>0.05$),表明限制结构权重后的模型与限制测量权重后的模型无显著差异。因此,假设 6 不支持。也就是说,黄山风景区的环境基底对旅游者的环境激进行为意向与其环境激进行为之间的关系无调节作用。

根据本书第三章3.3.3数据分析方法部分所述,按照"27%原则"将中山陵风景区环境基底约束力大小分成低水平组和高水平组。通过 SEM 的多群组分析功能,输入两组的数据并建立不同的限制条件,来检验中山陵风景区环境基底的调节作用。表 7-32 是中山陵风景区环境基底低水平组和高水平组的环境激进行为模型拟合度指数,根据模型拟合指数的评价标准,本书提出的模型适合于低水平组和高水平组。

表 7-32　中山陵风景区环境基底—环境激进行为分组拟合度检验

| 拟合度指数 | $\chi^2/df$ | CFI | IFI | NFI | PGFI | SRMR | RMSEA |
| --- | --- | --- | --- | --- | --- | --- | --- |
| 低水平组 | 2.551 | 0.980 | 0.980 | 0.967 | 0.627 | 0.033 | 0.054 |
| 高水平组 | 1.569 | 0.993 | 0.993 | 0.981 | 0.608 | 0.030 | 0.033 |

本书主要探究环境基底是否调节结构模型中的有关路径,因此只考虑限制结构权重的模型与限制测量权重的模型的差异($M_3-M_2$)。结果是$\Delta\chi^2=6.720, \Delta df=5, p=0.080(p>0.05)$,表明限制结构权重后的模型与限制测量权重后的模型无显著差异。因此,假设 6 不支持。也就是说,中山陵风景区的环境基底的约束力对旅游者的环境激进行为意向与其环境激进行为之间的关系无调节作用。

### 7.6.2　环境基底对环境保守行为的调节作用

根据本书第三章 3.3.3 数据分析方法部分所述,按照"27%原则"将黄山风景区环境基底约束力大小分成低水平组和高水平组。通过 SEM 的多群组分析功能,输入两组的数据并建立不同的限制条件,来检验黄山风景区环境基底的调节作用。表 7-33 是黄山风景区环境基底低水平组和高水平组的环境保守行为模型拟合度指数,根据模型拟合指数的评价标准,本书提出的模型适合于低水平组和高水平组。

表 7-33　黄山风景区环境基底—环境保守行为分组拟合度检验

| 拟合度指数 | $\chi^2/df$ | CFI | IFI | NFI | PGFI | SRMR | RMSEA |
| --- | --- | --- | --- | --- | --- | --- | --- |
| 低水平组 | 2.316 | 0.980 | 0.980 | 0.965 | 0.652 | 0.039 | 0.050 |
| 高水平组 | 2.844 | 0.971 | 0.971 | 0.956 | 0.658 | 0.041 | 0.059 |

本书主要探究环境基底是否调节结构模型中的有关路径,因此只考虑限制结构权重的模型与限制测量权重的模型的差异($M_3-M_2$)。结果是$\Delta\chi^2=14.765, \Delta df=5, p=0.002(p<0.01)$,表明限制结构权重后的模型与限制测量权重后的模型有显著差异。

为了确定环境保守行为意向—环境保守行为路径的高低水平组间是否存在显著性差异,我们检验两组路径的临界比率差。结果显示其绝对值为 2.787(大于 1.96 的阈值),表明在 0.05 的水平上显著。即,环境基底对旅游者环境保守行为意向和环境保守行为间的关系起调节作用。此外,高水平组的路径系数(0.393)大于低水平组的路径系数(0.136)。因此,假设 6 得到支持。也就是说,黄山风景区的环境基底正向调节旅游者的环境保守行为意向与其环境保守行为之间的关系,即这条路径在环境基底的约束力较强时更强。

根据本书第三章 3.3.3 数据分析方法部分所述,按照"27%原则"将中山陵风景区环境基底约束力大小分成低水平组和高水平组。通过 SEM 的多群组分析功能,输入两组的数据并建立不同的限制条件,来检验中山陵风景区环境基底的调节作用。表 7-34 是中山陵风景区环境基底低水平组和高水平组的环境保守行为模型拟合度指数,根据模型拟合指数的评价标准,本书提出的模型适合于低水平组和高水平组。

表 7-34 中山陵风景区环境基底—环境保守行为分组拟合度检验

| 拟合度指数 | $\chi^2/df$ | CFI | IFI | NFI | PGFI | SRMR | RMSEA |
| --- | --- | --- | --- | --- | --- | --- | --- |
| 低水平组 | 2.897 | 0.971 | 0.971 | 0.956 | 0.644 | 0.041 | 0.060 |
| 高水平组 | 2.562 | 0.977 | 0.977 | 0.963 | 0.623 | 0.035 | 0.054 |

本书主要探究环境基底是否调节结构模型中的有关路径,因此只考虑限制结构权重的模型与限制测量权重的模型的差异($M_3 - M_2$)。结果是 $\Delta\chi^2 = 16.450$,$\Delta df = 5$,$p = 0.005(p < 0.01)$,表明限制结构权重后的模型与限制测量权重后的模型有显著差异。

为了确定环境保守行为意向—环境保守行为路径的高低水平组间是否存在显著性差异,我们检验两组路径的临界比率差。结果显示其绝对值为 3.004(大于 1.96 的阈值),表明在 0.05 的水平上显著。即,环境基底对旅游者环境保守行为意向和环境保守行为间的关系起调节作用。此外,高水平组的路径系数(0.725)大于低水平组的路径系数(0.403)。因此,假设 6 得到支持。也就是说,中山陵风景区的环境基底正向调节旅游者的环境保守行为意向与其环境保守行为之间的关系,即这条路径在环境基底的约束力较强时更强。

### 7.6.3 环境基底对环境干扰行为的调节作用

根据本书第三章3.3.3数据分析方法部分所述,按照"27%原则"将黄山风景区环境基底约束力大小分成低水平组和高水平组。通过 SEM 的多群组分析功能,输入两组的数据并建立不同的限制条件,来检验黄山风景区环境基底的调节作用。表7-35是黄山风景区环境基底低水平组和高水平组的环境干扰行为模型拟合度指数,根据模型拟合指数的评价标准,本书提出的模型适合于低水平组和高水平组。

表7-35 黄山风景区环境基底—环境干扰行为分组拟合度检验

| 拟合度指数 | $\chi^2/df$ | CFI | IFI | NFI | PGFI | SRMR | RMSEA |
| --- | --- | --- | --- | --- | --- | --- | --- |
| 低水平组 | 3.317 | 0.963 | 0.963 | 0.948 | 0.652 | 0.041 | 0.066 |
| 高水平组 | 2.616 | 0.975 | 0.975 | 0.961 | 0.641 | 0.038 | 0.055 |

本书主要探究环境基底是否调节结构模型中的有关路径,因此只考虑限制结构权重的模型与限制测量权重的模型的差异($M_3-M_2$)。结果是 $\Delta\chi^2=12.105$,$\Delta df=5$,$p=0.003$($p<0.01$),表明限制结构权重后的模型与限制测量权重后的模型有显著差异。

为了确定环境干扰行为意向—环境干扰行为路径的高低水平组间是否存在显著性差异,我们检验两组路径的临界比率差。结果显示其绝对值为3.892(大于1.96的阈值),表明在0.05的水平上显著。即,环境基底对旅游者环境干扰行为意向和环境干扰行为间的关系起调节作用。此外,高水平组的路径系数(0.320)大于低水平组的路径系数(0.077)。因此,假设6得到支持。也就是说,黄山风景区的环境基底正向调节旅游者的环境干扰行为意向与其环境干扰行为之间的关系,即这条路径在环境基底的约束力较强时更强。

根据本书第三章 3.3.3 数据分析方法部分所述,按照"27%原则"将中山陵风景区环境基底约束力大小分成低水平组和高水平组。通过 SEM 的多群组分析功能,输入两组的数据并建立不同的限制条件,来检验中山陵风景区环境基底的调节作用。表 7-36 是中山陵风景区环境基底低水平组和高水平组的环境干扰行为模型拟合度指数,根据模型拟合指数的评价标准,本书提出的模型适合于低水平组和高水平组。

表 7-36　中山陵风景区环境基底—环境干扰行为分组拟合度检验

| 拟合度指数 | $\chi^2/df$ | CFI | IFI | NFI | PGFI | SRMR | RMSEA |
|---|---|---|---|---|---|---|---|
| 低水平组 | 2.988 | 0.971 | 0.971 | 0.957 | 0.656 | 0.035 | 0.061 |
| 高水平组 | 2.229 | 0.982 | 0.983 | 0.969 | 0.645 | 0.034 | 0.048 |

本书主要探究环境基底是否调节结构模型中的有关路径,因此只考虑限制结构权重的模型与限制测量权重的模型的差异($M_3-M_2$)。结果是 $\Delta\chi^2=18.119, \Delta df=5, p=0.002(p<0.01)$,表明限制结构权重后的模型与限制测量权重后的模型有显著差异。

为了确定环境干扰行为意向—环境干扰行为路径的高低水平组间是否存在显著性差异,我们检验两组路径的临界比率差。结果显示其绝对值为 3.537(大于 1.96 的阈值),表明在 0.05 的水平上显著。即,环境基底对旅游者环境干扰行为意向和环境干扰行为间的关系起调节作用。此外,高水平组的路径系数(0.688)大于低水平组的路径系数(0.374)。因此,假设 6 得到支持。也就是说,中山陵风景区的环境基底正向调节旅游者的环境干扰行为意向与其环境干扰行为之间的关系,即这条路径在环境基底的约束力较强时更强。

## 7.7　本章小结

本章依据前文探索性因子分析的结果,分别构建旅游者环境激进行为、环境保守行为以及环境干扰行为的测度模型,并检验其假设。黄山风景区和中山陵风景区的假设检验结果存在差异。对黄山风景区旅游者而言,各假设中,仅主观规范对环境激进行为意向产生显著正向影响的假设不成立,这可能是因为环境激进行为是一种对旅游者自身环保责任意识要求极高的行为,其受到重要他人的影响不大。对中山陵风景区旅游者而言,各假设中,知觉行为控制对环境干扰行为产生显著影响的假设不成立,这可能是因为环境干扰行为的实施成本较低,较易施行;环境行为态度对环境激进行为意向产生显著影响以及知觉行为控制对环境激进行为产生显著影响的假设不成立,这可能是因为环境激进行为是一种对旅游者自身环保责任意识要求极高的行为,其受到主观态度和行为难易程度的影响不大。通过运用结构方程模型—多群组分析方法(SEM-MGA),检验了黄山风景区和中山陵风景区的情境因素对旅游者环境行为意向和环境行为之间关系的调节作用,两个案例地不同情境因素对旅游者三个维度环境行为的影响结果如表7-37所示。

表 7-37　情境因素对旅游者环境行为的调节作用检验结果汇总

| 案例地 | 环境行为 | 环境规制 | 环保设施 | 行为诱导 | 同伴约束 | 环境基底 |
|---|---|---|---|---|---|---|
| 黄山风景区 | 环境激进行为 | √ | √ | × | × | × |
|  | 环境保守行为 | √ | √ | √ | √ | √ |
|  | 环境干扰行为 | √ | √ | × | √ | √ |
| 中山陵风景区 | 环境激进行为 | √ | × | × | × | × |
|  | 环境保守行为 | √ | √ | √ | √ | √ |
|  | 环境干扰行为 | √ | × | × | √ | √ |

注:√表示案例地该情境因素的调节作用存在;×表示案例地该情境因素的调节作用不存在。

由表7-37中结果可以得到以下几点结论。

(1)在旅游地环境规制方面,黄山风景区和中山陵风景区的环境规制对旅游者的环境激进行为意向与环境激进行为之间的关系、环境保守行为意向与环境保守行为之间的关系以及环境干扰行为意向与环境干扰行为之间的关系均起到正向调节作用。这可能是因为环境规制作为旅游地的一种具有对旅游者环境行为起到警示、教育以及劝告意义的情境因素，起到约束作用的环境行为的范围和种类非常广泛，是旅游地情境因素中极为重要的环节，因此对旅游者的三类环境行为意向与环境行为之间的关系均具有正向调节作用，且两个案例地的结果一致，说明两个案例地的环境规制都较为完善。

（2）在旅游地环保设施方面，黄山风景区的环保设施对旅游者的环境激进行为意向与环境激进行为之间的关系、环境保守行为意向与环境保守行为之间的关系以及环境干扰行为意向与环境干扰行为之间的关系均起到正向调节作用；中山陵风景区的环保设施对旅游者的环境保守行为意向与环境保守行为之间的关系起到正向调节作用，而对环境激进行为意向与环境激进行为之间的关系以及环境干扰行为意向与环境干扰行为之间的关系均无调节作用。这证明环保设施也是旅游地情境因素中重要的环节；两个案例地的结果存在差异，说明黄山风景区的环保设施较为完善，而中山陵风景区的环保设施有待改善，这也符合调研现场的发现。

（3）在旅游地行为诱导方面，黄山风景区和中山陵风景区的行为诱导对旅游者的环境保守行为意向与环境保守行为之间的关系起到正向调节作用，而对环境激进行为意向与环境激进行为之间的关系以及环境干扰行为意向与环境干扰行为之间的关系均无调节作用，两个案例地的结果一致。这证明行为诱导也是旅游地情境因素中较为重要的环节，行为诱导多起到正面的作用，因此其对旅游者的环境干扰行为意向与环境干扰行为之间的关系无调节作用。另外，环境激进行为是一种对旅游者自身的环保责任意识要求极高的行为，其受到他人行为的影响不大，因此行为诱导对两个案例地的旅游者的环境激进行为意向与环境激进行为之间的关系无调节作用。

（4）在旅游地同伴约束方面，黄山风景区和中山陵风景区的同伴约束对旅游者的环境保守行为意向与环境保守行为之间的关系以及环境干扰行为意向与环境干扰行为之间的关系均起到正向调节作用，而对环境激进行为意向与环境激进行为之间的关系无调节作用，两个案例地的结果一致。这证明同伴约束也是旅游地情境因素中较为重要的环节，环境激进行为是对旅游者自身环保责任意识要求极高的环境行为，受到同伴的约束作用不大,因此同伴约束对两个案例地的旅游者的环境激进行为意向与环境激进行为之间的关系无调节作用。

(5) 在旅游地环境基底方面,黄山风景区和中山陵风景区的环境基底对旅游者的环境保守行为意向与环境保守行为之间的关系以及环境干扰行为意向与环境干扰行为之间的关系均起到正向调节作用,而对环境激进行为意向与环境激进行为之间的关系无调节作用。这证明环境基底是旅游地情境因素中重要的环节,而两个案例地的结果一致,说明两个案例地的环境基底都相对较为完善,而环境激进行为是一种对旅游者自身环保责任意识要求极高的环境行为,其受到周围环境状况的影响不大,因此环境基底对两个案例地的旅游者环境激进行为意向与环境激进行为之间的关系均无调节作用。

# 第八章 结论与展望

本研究综合旅游地理学、环境行为学、环境心理学等学科知识,将旅游地情境因素引入旅游者环境行为研究,应用计划行为理论研究模式构建测量模型,探讨旅游者环境行为的差异以及旅游地情境因素对旅游者环境行为的影响,并对旅游者的环境行为进行分类研究。本研究具有一定的理论意义和实践意义。在理论层面,本研究是对计划行为理论研究变量有益的补充,也在一定程度上丰富了旅游者环境行为的研究。在实践层面,本研究一方面有利于从人地关系的视角,结合旅游者心理,引导旅游者能动、自觉地践行环境友好行为;另一方面有利于旅游地的相关管理部门制定有效的、针对性强的旅游环保政策,实施有效的环境管理,从而有效地解决旅游地的环境问题,促进旅游地的可持续发展。

## 8.1 研究结论

**1. 旅游者的环境行为可以划分为环境激进行为、环境保守行为、环境干扰行为等三个不同类型**

本书通过实证研究发现,旅游者的环境行为意向可以划分为"环境激进行为意向""环境保守行为意向"以及"环境干扰行为意向"三个不同类型,与之对应的,旅游者环境行为可以划分为"环境激进行为""环境保守行为"以及"环境干扰行为"三个不同类型。在旅游者环境行为的三个类型中,前人对于与旅游者的"环境保守行为"概念类似的亲环境行为[3,4,102,248]以及与旅游者的"环境干扰行为"概念类似的环境破坏行为[249,250]的研究较多,而忽视了对于旅游者的"环境激进行为"的研究。

与"环境保守行为"概念相近的亲环境行为是一种个体实施的对于环境造成的负面或消极影响最小化或者有益于环境的可持续发展或效用的行为[251],这种可持续的行为需要从社会、心理以及行为等多个视角来进行研究[252]。与"环境干扰行为"概念相近的环境破坏行为主要指的是个体在生产、生活和消费过程中对于环境产生消极影响的行为,比如污染环境和破坏生态的行为等[249],具有生态环境负外部性[253]。对于旅游者"环境激进行为",本书定义为旅游者具有极高的、自己恪守环境友好行为的准则且要求他人或组织也恪守相应准则的激进的环保责任意识,因而主动积极地参与到能够对旅游地的生态环境产生直接或间接正面影响的行为,其中产生直接正面影响的行为包括劝解或制止其他旅游者的环境破坏行为、向有关单位报告其他旅游者的环境破坏行为等,产生间接正面影响的行为包括捐款给旅游地以为相关部门的环境保护工作提供支持等。环境激进行为可以促使旅游者之间相互监督、促进旅游者良好环保意识与文明旅游的社会风气的形成,进而对旅游地的良性环境管理和高质量发展产生至关重要的作用,应当引起旅游地管理部门及学术界的更多关注和重视。

**2. 旅游地情境因素可以划分为环境规制、环保设施、行为诱导、同伴约束、环境基底等五个维度**

本书通过对两个不同类型案例地的实证研究发现,旅游地的情境因素包含"环境规制""环保设施""行为诱导""同伴约束"以及"环境基底"五个构成维度。"环境规制"主要指的是旅游地制定的针对旅游者环境行为的政策法规以及放置的告示牌、警示牌等。"环保设施"主要指的是旅游地设置的用于保护环境的硬件设施,诸如垃圾箱、花草的围栏等。"行为诱导"主要指的是旅游地的有关人员(环卫工、其他旅游者等)的积极和消极环境行为对旅游者环境行为的影响。"同伴约束"主要指的是与旅游者随行的亲人、朋友、同学、同事等的存在和陪伴对旅游者环境行为的影响。"环境基底"主要指的是旅游地现存的环境质量,包括自然风光的优美程度、主干道和公共场所的干净整洁度等。

通过实地调研获取资料和观察,发现黄山风景区和中山陵风景区的情境因素具有如下特点:环境规制方面,两地的环保政策都比较多,但大多只是成文但不易于被旅游者接收到,两地的告示牌、警示牌都比较完善;环保设施方面,两地的垃圾箱等设施都设置得比较多,平均几十米就有一个,黄山风景区的花草围栏比较齐全和完善,但中山陵风景区的花草护栏不够完善,其高度和范围不足;行为诱导方面,两地的环卫工人的分布密度差别不大,旅游者的环境行为也类似,均存在一定程度的不文明行为;同伴约束方面,由问卷调查可知,两地情况也较为类似;环境基底方面,两地都比较完善,环境质量均较高。

本研究对于旅游地情境因素的五维度划分与他人的研究(主要是对于影响居民环境行为的情境因素的研究)存在相似和不同之处,影响居民环境行为的情境因素包括成本与报酬、科技手段、政策支持和法律法规[96];包括社会规范、便利条件、经济因素、人际影响和时间限制[90];可分为法律规范、方便条件、经济因素、时间限制和社交影响[81];影响居民回收废旧家电行为的情境因素包含环境知识、公众宣传和回收渠道三个维度[78];影响居民从源头分类生活垃圾行为的情境因素主要包括垃圾收集频率、服务和方式,垃圾箱的分类设置,循环再利用的项目运营与类型等维度[80]。因此,本研究通过实地调研和统计分析得出的旅游地情境因素的维度划分是合理的。

**3. 旅游者环境行为的心理影响因素以及环境行为存在个体差异**

前人的研究发现不同个体在环境行为的心理影响因素和环境行为等层面存在个体差异,但这些研究发现主要针对的是公众和居民群体[254-257],针对旅游者的相关研究发现很少[258]。本书探究了不同人口统计学特征个体对于环境行为的心理因素(环境行为态度、主观规范、知觉行为控制以及环境行为意向)及其环境行为的差异。研究发现:

无论是黄山风景区还是中山陵风景区,不同性别旅游者对于环境行为心理因素以及环境行为均不存在差异。

不同年龄旅游者对于环境行为的心理因素的差异主要体现在"主观规范"(中山陵风景区差异显著)和"环境激进行为意向"(中山陵风景区差异显

著)两个方面,总体而言,年龄越大,主观规范和环境激进行为意向越正面。这可能是因为随着年龄的增长,人们越容易感受到来自外界的压力,青少年相对而言更加无拘无束,再者,可能是随着年龄的增大,人们阅历增多,责任意识变得更强,更能意识到协助景区保护环境的重要性。不同年龄旅游者的部分环境行为不存在差异。

不同职业旅游者对于环境行为心理因素的差异主要体现在"知觉行为控制"(中山陵风景区差异显著,职业为公司职员、离退休人员、专业技术人员的旅游者知觉行为控制最强烈,而职业为商贸人员、技工和军人的旅游者其知觉行为控制相对最弱)和"环境激进行为意向"(黄山风景区旅游者中,离退休人员和服务员/销售员的环境激进行为意向最强烈,这可能是因为离退休人员年龄较大、阅历较丰富,因此其环保责任意识较强,而服务员/销售员因其工作属性的关系参与服务意识较强;中山陵风景区旅游者中,政府机关人员的环境激进行为意向最强烈,学生最弱,这可能是因为政府机关人员的从业宗旨是"为人民服务",因而其责任意识较强)两个方面。对于黄山风景区旅游者而言,职业对"环境激进行为"维度产生显著影响,职业为商贸人员的旅游者环境激进行为频率最高;对于中山陵风景区旅游者而言,职业对"环境保守行为"以及"环境激进行为"两个维度产生显著影响,军人旅游者的环境保守行为频率最高,离退休人员相对最低,技工/工人旅游者的环境激进行为频率最高,学生相对最低。

不同受教育程度旅游者对于环境行为心理因素的差异在各维度上均有差异,总体而言,受教育程度越高,旅游者的心理因素越积极正面,这可能是因为受教育程度越高的人,其在受教育过程中得到了更多有关环境保护的信息和知识,从而更加关注环境行为,越容易受到条条框框的约束,越会认识到环境保护工作的难度。不同受教育程度旅游者的环境行为存在差异,但未表现出与心理因素一致的受教育程度越高、环境行为越频繁的规律,这可能是因为实际的环境行为的实施除了受到心理因素的影响,还会受到其他很多因素的影响。

不同月收入旅游者对于环境行为心理因素的差异主要体现在"主观规范""知觉行为控制"和"环境行为意向"三个方面,总体而言,月收入水平越高,旅游者的主观规范、知觉行为控制与环境行为意向越正面,这可能是因为月收入越高,人们的社会地位和受教育水平相对更高,因此受到的外界压力和约束更大,越会认识到环境保护工作的难度。

不同婚姻状况旅游者对于环境行为的心理因素的差异主要体现在"知觉行为控制""环境激进行为意向"方面,已婚的旅游者知觉行为控制与环境激进行为意向最强烈,单身的旅游者最弱。这可能是因为已婚者实施环境保护行为时相对单身者而言考虑的因素更多,责任意识也相对更强。

不同常住地旅游者对于环境行为的心理因素的差异主要体现在"知觉行为控制"方面(中山陵风景区差异显著),省内旅游者的知觉行为控制强于省外旅游者。这可能是因为省内旅游者相对而言去到中山陵风景区的次数和机会更多,因此对于环境保护工作的难度有更清醒的认识。

不同游玩次数旅游者对于环境行为的心理因素的差异主要体现在"环境激进行为意向"方面(黄山风景区差异显著),游玩次数在3次及以上的旅游者的环境激进行为意向最强烈,这可能是因为游玩达到一定次数后,旅游者的责任意识会渐渐变强,对环境激进行为引起更多重视。

**4. 旅游者对旅游地情境因素的感知存在个体差异**

本书探究了不同人口统计学特征旅游者对于旅游地情境因素感知的差异。研究发现:

不同性别旅游者对于旅游地情境因素感知的差异主要体现在"环境规制"维度上(中山陵风景区差异显著),女性旅游者对环境规制的感知比男性更正面。这可能是因为女性相对于男性而言更加循规蹈矩。

不同年龄旅游者对于旅游地情境因素感知的差异主要体现在"环境基底"维度上(中山陵风景区差异显著),总体而言,年龄越大,旅游者对环境基底的感知越正面。这可能是因为随着年龄的增长,旅游者对旅游地的环境质量的要求更高。

不同职业旅游者对旅游地情境因素感知的差异主要体现在"环境规制"维度上,学生群体对环境规制的感知最正面,这可能是因为学生在学校里经常接受"遵守规则、遵守纪律、遵守法律"的教育,因而其对于环境法规和制度的感知更强烈。

不同受教育程度旅游者对于旅游地情境因素感知的差异主要体现在"环境规制""环保设施""行为诱导""环境基底"四个维度上,总体而言,随着受教育水平的提高,旅游者对四个维度的情境因素感知更强。这可能是因为受教育水平越高的人,更加遵守旅游地的行为规范,也更加注重对旅游地的环境保护。

不同月收入旅游者对于旅游地情境因素感知的差异主要体现在"环保设施"维度上(黄山风景区差异显著),总体而言,月收入水平越高,旅游者对环保设施的感知更强。这可能是因为月收入水平某种程度上与受教育水平相关。

不同婚姻状况旅游者对于旅游地情境因素感知的差异主要体现在"环境基底"维度上(黄山风景区差异显著),其中单身旅游者的感知最弱,这可能是因为单身旅游者其行为比较自由,受到外界影响更少。

不同常住地旅游者对于旅游地情境因素感知的差异主要体现在"环保设施"维度上(黄山风景区差异显著),省外旅游者的感知显著强于省内旅游者,这可能是因为省外旅游者多是第一次造访旅游地,其对环保设施这样的情境因素的数量和位置更加敏感和关注。

不同游玩次数旅游者对于旅游地情境因素感知的差异主要体现在"环境基底"维度上(黄山风景区差异显著),游玩3次及以上旅游者感知最强,这可能是因为游玩次数越多,旅游者对于旅游地的环境质量的关注和要求更多。

**5. 旅游地不同类型的情境因素对旅游者环境行为的影响存在异同**

旅游地环境规制、环保设施对三个维度的旅游者环境行为意向与环境行为之间的关系均起到正向调节作用,这可能是因为环境规制和环保设施相对而言都是随处可见的,环境规制的约束和警醒作用比较强,垃圾箱等环保设施降低了旅游者实施亲环境行为的成本,因此能够对旅游者的环境行为意向和环境行为产生较为直接的影响;旅游地同伴约束、环境基底对旅游者的环境保守行为意向与环境保守行为之间的关系以及环境干扰行为意向与环境干扰行为之间的关系起到正向调节作用,但对环境激进行为意向与环境激进行为之间的关系无调节作用,这可能是因为同伴约束对旅游者的环境行为的影响主要体现在环境保守行为和环境干扰行为方面,而具有极强环境责任意识的旅游者毕竟是少数,大多数旅游者可能认为环境激进行为并不是自己的责任和义务,环境激进行为更应该由旅游地管理部门和经营部门承担,环境基底体现的是旅游地的环境质量,其对环境保守行为和环境干扰行为的影响与联系比环境激进行为更加紧密;旅游地行为诱导只对旅游者的环境保守行为意向与环境保守行为之间的关系起正向调节作用,对环境干扰行为意向与环境干扰行为之间的关系以及环境激进行为意向与环境激进行为之间的关系均无调节作用,这可能是因为他人的行为诱导和示范作用主要体现在遵守旅游地注意事项、保护旅游地设施免受破坏、合理处置旅游过程中产生的废弃物等环境保守行为方面。

**6. 不同类型案例地的情境因素对旅游者环境行为的影响存在异同**

对于本研究的两个案例地黄山风景区和中山陵风景区而言,其环境规制对于旅游者三个维度的环境行为的影响机制是一致的,均对三个维度的环境行为意向和环境行为之间的关系起到正向调节作用,这可能是因为两个案例地的环境规制相对都比较完善;环保设施方面,两个案例地的环保设施对旅游者的环境行为的影响机制存在差异,黄山风景区的环保设施对旅游者三个维度的环境行为意向和环境行为之间的关系起到正向调节作用,而中山陵风景区的环保设施仅对旅游者的环境保守行为意向和环境保守行为之间的关系起到正向调节作用,这可能是因为中山陵风景区的环保设施相比较黄山风景区而言并不十分完善;行为诱导方面,两个案例地的行为诱导对旅游者的环境行为的影响机制是一致的,黄山风景区和中山陵风景区的行为诱导均只对旅游者的环境保守行为意向和环境保守行为之间的关系起正向调节作用,这可能是因为两个案例地的样本比较类似,旅游者的环境行为和环卫工人等的环保行为也比较类似;同伴约束方面,两个案例地的同伴约束对旅游者环境行为的影响机制是一致的,黄山风景区和中山陵风景区的同伴约束均对旅游者的环境保守行为意向和环境保守行为之间的关系以及环境干扰行为意向和环境干扰行为之间的关系起正向调节作用,这可能是因为两个案例地旅游者有随行同伴存在的比例都较高导致的;环境基底方面,两个案例地的环境基底对旅游者环境行为的影响机制是一致的,黄山风景区和中山陵风景区的环境基底均对旅游者的环境保守行为意向和环境保守行为之间的关系以及环境干扰行为意向和环境干扰行为之间的关系起正向调节作用,这可能是因为两个案例地的环境质量状况比较类似。

总体而言,本研究中的两个案例地黄山风景区与中山陵风景区的情境因素及其对旅游者环境行为的作用机制是类似的,说明自然类型或人文类型这样的案例地属性类型不是旅游地情境因素及其对旅游者环境行为作用机制的主要影响因素,旅游地的情境因素及其对旅游者环境行为的作用主要还是受到旅游地自身发展程度的影响。本研究中的两个案例地黄山风景区和中山陵风景区都是我国著名的旅游地,各方面的发展都较为成熟和完善,情境因素也都较为正面和优良,未来的研究可以选择情境因素发展相对较差的旅游地,可能会得到不同的研究结果。再者,旅游地的情境因素对旅游者环境行为的作用还会受到旅游者自身环保责任意识的影响,具有环保激进责任意识的旅游者毕竟是少数,因此本研究中旅游地的多种情境因素对旅游者的环境激进行为的影响不大。

**7. 旅游者环境行为的测度模型具有一定的适宜性**

旅游活动中旅游者的环境行为是"人地关系"相互作用的结果。在过往文献中,旅游者环境行为研究多关注"人",即旅游者的个体因素[1-4],而忽视"地",即旅游地的情境因素对旅游者环境行为的影响。再者,旅游者不同环保责任意识的环境行为会对旅游地产生不同的影响,过往有关旅游者环境行为的研究大多聚焦于与旅游者的环境保守行为概念相近的亲环境行为[5-7]以及与旅游者的环境干扰行为概念相近的环境不文明行为[8],而尚未出现关于旅游者环境激进行为的研究。本研究基于实证分析,应用计划行为理论构建了旅游者环境行为三个维度的测度模型,并将旅游地情境因素纳入模型之中,使用多群组分析的方法检验了不同类型旅游地的不同情境因素对旅游者三个维度环境行为意向与环境行为之间关系的调节作用,说明本书构建的旅游者环境行为的测度模型具有一定的适宜性。

## 8.2 创新点

**1. 研究视角方面**

旅游者的环境行为是人地相互作用的结果,而现有的关于旅游者环境行为的研究往往只关注"人",即旅游者个体心理因素,而忽视了"地",即旅游地情境因素的影响。本研究将旅游地情境因素纳入旅游者环境行为研究,构建了旅游地情境因素的分类体系,拓展了旅游者环境行为的研究视角。

**2. 研究内容方面**

以往的研究重点关注旅游者具有保守环保责任意识的环境行为,而忽视了旅游者具有激进环保责任意识的环境行为。本研究从对旅游地环境产生积极影响和消极影响两个方面,将旅游者环境行为分为环境友好行为和环境干扰行为。其中,环境友好行为按照实施主体环保责任意识的强弱细分为环境激进行为和环境保守行为以进行分类研究,构建了旅游者环境行为的分类体系,丰富了旅游者环境行为的研究内容。

## 8.3 研究展望

**1. 研究内容的扩展**

本书基于计划行为理论的框架构建模型,考察了环境行为态度、主观规范、知觉行为控制以及环境行为意向等变量对环境行为的影响。未来的研究可尝试将其他驱动变量诸如地方依恋、过去的经验、行为动机等引入模型,以更加深入地探讨旅游者环境行为的影响机制。本书将旅游地的环境规制、环保设施、行为诱导、同伴约束以及环境基底这五类情境因素纳入研究体系。未来可将研究视角聚焦到某一具体类别的情境因素,如环境规制中的警示牌、环保设施中垃圾箱的位置与数量等,以尝试明晰其影响机制的区别和联系,为旅游地的精细化管理提供科学依据。

### 2. 研究方法的选取

在调查方法方面,本书采用旅游者自主报告的问卷调查法获取数据资料,可能表达的并非完全是真实情况,未来的研究可以采取观察法或者实验法来对旅游者的实际行为进行测量和研究,以更加真实地反映实际情况;在数据分析方法方面,本书采用结构方程模型的验证性因子分析、结构方程建模与多群组分析的方法,对旅游者环境行为意向和环境行为的影响因素以及旅游地情境因素的调节作用进行了分析和探讨,有助于拓展旅游者环境行为的研究视角,为旅游地环境管理部门提供相应的政策和实践建议。本书提出的建议大多停留在理论阶段,未来的研究可通过采用人工智能领域的神经网络、深度学习等方法对旅游者环境行为的视频监控数据进行挖掘和分析,以识别和预测旅游者的环境行为,为旅游地相关环境管理部门提供具体实际和可操控性较强的管理建议。

### 3. 案例地的扩充

本书对比分析了自然山岳型风景区与人文历史名胜风景区两种不同类型案例地的情境因素对旅游者环境行为的影响,同一类型不同案例地的情境因素对旅游者环境行为的影响很可能是不同的,不同类型案例地的情境因素对旅游者环境行为的影响也很可能是不同的,其复杂性也是未知的。未来的研究可将视角扩展到其他自然山岳型风景区,诸如泰山、九华山等;还有其他人文历史名胜风景区,诸如万里长城、北京故宫等;研究视角也可聚焦到其他类型的案例地,诸如滨海度假区、城市步行街区、博物馆等,以探索更多类型案例地的具体情境因素对旅游者环境行为的影响,并与本书的两类案例地研究结果进行比较分析,以期为不同类型案例地的相关部门提供针对性较强的管理建议。

## 8.4 政策建议

### 1. 从旅游者心理层面出发

首先,旅游者的环境行为态度正向影响其环境行为意向。因此,相关行政管理部门应当加强宣传教育,以促使旅游者意识到环境激进行为和环境保守行为的价值与意义,意识到环境干扰行为的不良后果与消极影响,从而引导旅游者自觉地践行环境保守行为,自觉地克制环境干扰行为,培养其环境激进行为的意识。其次,旅游者的主观规范正向影响其环境行为意向。因此,诸如政府的相关部门、家庭、工作单位、学校、社区、亲朋好友、旅游从业者等多重主体应当努力构建环境保护行为的优良氛围,以切实有效地促进旅游者自觉遵守环境保护行为的规范。最后,旅游者的知觉行为控制正向影响其环境行为意向和环境行为。因此,旅游地应当改善其基础设施建设,以降低旅游者实施环境行为的成本,并提升旅游者对于环境行为的知觉控制。旅游地各个景点的解说牌与垃圾箱等基础设施的空间分布应当更加科学和合理,解说牌和垃圾箱等的分布和详细设计应当遵从"易于发现、易于找到、易于指引、易于放置"的原则。

**2. 从旅游地环境规制出发**

本研究发现,黄山风景区和中山陵风景区的环境规制对旅游者环境行为的影响机制是类似的,均对三个维度的环境行为意向与环境行为之间的关系产生正向调节作用,说明两个案例地的环境规制都较为完善,这与实地调研的结果是一致的。据此,首先,环境政策法规、环境告示牌、环境解说牌的设置对于激励旅游者环境保护意识和重视其在旅游地环境保护工作中的角色的重要性是十分必要的。旅游地应当健全和完善环境规制,如在环境规制层面明确定义旅游者环境不文明行为的类别和范围,根据不文明环境行为的严重程度建立相应的惩罚措施;应当出台具体的实施细则,以激励旅游者的相互监督与举报,并对不文明旅游行为的举报者实施奖励[259]。其次,环境教育在促进旅游者践行环境保护行为的过程中发挥着重要作用[260],相关管理部门应当设置更多的解说牌来引导旅游者参与到环境保护活动中,并奖励那些积极自觉实施环境保护行为的旅游者。再次,加强对环境规制的宣传力度。相关部门应当采取措施,如在旅游者排队等候时播放视频对环境规制进行解释,以帮助他们熟悉和理解环境规制的具体内容。

**3. 从旅游地环保设施出发**

本研究发现,黄山风景区和中山陵风景区的环保设施对旅游者三个维度的环境行为意向与环境行为之间关系的调节作用存在差异,其中黄山风景区的环保设施对旅游者三个维度的环境行为意向与环境行为之间的关系均产生正向调节作用;而中山陵风景区的环保设施仅对旅游者的环境保守行为意向与环境保守行为之间的关系产生正向调节作用,通过实地调研发现,这可能是因为中山陵风景区的环保设施相对于黄山风景区而言不够完善。据此,中山陵风景区的管理和建设部门应当更加注重完善环保设施的建设和安置。如道路设置应当充分合理;垃圾箱应当放置在易于被旅游者发现的地点并易于旅游者分类投放,并且其投放数量应当充分合理;花草的围栏应当尽量设置得兼具保护和美学功能。

### 4. 从旅游地行为诱导出发

本研究发现,黄山风景区和中山陵风景区的行为诱导对旅游者环境行为的影响机制是类似的,均对旅游者的环境保守行为意向与环境保守行为之间的关系产生正向调节作用。据此,旅游地应当在考虑经济成本的情况下尽量安排更多的环卫工人等人员对其环境状况实施保护,这不仅能直接改善旅游地的环境,而且能间接促使旅游者践行环境保护行为,从而形成正面的示范作用,促进旅游地环境保护和管理工作的良性循环。

### 5. 从旅游地同伴约束出发

本研究发现,黄山风景区和中山陵风景区的同伴约束对旅游者三个维度的环境行为意向与环境行为之间关系的调节作用存在差异。其中黄山风景区的同伴约束对旅游者环境保守行为意向与环境保守行为之间的关系以及环境干扰行为意向与环境干扰行为之间的关系均产生正向调节作用;而中山陵风景区的同伴约束对旅游者环境保守行为意向与环境保守行为之间的关系产生正向调节作用。据此,旅游地要通过宣传等措施促使每个旅游者更多地践行环境保守行为,更少地实施环境干扰行为,积极地参与环境激进行为。再者,应当鼓励旅游者更多地结伴出游,而不是独自出游,因为同伴的存在有利于其亲环境行为的实施减少环境破坏行为。

### 6. 从旅游地环境基底出发

本研究发现,黄山风景区和中山陵风景区的环境基底对旅游者环境行为的影响机制是类似的,均对旅游者环境保守行为意向与环境保守行为之间的关系以及环境干扰行为意向与环境干扰行为之间的关系产生正向调节作用。据此,首先,旅游地应当改善环境基底,以加强对旅游者的引导作用,变旅游地"破窗"为"护窗"。相关部门应加强对旅游地环境基底的管理,以让旅游者更加清楚并重视自己在旅游地环境保护中所扮演的角色,使旅游者更加积极主动地参与到亲环境行为中,从而形成一种良性循环。针对现阶段旅游者对环境激进行为重视程度较低的现状,可以对积极参与环境激进行为的旅游者直接给予一定程度的奖励,对环境干扰行为实施惩罚,以提高旅游者环境激进行为的参与度和环境干扰行为的成本。其次,加强对环境基底的宣传力度。旅游地相关管理部门可采取措施加强旅游者对旅游地环境基底好坏的感知程度,如通过 AR、VR 等技术手段将旅游地不同的环境基底呈现在旅游者面前,以促进旅游者更多地实施环境激进行为,自觉地实施环境保守行为,减少乃至杜绝环境干扰行为。

# 参考文献

[1] BROWN T J, HAM S H, HUGHES M. Picking up litter: an application of theory-based communication to influence tourist behaviour in protected areas[J]. Journal of Sustainable Tourism, 2010, 18(7): 879-900.

[2] LIU J, ZHAO Y C, JIANG S. Understanding beach tourists' environmentally responsible behaviors: an extended value-attitude-behavior model[J]. Journal of Travle & Tourism Marketing, 2021, 38(7): 696-709.

[3] MILLER D, MERRILEES B, COGHLAN A. Sustainable urban tourism: understanding and developing visitor pro-environmental behaviours[J]. Journal of Sustainable Tourism, 2015, 23(1): 26-46.

[4] UNTARU E N, EPURAN G, ISPAS A. A conceptual framework of consumers' pro-environmental attitudes and behaviours in the tourism context[J]. Bulletin of the Transilvania University of Brasov, 2014, 7: 85-94.

[5] HAN H S. Travelers' pro-environmental behavior in a green lodging context: converging value-belief-norm theory and the theory of planned behavior[J]. Tourism Management, 2015, 47: 164-177.

[6] HAN H S, MYONG J, JINSOO H. Cruise travelers' environmentally responsible decision-making: an integrative framework of goal-directed behavior and norm activation process[J]. International Journal of Hospitality Management, 2016, 56(3): 94-105.

[7] JU H, MIN L, HWANG Y S. Tourists' environmentally

responsible behavior in response to climate change and tourist experiences in nature-based tourism[J]. Sustainability,2016,8(7):644-657.

[8] 林明水,赵东喜,刘丽华.游客不文明行为的改善路径——基于计划行为理论视角[J].福建师范大学学报(自然科学版),2016(3):152-159.

[9] ELISABETH G. Attitude-behavior gap of biology students in Vienna regarding energy behavior in the household [J]. Journal of Neurogastroenterology & Motility,2014,20(4):423-446.

[10] HOWELL A P, SHAW B R, ALVAREZ G. Bait shop owners as opinion leaders: a test of the theory of planned behavior to predict pro-environmental outreach behaviors and intentions[J]. Environment and Behavior,2015,47(10):1107-1126.

[11] CORRAL V V, TAPIA F C, ORTIZ V A. On the relationship between character strengths and sustainable behavior[J]. Environment and Behavior,2014,47(8):877-901.

[12] HARRISON D W. Arousal theory: brain asymmetry and neural systems[M]. Basel, Switzerland: Springer International Publishing,2015.

[13] BRAMWELL B. Tourism development and the environment: beyond sustainability? [J]. Annals of Tourism Research,2010,37(4):1194-1206.

[14] CHENG W, ZHANG Y. Research on the impact of tourism development on regional ecological environment and countermeasure based on big data[J]. Boletin Tecnico/Technical Bulletin,2017,55(7):464-470.

[15] HINES J M, HUNGERFORD H R, TOMERA A N. Analysis and synthesis of research on responsible environmental behavior: a meta-analysis[J]. Journal of Environmental Education,1987,18(2):1-8.

[16] YAN A P, JIA W W. The influence of eliciting awe on pro-environmental behavior of tourist in religious tourism[J]. Journal of Hospitality and Tourism Management,2021,48:55-65.

[17] IMRAN S, ALAM K, BEAUMONT N. Environmental orientations and environmental behaviour: perceptions of protected area

tourism stakeholders[J]. Tourism Management,2014,40(1):290 - 299.

[18] LIU R F. Selective marketing for sustainable development of tourism based on the analysis of environmental behavior: a case study of Jiuzhaigou[J]. Human Geography,2010,6:114 - 119.

[19] CORRALIZA J A, BERENGUER J. Environmental values, beliefs, and actions: a situational approach[J]. Environment and Behavior,2000,32(6):832 - 848.

[20] 陈慧琳.人文地理学[M].3版.北京:科学出版社,2013.

[21] 顾朝林,陈璐.人文地理学的发展历程及新趋势[J].地理学报,2004,59(z1):11 - 20.

[22] 方创琳,周尚意,柴彦威,等.中国人文地理学研究进展与展望[J].地理科学进展,2011,30(12):1470 - 1478.

[23] 李小云,杨宇,刘毅.中国人地关系演进及其资源环境基础研究进展[J].地理学报,2016,71(12):2067 - 2088.

[24] 马振宁,米文宝.人地关系论演变的历史轨迹及其哲学思考[J].城市地理,2016(12):223 - 224.

[25] 皮家胜,罗雪贞.为"地理环境决定论"辩诬与正名[J].教学与研究,2016,V50(12):23 - 32.

[26] 曹诗图.关于"地理环境决定论"批判的哲学反思——兼评斯大林的地理环境理论[J].世界地理研究,2001,10(4):100 - 106.

[27] BERLYNE D E. Conflict, arousal, and curiosity[M]. New York: McGraw-Hill,1960.

[28] REISENZEIN R. The legacy of cognition-arousal theory: introduction to a special section of emotion review[J]. Emotion Review,2017,9(1):34 - 45.

[29] ANDERSEN P A. Arousal theories of interaction adaptation[M]. New York: John Wiley & Sons, Inc.,2015.

[30] WICKER A W. Ecological psychology: some recent and prospective developments[J]. American Psychologist,1979,34(9):755 - 765.

[31] PERKINS D V, BURNS T F, PERRY J C, et al. Behavior setting theory and community psychology: an analysis and critique[J]. Journal of Community Psychology,1988,16(4):355-372.

[32] BROWN L, SHEPHERD M, WITUK S G. How settings change people: applying behavior setting theory to consumer-run organizations[J]. Journal of Community Psychology,2007,35(3):399-416.

[33] BARKER R G, WRIGHT H F. The behavior setting survey: methods[J]. 1954,45-83.

[34] WILSON J Q, KELLING G L. Broken Windows: the police and neighborhood safety[J]. The Atlantic Monthly,1982,249(3):29-38.

[35] CAUDILL I W, GETTY R, SMITH R, et al. Discouraging window breakers: the lagged effects of police activity on crime[J]. Journal of Criminal Justice,41(1):18-23.

[36] HIRA A. Broken windows: why culture matters in corruption reform[J]. Journal of Developing Societies,2016,32(1):1-16.

[37] OBERWITTLER D, JANSSEN H, GERSTNER D. Disorder and perceptions of insecurity in urban neighbourhoods-the overrated role of "Broken Windows" and the challenge of ethnic diversity[J]. Soziale Probleme,2017,28(2):181-205.

[38] ORTIGUEIRA-SÁNCHEZ L C. Influencing factors on citizen safety perception: systems and broken windows theories[J]. International Review on Public & Nonprofit Marketing,2017,14(1):1-17.

[39] FISHBEIN M A. Theory of reasoned action: some applications and implications[J]. Nebraska Symposium on Motivation Nebraska Symposium on Motivation,1980,27(27):65-116.

[40] AJZEN I. From intentions to actions: a theory of planned behavior[J]. Springer Berlin Heidelberg,1985,22(8):11-39.

[41] AJZEN I. The theory of planned behavior[J]. Organizational Behavior & Human Decision Processes,1991,50(2):179-211.

［42］AJZEN I. Constructing a theory of planned behavior questionnaire［J］. Unpublished Manuscript Retrieved,2006,7:861-871.

［43］MOUTINHO L. Consumer behavior in tourism［J］. European Journal of Marketing,1987,21(10):5-44.

［44］PARK H S. Relationships among attitudes and subjective norms: testing the theory of reasoned action across cultures［J］. Communication Studies,2000,51(2):162-175.

［45］CAPWELL E M. Theory of Planned Behavior［M］. New York: Springer,2013.

［46］PAUL J,MODI A,PATEL J. Predicting green product consumption using theory of planned behavior and reasoned action［J］. Journal of Retailing & Consumer Services,2016,29:123-134.

［47］WANG S Y,FAN J,ZHAO D,et al. Predicting consumers' intention to adopt hybrid electric vehicles: using an extended version of the theory of planned behavior model［J］. Transportation,2016,43(1):123-143.

［48］劳可夫,吴佳.基于Ajzen计划行为理论的绿色消费行为的影响机制［J］.财经科学,2013(2):91-100.

［49］张露,帅传敏,刘洋.消费者绿色消费行为的心理归因及干预策略分析——基于计划行为理论与情境实验数据的实证研究［J］.中国地质大学学报(社会科学版),2013,13(5):49-55.

［50］李玲.整合生态价值观与计划行为理论预测顾客绿色饭店消费意向［J］.生态经济(中文版),2016,32(7):153-157.

［51］张毅祥,王兆华.基于计划行为理论的节能意愿影响因素——以知识型员工为例［J］.北京理工大学学报(社会科学版),2012,14(6):7-13.

［52］XU X X,XIAO B,LI C Z D. Analysis of critical factors and their interactions influencing individual's energy conservation behavior in the workplace: A case study in China［J］. Journal of Cleaner Production,2021,286:124955.

[53] 吕荣胜,李梦楠,洪帅.基于计划行为理论城市居民节能行为影响机制研究[J].干旱区资源与环境,2016,30(12):53-58.

[54] WAMBACH K A.Breastfeeding intention and outcome: a test of the theory of planned behavior[J].Research in Nursing & Health,1997,20(1):51-59.

[55] TENGKU T I, WAN W M, BAKAR M I. The extended theory of planned behavior in explaining exclusive breastfeeding intention and behavior among women in Kelantan, Malaysia[J]. Nutrition Research & Practice,2016,10(1):49-55.

[56] GUO J L, WANG T F, LIAO J Y, et al. Efficacy of the theory of planned behavior in predicting breastfeeding: meta-analysis and structural equation modeling[J]. Applied Nursing Research,2016,29(6):37-42.

[57] ZHANG Y P, YUAN R F, MA H Y.Effect of the theory of planned behavior on primipara breastfeeding[J]. Annals of Palliative Medicine,2021,10(4):4547-4554.

[58] WILDE K D, MAES L, BOUDREZ H, et al. Analysis of smoking cessation beliefs in pregnant smokers and ex-smokers using the Theory of Planned Behavior[J]. Journal of Public Health, 2017, 25: 267-274.

[59] DIBELLO A M, MILLER M B, MERRILL J E, et al. A Test of the theory of planned behavior in the prediction of alcohol-induced blackout intention and frequency[J]. Alcoholism-Clinical and Experimental Research,2020,44(1):225-232.

[60] COSTA F M, JESSOR R, FORTENBERRY J D, et al.Psychosocial conventionality, health orientation, and contraceptive use in adolescence[J].The Journal of Adolescent Health,1996,18(6):404-416.

[61] 冯海涛,郑卫北.基于计划行为理论的大学生锻炼行为研究[J].河北科技大学学报(社会科学版),2012,12(4):100-106.

[62] STOLTE E, HOPMAN R M, AARTSEN M J, et al. The theory of planned behavior and physical activity change: outcomes of the aging well and healthily intervention program for older adults[J]. Journal of Aging & Physical Activity,2017,25(3):1-25.

[63] BROOKS J M, IWANAGA K, CHIU C Y, et al. Relationships between self-determination theory and theory of planned behavior applied to physical activity and exercise behavior in chronic pain[J]. Psychology Health & Medicine,2017,22(7):814-822.

[64] 方敏.基于计划行为理论拓展模型的青少年锻炼行为研究[J].武汉体育学院学报,2011,45(4):52-56.

[65] 李秋成.人地、人际互动视角下旅游者环境责任行为意愿的驱动因素研究[D].杭州:浙江大学,2015.

[66] 周玲强,李秋成,朱琳.行为效能、人地情感与旅游者环境负责行为意愿:一个基于计划行为理论的改进模型[J].浙江大学学报(人文社会科学版),2014,44(2):88-98.

[67] WANG C, ZHANG J, YU P, et al. The theory of planned behavior as a model for understanding tourists' responsible environmental behaviors: the moderating role of environmental interpretations [J]. Journal of Cleaner Production,2018,194:425-434.

[68] OREG S, KATZGERRO T. Predicting proenvironmental behavior cross-nationally: values, the theory of planned behavior, and value-belief-norm theory[J]. Environment & Behavior,2016,38(4):462-483.

[69] 张琼锐,王忠君.基于TPB的游客环境责任行为驱动因素研究——以北京八家郊野公园为例[J].干旱区资源与环境,2018,32(3):203-208.

[70] BUECHNER V L, MAIER M A. Not always a matter of context: direct effects of red on arousal but context-dependent moderations on valence[J]. Peerj,2016,4(9):1-11.

[71] BRESIN K, FINY M S, VERONA E. Childhood emotional environment and self-injurious behaviors: The moderating role of the BDNF Val66Met polymorphis[J]. Journal of Affective Disorders,2013,150(2):594-600.

[72] HARTMANN P, EISEND M, APAOLAZA V, et al. Warm glow vs. altruistic values: how important is intrinsic emotional reward in proenvironmental behavior? [J]. Journal of Environmental Psychology,2017,52:43-55.

[73] KIM W K, KIM D R. Relationship among store's physical environment, emotional response and behavior intention: comparison between korea and China[J]. Journal of the Korea Contents Association,2012,12(12):761-770.

[74] SCHULTE B A, Mustin E, TELFORD G, et al. Lifelong environmental enrichment in rats: impact on emotional behavior, spatial memory vividness, and cholinergic neurons over the lifespan[J]. Age,2013,35(4):1027-1043.

[75] ARIATI J, LISTIARA A, SASONGKO S. Does emotional support as a positive learning environment improve students' help-seeking behavior? [J]. Advanced Science Letters,2017,23(4):3500-3503.

[76] LUTZ R J, KAKKAR P. The psychological situation as a determinant of consumer behavior[J]. Advances in Consumer Research,1975,2:439-454.

[77] BELK R W. Situation variables and consumer behavior[J]. Journal of Consumer Research,1975,2(3):157-164.

[78] 余福茂.情境因素对城市居民废旧家电回收行为的影响[J].生态经济(中文版),2012(2):137-141.

[79] SHALLEY C E, ZHOU J, OLDHAM G R. The effects of personal and contextual characteristics on creativity: where should we go from here? [J]. Journal of Management,2004,30(6):933-958.

[80] 曲英,朱庆华.情境因素对城市居民生活垃圾源头分类行为的影响研究[J].管理评论,2010,22(9):121-128.

[81] 刘芳.情境因素作用下天津市居民环境态度与环境行为的关系研究[D].天津:河北工业大学,2009.

[82] MENON S, HAHN B. Cross-category effects of induced arousal and pleasure on the internet shopping experience[J]. Journal of Retailing, 2002,78(1):31-40.

[83] 崔楠,崔庆安,汪涛.在线零售情境因素对顾客惠顾意愿的影响研究[J].管理科学学报,2013,16(1):42-58.

[84] 姚亚男,韦福祥,李理.情境因素对跨界行为影响机制的研究——基于美特斯邦威服装门店一线员工的实证分析[J].天津师范大学学报(自然版),2017,37(3):70-80.

[85] 王平,陈启杰,宋思根.情境因素对网络社群中消费者生成内容行为的影响研究——以IT产品消费为例[J].财贸经济,2012(2):124-131.

[86] LATIF S A, OMAR M S, BIDIN Y H, et al. Environmental problems and quality of life: situational factor as a predictor of recycling behaviour[J]. Procedia-Social and Behavioral Sciences,2012,35:682-688.

[87] AYAL S, RUSOU Z, ZAKAY D, et al. Determinants of judgment and decision making quality: the interplay between information processing style and situational factors[J]. Frontiers in Psychology,2015,6(1088):387-396.

[88] 张伟,杨婷,张武康.移动购物情境因素对冲动性购买意愿的影响机制研究[J].管理评论,2020,32(02):174-183.

[89] TAKAHASHI B, SELFA T. Predictors of pro-environmental behavior in rural American communities[J]. Environment and Behavior, 2014,47(8):673-675.

[90] 张青.情境因素对居民环境行为的影响研究[D].河北:河北工业大学,2008.

[91] KENNEDY F B, VIMALA B. Situational factors influences on

impulse buying behaviour of working women in informal sector[J]. International Journal of Engineering Research & General Science,2018, 5(4):212-226.

[92] KIM S E,LEE S. M.,KIM K. O. Consumer acceptability of coffee as affected by situational conditions and involvement[J]. Food Quality & Preference,2016,52:124-132.

[93] SHAKERI S,FARAHANI M V. Investigation of the impacts of personal and situational factors on consumer impulse buying[J]. International Journal of Advanced Research,2016,4(9):1842-1849.

[94] 李华敏,崔瑜琴.影响消费者行为的情境因素分析[J].西安邮电大学学报,2010,15(2):7376.

[95] STERN P C,OSKAMP S. Managing scarce environmental resources. In D.Stokols & I. Altman (Eds.),Handbook of Environmental Psychology[M]. New York:Wiley,1987.

[96] STERN P C. New environmental theories:toward a coherent theory of environmentally significant behavior[J]. Journal of Social Issues, 2000,56(3):407-424.

[97] BARR S. Strategies for sustainability:citizens and responsible environmental behaviour[J]. Area,2003,35(3):227-240.

[98] 曲英.城市居民生活垃圾源头分类行为研究[D].大连:大连理工大学,2007.

[99] ONOKALA U,BANWO A O,OKEOWO F O. Predictors of pro-environmental behavior:a comparison of university students in the United States and China[J]. Journal of Management & Sustainability, 2018,8(1):127-136.

[100] 罗文斌,张小花,钟诚,等.城市自然景区游客环境责任行为影响因素研究[J].中国人口·资源与环境,2017,27(5):161-169.

[101] 王凯,李志苗,肖燕.城市依托型山岳景区游客亲环境行为——以岳麓山为例[J].热带地理,2016,36(20):237-244.

[102] 张安民,李永文.游憩涉入对游客亲环境行为的影响研究——以地方依附为中介变量[J].中南林业科技大学学报(社会科学版),2016,10(1):70-78.

[103] 夏凌云,于洪贤,王洪成,等.湿地公园生态教育对游客环境行为倾向的影响——以哈尔滨市5个湿地公园为例[J].湿地科学,2016,14(1):72-81.

[104] LI L. Environmentally responsible behavior intentions of wildlife tourists based on recreational involvement: a case study of bird-watching tourists in Guangzhou[J]. Chinese Studies,2018,7(1):95-113.

[105] LI L. An empirical study on the effect of eco-tourism visitors' environmental attitudes on environmental behavior[J]. Applied Ecology & Environmental Research,2017,15(2):91-101.

[106] JU H H, NELSON C M, KIM C. Pro-environmental behavior in sport event tourism: roles of event attendees and destinations[J]. Tourism Geographies,2015,17(5):719-737.

[107] DEALE C S, BARBER N, MURRAY A, et al. Tourism, non-profit organizations, and environmental attitudes and behaviors: a pilot study of perceptions of residents of a river basin[J]. Consortium Journal of Hospitality & Tourism,2012,17(1):47-65.

[108] MORREN M, GRINSTEIN A. Explaining environmental behavior across borders: a meta-analysis[J]. Journal of Environmental Psychology, 2016,47:91-106.

[109] VESELY S, KLÖCKNER C A. Global social norms and environmental behavior[J]. Environment & Behavior, 2017, 50(3): 359-372.

[110] SIA A P, HUNGERFORD H R, TOMERA A N. Selected predictors of responsible environmental behavior: an analysis[J]. Journal of Environmental Education,1986,17(2):31-40.

[111] SMITH-SEBASTO N J. Designing a likert-type scale to predict

environmentally responsible behavior in undergraduate[J]. Journal of Environmental Education,1995,27(1):14-21.

[112] STERN P C. New environmental theories: toward a coherent theory of environmentally significant behavior[J]. Journal of Social Issues,2002,56(3):407-424.

[113] GOLDMAN D, YAVETZ B, PE'ER S. Environmental literacy in teacher training in Israel: environmental behavior of new students[J]. Journal of Environmental Education,2006,38(1):3-22.

[114] 孙岩.居民环境行为及其影响因素研究[D].大连:大连理工大学,2006.

[115] 邵立娟.旅游者环境态度与环境行为关系研究[D].大连:大连理工大学,2014.

[116] ROTH C E. Environmental literacy: its roots, evolution and directions in the 1990s[J]. Eric Clearinghouse for Science, Mathematics, and Environmental Education,1992,(17):168-173.

[117] LUISA B, MARJORIE A B. The United Nations Educational, Scientific, and Cultural Organization (UNESCO)[R]. New York: Congressional Research Service, 2013.

[118] BORA S, MICHELE A, LORI M. Excellence in Environmental Education: Guidelines for Learning (K12)[M]. Washington D. C.: North American Association for Emirnmental Education, 2010.

[119] AMY C, BARBARA C, PHIL S, et al. A move to teacher standards: promoting excellence in environmental and sustainability education[J]. Journal of the Victorian Association for Environmental Education, 2007, 30(3):4-6.

[120] OWUSU G M Y, OSSEI K T, WELBECK E E, et al. Environmental literacy of business students in Ghana[J]. International Journal of Sustainability in Higher Education,2017,18(3):415-435.

[121] KENNEDY H, BECKLEY T M, MCFARLANE B L, et al. Why we don't "Walk the Talk": understanding the environmental values/behavior gap in Canada[J]. Human Ecology Review, 2009, 16(16): 151-160.

[122] SALTAN F, DIVARCI O F. Using blogs to improve elementary school students' environmental literacy in science class[J]. European Journal of Educational Research, 2017, 6(3): 347-355.

[123] SÜMEN O O, HAMZA C. Pre-service teachers' mind maps and opinions on STEM education implemented in an environmental literacy course[J]. Kuram Ve Uygulamada Egitim Bilimleri, 2016, 16(2): 459-476.

[124] CHENG I N Y, SO W W M. Teachers' environmental literacy and teaching-stories of three Hong Kong primary school teachers[J]. International Research in Geographical & Environmental Education, 2015, 24(1): 58-79.

[125] CLARK D G, SORENSEN A E, JORDAN R C. Characterization of factors influencing environmental literacy in suburban park users[J]. Current World Environment, 2016, 11(1): 1-9.

[126] TEKSOZ G. Modeling environmentaliteracy of university students[J]. Journal of Science Education & Technology, 2012, 21(1): 157-166.

[127] ROSE M A. Envirotech: enhancing environmental literacy and technology assessment skills[J]. Journal of Technology Education, 2010, 22: 43-57.

[128] STEVENSON K T, CARRIER S J, PETERSON N M. Evaluating strategies for inclusion of environmental literacy in the elementary school classroom[J]. European Journal of Science Education, 2014, 18(8): 1-17.

[129] ERDOGAN M, OK A. An assessment of Turkish young

pupils' environmental literacy: a nationwide survey[J]. International Journal of Science Education,2011,33(17):2375-2406.

[130] ABIOLU O A, OKERE O O. Environmental literacy and the emerging roles of information professionals in developing economies[J]. Ifla Journal,2012,38(1):53-59.

[131] NORKHAIDI S B, MAHAT H, HASHIM M. Environmentally-Literate citizenry among Malaysian youth to produce responsible environmental behaviour[J]. Akademika, 2021, 91(1): 97-107.

[132] KARATEKIN K. Environmental literacy in Turkey primary schools social studies textbooks[J]. Procedia-Social and Behavioral Sciences,2012,46:3519-3523.

[133] MAURER M, BOGNER F X. Modelling environmental literacy with environmental knowledge, values and (reported) behaviour[J]. Studies in Educational Evaluation, 2020, 65: 100863.

[134] MONROE M C. Two avenues for encouraging conservation behaviors[J]. Human Ecology Review,2003,10(2):113-125.

[135] SKANAVIS C, MATSINOS Y, PETRENITI V. Environmental education potential for Greek ecotourism[J]. International Journal of Environmental Studies,2004,61(6):735-745.

[136] BENTON G M. Multiple goal conveyance in a state park interpretive boat cruise[J]. Journal of Interpretation Research, 2011,16(2):7-20.

[137] SONDAKH O, WIWIEK. The effect of commitment on environmentally responsible behavior (a case study of Surabaya tourist)[J]. International Proceedings of Economics Development & Research,2013, 67(7):30-34.

[138] 崔洪瑞,杨晓霞,陶沛然.基于 Logistic-ISM 模型洞穴旅游地游客环境责任行为意向的影响因素[J].中国岩溶,2021,40(6):995-1005.

[139] RAMDAS M, MOHAMED B. Impacts of tourism on

environmental attributes, environmental literacy and willingness to pay: a conceptual and theoretical review [J]. Procedia-Social and Behavioral Sciences, 2014, 144(144): 378-391.

[140] CHAO Y L, LAM S P. Measuring responsible environmental behavior: self-reported and other-reported measures and their differences in testing a behavioral model[J]. Environment & Behavior, 2011, 43(1): 53-71.

[141] ERDOGAN M, OK A, Marcinkowski T J. Development and validation of children's responsible environmental behavior scale [J]. Environmental Education Research, 2012, 18(4): 507-540.

[142] LAHIRI S. Assessing the environmental attitude among pupil teachers in relation to responsible environmental behavior: a leap towards sustainable development[J]. Journal of Social Sciences, 2011, 7(1): 33-41.

[143] 盛光华,葛万达,汤立.消费者环境责任感对绿色产品购买行为的影响——以节能家电产品为例[J].统计与信息论坛,2018,33(5):114-120.

[144] 彭远春,毛佳宾.行为控制、环境责任感与城市居民环境行为——基于2010CGSS数据的调查分析[J].中南大学学报(社会科学版),2018(1):143-149.

[145] 杨成钢,何兴邦.环境改善需求、环境责任认知和公众环境行为[J].财经论丛(浙江财经大学学报),2016(8):96-104.

[146] POWELL R B, STERN M J, KROHN B D, et al. Development and validation of scales to measure environmental responsibility, character development, and attitudes toward school[J]. Environmental Education Research, 2011, 17(1): 91-111.

[147] 赖良玉,滕玉华,刘长进.外部因素如何影响农户清洁能源初次应用行为——来自农户微观数据实证[J].科技管理研究,2017,37(11):224-228.

[148] MOBLEY C, VAGIAS W M, DEWARD S L. Exploring additional determinants of environmentally responsible behavior: the

influence of environmental literature and environmental attitudes[J]. Environment & Behavior,2010,42(4):420-447.

[149] 何昊,黎建新,汪涛.合理性视角下企业的环境责任行为与消费者响应:解释水平的调节效应[J].商业经济与管理,2017(1):64-72.

[150] 周卫中,赵金龙.家族涉入、国际化经营与企业环境责任[J].吉林大学社会科学学报,2017(6):84-94.

[151] 柳红波,谢继忠,郭英之.绿洲城市居民休闲场所依恋与环境责任行为关系研究——以张掖国家湿地公园为例[J].资源开发与市场,2017,33(1):49-53.

[152] SUWA H, YAMAMOTO H, OKADA I, et al. A path Aanalysis model for development of environmental education program to promote environmentally responsible behavior[J]. Journal of socio-informatics,2017,1(1):161-173.

[153] HANDRIANA T, AMBARA R. Responsible environmental behavior intention of travelers on ecotourism sites[J]. Tourism & Hospitality Management,2016,22(2):135-150.

[154] 邓祖涛,梁滨,毛焱.湿地游客环境负责任行为研究——以武汉东湖为例[J].旅游论坛,2016,9(3):44-49.

[155] 董丽丽.地方依附感与环境负责任行为的关系研究——基于沙滩旅游人群的调查[D].青岛:中国海洋大学,2013.

[156] 周晓丽,唐承财,张俊英.情感凝聚对旅游者环境负责任行为的影响研究——晋东南地区传统村落民宿情境下的实证检验[J].中国生态旅游,2021,11(2):242-255.

[157] 何成萍.旅游者旅游动机、旅游涉入与环境负责任行为的关系研究[D].武汉:湖北大学,2017.

[158] 张小花.游客游憩冲击感知、社会责任意识与环境责任行为关系研究——以岳麓山风景名胜区为例[D].长沙:湖南师范大学,2016.

[159] XU S, KIM H J, LIANG M, et al. Interrelationships between tourist involvement, tourist experience, and environmentally responsible

behavior: a case study of Nansha Wetland Park, China[J]. Journal of Travel & Tourism Marketing,2018(1):856-868.

[160] SCHWARTZ S H. Normative influences on altruism[J]. Advances in Experimental Social Psychology,1977(10):221-279.

[161] 王丽丽,张晓杰.城市居民参与环境治理行为的影响因素分析——基于计划行为和规范激活理论[J].湖南农业大学学报(社会科学版),2017,18(6):92-98.

[162] 张晓杰,靳慧蓉,娄成武.规范激活理论:公众环保行为的有效预测模型[J].东北大学学报(社会科学版),2016,18(6):610-615.

[163] ZHANG Y, ZHANG J, YE Y, et al. Residents' environmental conservation behaviors at tourist sites: broadening the norm activation framework by adopting environment attachment[J]. Sustainability,2016, 8(6):571-586.

[164] LIU Y, SHENG H, MUNDORF N, et al. Integrating norm activation model and theory of planned behavior to understand sustainable transport behavior: evidence from China[J]. International Journal of Environmental Research & Public Health,2017,14(12):1593-1608.

[165] 吕荣胜,卢会宁,洪帅.基于规范激活理论节能行为影响因素研究[J].干旱区资源与环境,2016,30(9):1418.

[166] STERN P C, DIETZ T, ABEL T, et al. A value-velief-norm theory of support for social movements: the case of environmentalism[J]. Human Ecology Review,1999,6(2):81-97.

[167] KLÖCKNER C A. A comprehensive model of the psychology of environmental behaviour—A meta-analysis[J]. Global Environmental Change-human and Policy Dimensions,2013,23(5):1028-1038.

[168] BIAGI M, FERRO M. Ecological citizenship and social representation of water case study in two Argentine cities[J]. Sage Open, 2011,1(2):1-8.

[169] 宋燕平,滕瀚.农业组织中农民亲环境行为的影响因素及路径分

析[J].华中农业大学学报(社会科学版),2016(3):53-60.

[170] 张晓杰,胡侠义,王智奇.价值—信念—规范理论:公众环保行为研究的新框架[J].井冈山大学学报(社会科学版),2017,38(4):33-40.

[171] LIU X, ZOU Y, WU J. Factors influencing public-sphere pro-environmental behavior among Mongolian college students: a test of value-belief-norm theory[J]. Sustainability,2018(10):1384.

[172] YANG J J, KIM S O, HAM G Y, et al. Impacts of environmental value, belief, and personal norm on pro-environmental behavior using VBN theory[J]. Journal of Environmental Policy & Administration,2013,21:356-371.

[173] WYNVEEN B J. Applying the value-belief-norm theory to marine contexts: implications for encouraging pro-environmental behavior[J]. Coastal Management,2015,43(1):84-103.

[174] CHEN M F. An examination of the value-belief-norm theory model in predicting pro-environmental behaviour[J]. Asian Journal of Social Psychology,2015,18(2):145-151.

[175] SAHIN E. Predictors of Turkish elementary teacher candidates' energy conservation behaviors: an approach on value-belief-norm theory[J]. International Journal of Environmental & Science Education,2013,8(2):269-283.

[176] 张福德.个人环境道德规范激活的影响因素及促进措施[J].青岛科技大学(社会科学版),2017,33(3):103-108.

[177] 刘苗苗.城镇居民环境价值观、环境态度对环境行为的影响研究[D].镇江:江苏大学,2014.

[178] CHENG Q L, WANG J J, YIN L G. A research framework of green consumption behavior based on value-belief-norm theory[J]. Advanced Materials Research,2014,62:1485-1489.

[179] MILFONT T L, SIBLEY C G, DUCKITT J. Testing the moderating role of the components of norm activation on the relationship

between values and environmental behavior[J]. Journal of Cross-Cultural Psychology,2010,41(1):124-131.

[180] AGUILAR-LUZON M D C, Calvo-Salguero A, Salinas J M. Comparative study between the theory of planned behavior and the value-belief-norm model regarding the environment, on Spanish housewives' recycling behavior[J]. Journal of Applied Social Psychology,2012,42(11):2797-2833.

[181] LOPEZMOSQUERA N, SANCHEZ M. Theory of planned behavior and the value-belief-norm theory explaining willingness to pay for a suburban park[J]. Journal of Environmental Management,2012,113(1):251-262.

[182] LIEBE U, PREISENDÖRFER P, MEYERHOFF J. To pay or Not to pay: competing theories to explain individuals' willingness to pay for public environmental goods[J]. Environment & Behavior,2011,43(1):106-130.

[183] KAISER F G, HÜBNER G, BOGNER F X. Contrasting the theory of planned behavior with the value-belief-norm model in explaining conservation behavior[J]. Journal of Applied Social Psychology,2010,35(10):2150-2170.

[184] KIATKAWSIN K, HAN H. Young travelers' intention to behave pro-environmentally: merging the value-belief-norm theory and the expectancy theory[J]. Tourism Management,2017,59:76-88.

[185] HAN H, HWANG J, LEE M J. The value-belief-emotion-norm model: investigating customers' eco-friendly behavior[J]. Journal of Travel & Tourism Marketing,2017,34(5):590-607.

[186] LANDON A C, WOOSNAM K M, BOLEY B B. Modeling the psychological antecedents to tourists' pro-sustainable behaviors: an application of the value-belief-norm model[J]. Journal of Sustainable Tourism,2018,26(6):957-972.

[187] TONGLET M, PHILLIPS P S, READ A D. Using the theory of planned behaviour to investigate the determinants of recycling behaviour: a case study from Brixworth, UK[J]. Resources Conservation & Recycling, 2004, 41(3): 191-214.

[188] HARLAND P, STAATS H, WILKE H. Explaining proenvironmental intention and behavior by personal norms and the theory of planned behavior[J]. Journal of Applied Social Psychology, 2010, 29(12): 2505-2528.

[189] GREAVES M, ZIBARRAS L D, STRIDE C. Using the theory of planned behavior to explore environmental behavioral intentions in the workplace[J]. Journal of Environmental Psychology, 2013, 34(34): 109-120.

[190] 于伟.基于计划行为理论的居民环境行为形成机理研究——基于山东省内大中城市的调查[J].生态经济(中文版),2010(6):160-163.

[191] 陶蕊.基于计划行为理论的环保型产品购买行为分析[J].云南农业大学学报(社会科学版),2011,5(2):76-82.

[192] LEEUW A D, VALOIS P, AJZEN I, et al. Using the theory of planned behavior to identify key beliefs underlying pro-environmental behavior in high-school students: implications for educational interventions[J]. Journal of Environmental Psychology, 2015, 42: 128-138.

[193] 尹昕,王玉,车越,等.居民生活垃圾分类行为意向影响因素研究——基于计划行为理论[J].环境卫生工程,2017,25(2):10-14.

[194] HECHT S S, ABBASPOUR A, HOFFMAN D. Applying the theory of planned behavior and media dependency theory: predictors of public pro-environmental behavioral intentions in Singapore[J]. Environmental Communication, 2015, 9(1): 77-99.

[195] NIAURA A. Using the theory of planned behavior to investigate the determinants of environmental behavior among youth[J]. Environmental

Research Engineering & Management,2013,63(1):74-81.

[196] 王宁.旅游者环境意识与环境行为的关系研究[D].天津:天津财经大学,2010.

[197] 林明水,赵东喜,刘丽华.游客不文明行为的改善路径——基于计划行为理论视角[J].福建师范大学学报(自然科学版),2016(3):152-159.

[198] 邱宏亮.道德规范与旅游者文明旅游行为意愿——基于 TPB 的扩展模型[J].浙江社会科学,2016(3):96-103.

[199] 帕尔默.21 世纪的环境教育:理论、实践、进展与前景[M].刘丰,译.北京:中国轻工业出版社,2002.

[200] 成强.环境伦理教育研究[M].南京:东南大学出版社,2015.

[201] 彭远春.国外环境行为影响因素研究述评[J].中国人口资源与环境,2013,23(8):140-145.

[202] 张玉明.环境行为与人体工程学[M].北京:中国电力出版社,2011.

[203] 戴维·迈尔斯.社会心理学[M].侯玉波,乐国安,张智勇,等,译.北京:人民邮电出版社,2016.

[204] 陈琛.人际交往中的心理学[J].法制与社会,2016,2(12):23-26.

[205] JAMME H T W, BAHL D, BANERJEE T. Between "broken windows" and the "eyes on the street:" walking to school in inner city San Diego[J]. Journal of Environmental Psychology,2018,55:121-138.

[206] ZHOU C, MOU H, WEN X, et al. Study on factors inducing workplace violence in Chinese hospitals based on the broken window theory: a cross-sectional study[J]. Bmj Open,2017,7(7):e016290.

[207] REN L, ZHAO J, HE N. Broken windows theory and citizen engagement in crime prevention[J]. Justice Quarterly,2019,36(1):1-30.

[208] 刘如菲.游客环境行为分析及其对可持续旅游选择性营销的启示——以九寨沟为例[J].人文地理,2010(6):114-119.

[209] 黄雪丽.低碳旅游生活行为影响因素及其作用机制研究[D].镇江:江苏大学,2012.

[210] 芈凌云.城市居民低碳化能源消费行为及政策引导研究[D].徐州:中国矿业大学,2011.

[211] 岳婷.城市居民节能行为影响因素及引导政策研究[D].徐州:中国矿业大学,2014.

[212] 薛薇.统计分析与 SPSS 的应用[M].北京:中国人民大学出版社,2014.

[213] KLINE R B. Principles and Practice of Structural Equation Modeling[M]. New York: Guilford Press,2005.

[214] ASSAKER G, VINZI V E, O'CONNOR P. Extending a tourism causality network model: a cross-country, multigroup empirical analysis[J]. Tourism & Hospitality Research,2011,11(1):258-277.

[215] TARHINI A, SCOTT M J, SHARMA S K, et al. Differences in intention to use educational rss feeds between Lebanese and British students: a multi-group analysis based on the technology acceptance model[J]. Electronic Journal of e-Learning,2015,13:14-29.

[216] KELLEY T L. The selection of upper and lower groups for the validation of test items[J]. Journal of Educational Psychology, 1939, 30(1):17-24.

[217] ROSS J, WEITZMAN R A. The twenty-seven per cent rule[J]. Annals of Mathematical Statistics,1964,35(1):214-221.

[218] KOO H C, POH B K, RUZITA A T. Development, validity and reliability of a questionnaire on knowledge, attitude and practice (kap) towards whole grain among primary school children in Kuala Lumpur, Malaysia[J]. International Food Research Journal,2016,23(2):797-805.

[219] CHI G Q C. Destination loyalty formation and travelers' demographic characteristics: a multiple group analysis approach[J]. Journal of Hospitality & Tourism Research,2011,35(2):191-212.

[220] 许宏晨.结构方程模型多组分析在应用语言学研究中的运用——Amos 17.0 实例演示[J].中国外语教育,2010(1):59-67.

[221] 钱亚林,李东和,徐波林,等.基于 SEM 的旅游公共服务满意度模型研究——以黄山风景区为例[J].北京第二外国语学院学报,2014,36(1):63-70.

[222] 周玮,黄震方,殷红卫,等.城市公园免费开放对游客感知价值维度的影响及效应分析——以南京中山陵为例[J].地理研究,2012,31(5):873-884.

[223] CHIOU J S. The effects of attitude, subjective norm and perceived control on consumers' purchase intentions: the moderating effects of product knowledge and attention to social comparison information[J]. Proceedings of National Science Council of ROC, 1998, 9(2):298-308.

[224] BAGOZZI R P. The self-regulation of attitudes, intentions, and behavior[J]. Social Psychology Quarterly, 1992, 55(2):178-204.

[225] BARON R M, KENNY D A. The moderator-mediator variable distinction in social psychological research: conceptual, strategic, and statistical considerations[J]. Journal of Personality & Social Psychology, 1986, 51(6):1173-1182.

[226] JAMES L R, BRETT J M. Mediators, moderators, and tests for mediation[J]. Journal of Applied Psychology, 1984, 69(2):307-321.

[227] DENG J, SUN P, ZHAO F, et al. Analysis of the ecological conservation behavior of farmers in payment for ecosystem service programs in eco-environmentally fragile areas using social psychology models[J]. Science of the Total Environment, 2016, 550:382-390.

[228] KAISER F G, GUTSCHER H. The proposition of a general version of the theory of planned behavior: predicting ecological behavior[J]. Journal of Applied Social Psychology, 2003, 33(3):586-603.

[229] RHODES R E, BEAUCHAMP M R, CONNER M, et al. Prediction of depot-based specialty recycling behavior using an extended theory of planned behavior[J]. Environment and Behavior, 2015, 47(9):

1001-1023.

[230] UITTO A, PAUW B D, SALORANTA S. Participatory school experiences as facilitators for adolescents' ecological behavior[J]. Journal of Environmental Psychology,2015,43:55-65.

[231] 厉新建,李兆睿,宋昌耀,陆文励,张琪.基于计划行为理论的虚拟旅游行为影响机制研究[J].旅游学刊,2021,36(8):15-26.

[232] ZHANG J, TENKASI R V, GUO Q, et al. Behavioral change in buying low carbon farm products in China: an application of the theory of planned behavior[J]. Journal of Renewable & Sustainable Energy,2016,8(6):263-280.

[233] HAN H S, HSU L T, SHEU C. Application of the theory of planned behavior to green hotel choice: testing the effect of environmental friendly activities[J]. Tourism Management,2010,31(3):325-334.

[234] LIOBIKIENE G, MANDRAVICKAITE J, BERNATONIENE J. Theory of planned behavior approach to understand the green purchasing behavior in the EU: a cross-cultural study[J]. Ecological Economics,2016,125:38-46.

[235] YADAV R, PATHAK G S. Determinants of consumers' green purchase behavior in a developing nation: applying and extending the theory of planned behavior[J]. Ecological Economics,2017,134:114-122.

[236] GHIN H C, CHOONG W W, ALWI S R W, et al. Using theory of planned behaviour to explore oil palm smallholder planters' intention to supply oil palm residues[J]. Journal of Cleaner Production,2016,126:428-439.

[237] LI J, ZUO J, CAI H, et al. Construction waste reduction behavior of contractor employees: an extended theory of planned behavior model approach[J]. Journal of Cleaner Production,2018,172:1399-1408.

[238] NUNNALLY J C. Psychometric Theory.[M] 2nd ed. New York: Mc Grawe Hill,1978.

[239] FORNELL C, LARCKER D F. Evaluating structural equation models with unobservable variables and measurement error[J]. Journal of Marketing Research,1981,18(1):39-50.

[240] TRACEY M, VONDEREMBSE M A, LIM J S. Manufacturing technology and strategy formulation: keys to enhancing competitiveness and improving performance[J]. Journal of Operations Management,1999,17(4):411-428.

[241] 吴明隆.结构方程模型:AMOS 的操作与应用[M].重庆:重庆大学出版社,2009.

[242] 温忠麟,侯杰泰,张雷.调节效应与中介效应的比较和应用[J].心理学报,2005,37(2):268-274.

[243] 吴明隆.问卷统计分析实务:SPSS 操作与应用[M].重庆:重庆大学出版社,2010.

[244] TOSUN C. Host perceptions of impacts: a comparative tourism study[J]. Annals of Tourism Research,2002,29(1):231-253.

[245] LIEN M C, PEDERSEN L, PROCTOR R W. Stimulus-response correspondence in go-nogo and choice tasks: are reactions altered by the presence of an irrelevant salient object?[J]. Psychological Research,2016,80(6):912-934.

[246] CHIN W W, TODD P A. On the use, usefulness, and ease of use of structural equation modeling in MIS research: a note of caution[J]. MIS Quarterly,1995,19(2):237-246.

[247] ZHANG H L, ZHANG J, CHENG S, et al. Role of constraints in Chinese calligraphic landscape experience: an extension of a leisure constraints model[J]. Tourism Management,2012,33(6):1398-1407.

[248] 葛米娜.游客参与、预期收益与旅游亲环境行为:一个扩展的 TPB 理论模型[J].中南林业科技大学学报(社会科学版),2016,10(4):65-70.

[249] 周荣秀.环境破坏行为的心理动因及疏导教育[J].当代教育理论

与实践,2009,1(1):70-72.

[250] 高静,洪文艺,李文明,等.自然保护区游客环境态度与行为初步研究——以鄱阳湖国家级自然保护区为例[J].经济地理,2009,29(11):1931-1936.

[251] STEG L, VLEK C. Encouraging proenvironmental behaviour: an integrative review and research agenda[J]. Journal of Environmental Psychology,2009,29(3):309-317.

[252] 范钧,邱宏亮,吴雪飞.旅游地意象、地方依恋与旅游者环境责任行为——以浙江省旅游度假区为例[J].旅游学刊,2014,29(1):55-66.

[253] 刘华荣,王华倬.户外运动游憩地生态环境破坏行为的负外部性成因分析与治理方策[J].北京体育大学学报,2016,39(4):29-33.

[254] 李华,荣烨,李惠娟.基于SPSS的江苏省大学生亲环境行为差异研究[J].现代经济信息,2017(4):465-466.

[255] 程志华,王凤.公众环境行为中的性别差异及其改变研究——基于2006年和2009年西安数据[J].生态经济(学术版),2011(2):353-355.

[256] 罗艳菊,黄宇,毕华,等.基于环境态度的城市居民环境友好行为意向及认知差异——以海口市为例[J].人文地理,2012(5):69-75.

[257] 龚文娟,雷俊.中国城市居民环境关心及环境友好行为的性别差异[J].海南大学学报(人文社会科学版),2007,25(3):340-345.

[258] 邵立娟,肖贵蓉.基于环境伦理的旅游者环境行为差异分析[J].中国发展,2013,13(5):7-11.

[259] MAIR J, BERGIN-SEERS S. The effect of interventions on the environmental behaviour of australian motel guests[J]. Tourism & Hospitality Research,2010,10(4):255-268.

[260] LEE W H, MOSCARDO G. Understanding the impact of ecotourism resort experiences on tourists' environmental attitudes and behavioural intentions[J]. Journal of Sustainable Tourism,2005,13(6):546-565.

# 附录　旅游者环境行为调查问卷(正式问卷)

尊敬的先生/女士：

您好！首先非常感谢您抽出宝贵时间接受我们的问卷调查。这是南京大学博士研究生从事的旅游者在黄山风景区(中山陵风景区)的环境行为的课题研究,本次调查将有助于黄山风景区(中山陵风景区)的环境保护工作。您参与此项问卷调查纯属自愿,您的意见对我们很重要,此次问卷仅用于科学研究。请您根据自己的实际情况在下列每个问题中选择一项答案。填写此问卷将花费您5分钟左右的时间。我们非常感谢您对本次调查的大力支持！

请根据您的实际情况,在□处打√,在__处补充填写相应内容。

| |
|---|
| Q1:您的性别是:1. □男　2. □女 |
| Q2:您的年龄是:1. □14岁及以下　2. □15—24岁　3. □25—44岁　4. □45—64岁　5. □65岁及以上 |
| Q3:您的职业是:1. □政府机关人员　2. □公司职员　3. □商贸人员　4. □服务员/销售员　5. □技工/工人　6. □军人　7. □学生　8. □专业技术人员(如医生、教师等)　9. □离退休人员　10. □其他_____ |
| Q4:您的受教育程度是:1. □小学及以下　2. □初中　3. □高中/中专　4. □大专　5. □本科　6. □硕士及以上 |
| Q5:您的月收入水平(元)是：1. □3 000及以下　2. □3 001—5 000　3. □5 001—7 000　4. □7 001—9 000　5. □9 001及以上 |
| Q6:您的婚姻状况是:1. □已婚　2. □恋爱中　3. □单身(包括离异、丧偶) |
| Q7:您来自哪个城市:_____ |
| Q8:这是您第几次来景区游玩:_____ |

(续　表)

| | |
|---|---|
| Q9:此次来游玩,您是:1.□自己一个人来　2.□与家人同行　3.□与朋友同行　4.□与同学/同事同行　5.□与老师同行 | |
| Q10:您认为本问卷调查点附近是否干净?　1.□是　2.□否 | |
| Q11:您是否在本问卷调查点附近看到过禁止乱扔垃圾、禁止吸烟等的告示牌?　1.□是　2.□否 | |
| Q12:您是否在本问卷调查点附近看到过其他人破坏环境?　1.□是　2.□否 | |
| Q13:您是否在本问卷调查点附近看到过垃圾箱?　1.□是　2.□否 | |

请结合您目前的看法,对下列陈述进行相应的评价。请在对应的分值处打√。

| 题目内容 | 非常不同意 | 不同意 | 一般 | 同意 | 非常同意 |
|---|---|---|---|---|---|
| 1) 让我做些保护景区环境的事(如不乱扔垃圾、合理处置旅游过程中的废弃物等),是容易的 | 1 | 2 | 3 | 4 | 5 |
| 2) 让我做些保护景区环境的事(如不乱扔垃圾、合理处置旅游过程中的废弃物等),我是能做到的 | 1 | 2 | 3 | 4 | 5 |
| 3) 让我做些保护景区环境的事(如不乱扔垃圾、合理处置旅游过程中的废弃物等),取决于我自己 | 1 | 2 | 3 | 4 | 5 |
| 4) 对我很重要的人,认为我应当保护景区的环境 | 1 | 2 | 3 | 4 | 5 |
| 5) 我很尊重他们意见的人,希望我保护景区的环境 | 1 | 2 | 3 | 4 | 5 |
| 6) 我熟悉的人,会参与到保护环境的行动中 | 1 | 2 | 3 | 4 | 5 |
| 7) 对我来说,保护景区的环境是明智的 | 1 | 2 | 3 | 4 | 5 |
| 8) 对我来说,保护景区的环境是令人愉快的 | 1 | 2 | 3 | 4 | 5 |
| 9) 对我来说,保护景区的环境是有益的 | 1 | 2 | 3 | 4 | 5 |
| 10) 对我来说,保护景区的环境是令人满意的 | 1 | 2 | 3 | 4 | 5 |
| 11) 在这里,我不会想乱扔垃圾 | 1 | 2 | 3 | 4 | 5 |
| 12) 在这里,我不会想打扰景区的动植物 | 1 | 2 | 3 | 4 | 5 |
| 13) 在这里,我不会想抄小路踩踏草坪走近道 | 1 | 2 | 3 | 4 | 5 |

（续　表）

| 题目内容 | 非常不同意 | 不同意 | 一般 | 同意 | 非常同意 |
|---|---|---|---|---|---|
| 14）在这里,我愿意遵守景区的游览注意事项 | 1 | 2 | 3 | 4 | 5 |
| 15）我愿意保护景区的设施免受破坏 | 1 | 2 | 3 | 4 | 5 |
| 16）我愿意合理处置旅游过程中的废弃物 | 1 | 2 | 3 | 4 | 5 |
| 17）我愿意捐款给景区管委会进行环境保护 | 1 | 2 | 3 | 4 | 5 |
| 18）看到其他旅游者破坏景区的环境,我愿意进行劝解 | 1 | 2 | 3 | 4 | 5 |
| 19）在这里,如果发现环境受到破坏,我愿意向有关单位报告 | 1 | 2 | 3 | 4 | 5 |

| 题目内容 | 从不 | 极少 | 偶尔 | 经常 | 总是 |
|---|---|---|---|---|---|
| 20）在这里,我不曾乱扔垃圾 | 1 | 2 | 3 | 4 | 5 |
| 21）在这里,我不曾打扰景区的动植物 | 1 | 2 | 3 | 4 | 5 |
| 22）在这里,我不曾抄小路踩踏草坪走近道 | 1 | 2 | 3 | 4 | 5 |
| 23）在这里,我遵守了景区的游览注意事项 | 1 | 2 | 3 | 4 | 5 |
| 24）我曾保护景区的设施免受破坏 | 1 | 2 | 3 | 4 | 5 |
| 25）我曾合理处置过旅游过程中的废弃物 | 1 | 2 | 3 | 4 | 5 |
| 26）我曾捐款给景区管委会进行环境保护 | 1 | 2 | 3 | 4 | 5 |
| 27）看到其他旅游者破坏景区的环境,我曾进行劝解 | 1 | 2 | 3 | 4 | 5 |
| 28）在这里,如果发现环境受到破坏,我曾向有关单位报告 | 1 | 2 | 3 | 4 | 5 |

| 题目内容 | 非常不同意 | 不同意 | 一般 | 同意 | 非常同意 |
|---|---|---|---|---|---|
| 29）在这里,优美的自然风光,让我自觉地规范自己的环境行为 | 1 | 2 | 3 | 4 | 5 |
| 30）在这里,主干道干净整洁,让我自觉地规范自己的环境行为 | 1 | 2 | 3 | 4 | 5 |
| 31）在这里,公共场所干净整洁,让我自觉地规范自己的环境行为 | 1 | 2 | 3 | 4 | 5 |
| 32）在这里,环境警告牌的设置,让我自觉地规范自己的环境行为 | 1 | 2 | 3 | 4 | 5 |

(续　表)

| 题目内容 | 非常不同意 | 不同意 | 一般 | 同意 | 非常同意 |
|---|---|---|---|---|---|
| 33）在这里,环境保护政策的设置,让我自觉地规范自己的环境行为 | 1 | 2 | 3 | 4 | 5 |
| 34）在这里,针对环境行为的奖惩措施的设置,让我自觉地规范自己的环境行为 | 1 | 2 | 3 | 4 | 5 |
| 35）在这里,环境劝告牌的设置,让我自觉地规范自己的环境行为 | 1 | 2 | 3 | 4 | 5 |
| 36）景区环保人员的环保行为（如环卫工捡垃圾）,让我自觉地规范自己的环境行为 | 1 | 2 | 3 | 4 | 5 |
| 37）景区内有旅游者保护环境,我觉得我也应该这么做 | 1 | 2 | 3 | 4 | 5 |
| 38）景区内有旅游者破坏环境,我觉得我也可以这么做 | 1 | 2 | 3 | 4 | 5 |
| 39）旅游过程中,和家人一起出游,让我自觉地规范自己的环境行为 | 1 | 2 | 3 | 4 | 5 |
| 40）旅游过程中,和朋友一起出游,让我自觉地规范自己的环境行为 | 1 | 2 | 3 | 4 | 5 |
| 41）旅游过程中,和同学/同事一起出游,让我自觉地规范自己的环境行为 | 1 | 2 | 3 | 4 | 5 |
| 42）旅游过程中,和老师一起出游,让我自觉地规范自己的环境行为 | 1 | 2 | 3 | 4 | 5 |
| 43）如果景区的垃圾箱设置充分合理,我就不会乱扔垃圾 | 1 | 2 | 3 | 4 | 5 |
| 44）如果景区的道路设置充分合理,我就不会抄小路踩踏草坪走近道 | 1 | 2 | 3 | 4 | 5 |
| 45）如果景区的花草有围栏保护,我就不会去采摘 | 1 | 2 | 3 | 4 | 5 |

本次问卷调查到此结束,非常感谢您的耐心填答！祝您身体健康,旅行愉快！！！

# 致　谢

本书所做的研究是我博士阶段及博士毕业后两年多工作阶段成果的系统展现。我于2018年年底毕业于南京大学地理与海洋科学学院，获人文地理学博士学位，毕业后留校任教。

成为南京大学学子是我从小的梦想。在我很小的时候，爷爷奶奶就带我来过南京几次，来南京去的第一个地方就是南大。虽然当时还很小，但是我对南大的记忆依然很深刻，记得在校园里，爷爷奶奶对我说：这里的哥哥姐姐们都是你学习的榜样，你要好好学习，将来也来这里读书！周围背着书包、拿着书本的哥哥姐姐们着实让我感受到了阵阵书香和知识的气息！

从我本科和硕士就读的学校南京农业大学坐地铁到南大只要23分钟，我硕士阶段就经常来建成不久的南大仙林校区参加讲座，聆听大师的教诲。在无数个23分钟里，我每每都会勉励自己：多吃点苦，多看点书，争取踏入南大这个更好更大的平台！下坡路永远是最容易走的，只有不断地走上坡路，人生才有价值！当我接到博士研究生录取通知书的时候，我的梦终于实现了，我想我的人生要开启新的篇章了！

我很庆幸我考博时的选择！我更加庆幸的是，我能够进入章锦河教授团队，进入一个有情怀、有关爱、有学识、有互助、有帮扶的大家庭！我的很多博士同学和同事都说读博是一段极其痛苦和枯燥无味的经历，但对我来说，读博的四年，是非常愉快和幸福的！是值得永远铭记和回味的！

感谢我的导师章锦河教授，是他真正把我引进了学术和科研的殿堂！出口成章、博学多才、视科研如生命、待学生如己出，这是我对他的评价，一点也不夸张！读博及工作的六年间，超过百次的seminar，每一次我都能听到章老师的谆谆教导以及对学术问题的娓娓道来。真的，每一次的seminar

都是一场学术盛宴、知识大餐、头脑风暴！他的出口成章让我佩服之至！他的博学多才让我受益匪浅！章老师经常工作到凌晨两三点，我和师门的同学们也经常在凌晨收到他对于我们论文的指导意见！他的勤奋刻苦，视科研如生命的精神是我人生的风向标和指路牌！无论何时，他都把学生放在第一位，总是对我们耐心指导，不厌其烦，他待学生如己出的作风让我感动不已！说句肺腑之言：能走进章门，成为章老师的学生，是我的荣幸，是上天对我的眷顾！

感谢张捷教授、黄贤金教授、金晓斌教授、张宏磊副教授、汪侠副教授，他们在我读博期间的课程学习、博士论文开题、预答辩及答辩过程中，提供了悉心的指导、帮助和建议。

感谢章门的师兄师姐、师弟师妹。我非常幸运能够遇到章门里可爱的你们！感谢张瑜师姐、彭红松师兄、汤国荣师兄，他们的乐于助人、踏实勤奋是我学习的榜样。感谢同窗好友孙晋坤、曹晶晶，我们在一起携手挑战学术难题的日子是我一辈子珍贵的回忆。感谢于鹏、陈敏、朱顺顺、熊杰四位师弟师妹对我实地调研工作的帮助与支持。

感谢南京大学地理与海洋科学学院金晓斌副院长，对我专著的资助申请给予了大力的支持与帮助。

感谢父亲、奶奶、伯父、姑姑长久以来对我学业和事业的支持。感谢我的爱人张悦，她是我前进的动力和心灵的港湾。

王　昶

2021 年 7 月 15 日于南京大学昆山楼

图书在版编目(CIP)数据

旅游地情境因素对旅游者环境行为的影响研究 / 王昶著. —南京：南京大学出版社，2021.11
（南京大学人文地理优秀博士文丛 / 黄贤金等主编）
ISBN 978-7-305-24993-8

Ⅰ.①旅… Ⅱ.①王… Ⅲ.①游客—旅游心理学—研究—中国 Ⅳ.①F590—05

中国版本图书馆 CIP 数据核字（2021）第 192252 号

| | |
|---|---|
| 出版发行 | 南京大学出版社 |
| 社　　址 | 南京市汉口路 22 号　　邮　编　210093 |
| 出 版 人 | 金鑫荣 |
| 丛 书 名 | 南京大学人文地理优秀博士文丛 |
| 书　　名 | 旅游地情境因素对旅游者环境行为的影响研究 |
| 著　　者 | 王　昶 |
| 责任编辑 | 荣卫红　　　　编辑热线　025-83685720 |
| 照　　排 | 南京开卷文化传媒有限公司 |
| 印　　刷 | 徐州绪权印刷有限公司 |
| 开　　本 | 718×1000　1/16　印张 14.75　字数 227 千 |
| 版　　次 | 2021 年 11 月第 1 版　2021 年 11 月第 1 次印刷 |
| ISBN | 978-7-305-24993-8 |
| 定　　价 | 66.00 元 |

网　　址：http://www.njupco.com
官方微博：http://weibo.com/njupco
官方微信号：njupress
销售咨询热线：(025)83594756

＊版权所有，侵权必究
＊凡购买南大版图书，如有印装质量问题，请与所购
　图书销售部门联系调换